# 學習輔導

## （第二版）

何英奇、毛國楠、張景媛、周文欽——著

# 作者簡介

❖ **何英奇**

（第 1 章、第 4 章、第 6 章、第 9 章）

國立臺灣師範大學教育學博士

美國密蘇里大學（哥倫比亞校區）哲學博士

中國文化大學心理輔導學系兼任教授

❖ **毛國楠**

（第 2 章、第 3 章）

美國愛荷華大學哲學博士（教育心理學）

國立臺灣師範大學教育心理與輔導學系兼任教授

❖ **張景媛**

（第 7 章、第 8 章、第 9 章）

國立臺灣師範大學教育心理學博士

慈濟大學教育研究所退休教授

❖ **周文欽**

（第 5 章、第 10 章）

國立臺灣師範大學教育學博士

國立空中大學生活科學系退休副教授

# 二版序

　　學校輔導工作涵蓋生活、學習與生涯等三大輔導領域，這三大輔導領域雖互有關聯，惟因學習是學生最主要的活動和角色，再加上學習成果總會影響到學生的日常生活適應，以及未來的生涯規劃，因此，若說學習輔導是學校輔導工作中最重要的一環，有識者當無異議。職是之故，從事學校輔導工作的輔導人員固然須具備學習輔導的專業知能，身為學生學習主要對象的一般教師，若能深諳學習輔導的精髓，將更能增進學生的學習成效或減少其學習挫折。準此，吾人認為，培養輔導人員或教師的學校或系科，都應開設「學習輔導」此一專業課程供學生（學員）選修及研讀。本書即為此目的而撰，特別適用於教育校院與師資培育機構。

　　本書自初版出書以來，即屢獲方家指正與建言，深盼能因教育制度或政策的改變，以及學術理論的更新，改寫或補充原書之不足，並增添實際教學案例以闡述書中內容。二版與初版最大差異處，其要者有：增加教學實際案例、改寫升學方法、增補成人學習活動的機構，與專章論述教學中的多元評量。

　　學習輔導的範疇相當廣泛，本書無法包含所有的內容，僅能擇其中之要者呈現之。本書首先論述「學習輔導的基本原理」（第一章），接著以宏觀與微觀二個層面撰寫各章。宏觀層面的學習輔導，是指從事各類型之學習輔導時，必須對學習者加以輔導的項目，如第二章的「學習動機的輔導」、第三章的「學習策略的輔導」、第四章「學習計畫的訂定與時間管理」、第五章的「升學輔導」，以及第七章的「教學中的多元評量」。微觀層面的學習輔導，則是指從事特定領域或對象之學習輔導時，所應顧及的輔導項目，如第六章的「學習困難的診斷」、第八章的「差異化教學與學科學習輔導」、第九章的「學業低成就學生的補救教學」，以及第十章的「成人學習的輔導」。

學習輔導是綜合心理學（特別是學習心理學與教育心理學）與輔導學之理論的一門應用與實務學科，所以本書在行文時，都會呈現相關的理論基礎，再輔以應用和實務佐證之。因此，在使用本書時，學習者最好是具備心理學和輔導學的相關知識，則其學習效果將更佳矣。

　　本書由何英奇、毛國楠、張景媛和筆者四人各依專長分章撰述，撰述期間屢屢相互研討，務求體例一致與行文順暢。本書的出版，要特別感謝總編輯林敬堯先生的費心召集全書架構研商，以及責任編輯郭佳玲小姐的細心編校。本書以易讀、易學、易懂與實用自許，惟因屬集體創作，當有疏漏和未盡周延之處，至盼讀者諸君與學界先進不吝指正，俾利再刷或再版時修訂與更新。

周文欽　謹識

2015 年 7 月 22 日　於汐止

# 目 次
## Contents

# CHAPTER *1*

# 學習輔導的基本原理

何英奇

## 學習目標

詳讀本章後，學習者應能達到下列目標：

1. 理解學習輔導的重要性。
2. 理解學習輔導工作之設計與實施的基本原則。
3. 區別行為學派、認知學派與建構論之學習觀的差異。
4. 理解認知學派的學習模式。
5. 區別建構論與傳統學習典範之不同。
6. 理解建構論在教育上的發展應用模式。
7. 理解建構論之教學和學習方案的設計精神。
8. 理解從認知歷程分析影響學習的因素。
9. 理解從教與學的歷程分析影響學習的因素。
10. 理解從社會鉅觀分析影響學習的因素。
11. 理解學習輔導的主要內容。

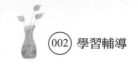 

# 摘要

　　本章首先指出學習輔導工作之所以重要，主要原因有二：(1)我國中小學生的學習問題一直非常嚴重，除造成教育資源的浪費外，甚至衍生偏差或犯罪行為；(2)為協助學生面對日益複雜的資訊社會，必須加強學生「學習如何學習」，建立自我導向學習能力與終身學習的精神。其次，為使學習輔導有效，乃提出十五項原則供參考。復次，由於學習理論是學習輔導的基礎，乃先介紹行為學派、認知學派與建構論的學習觀點，然後介紹認知學派的學習模式，最後就學習之新舊典範做詳細對照，可供教師進行教學或學習輔導設計的參考。再者，由於學習的影響因素錯綜複雜，乃從認知歷程、教與學的歷程，以及社會鉅觀等三個層面分析其影響因素，可供學習診斷與輔導之參考。最後，提出學習輔導的十二項重點內容，供學習輔導之規劃與實施的參考。

　　學習輔導是學校輔導工作三大領域（即生活、學習、生涯）中重要的一環，也是學校教育的核心目標之一。所謂「學習輔導」，是指教師或輔導人員協助學生激發學習動機，掌握學習方法與策略，以增進學習效率，充分發展潛能及促進自我實現的歷程。當學生學習有困難時，尚需進行學習診斷，設計個別化處方教學方案，並實施補救教學。由於學習的性質迥異，影響學習的因素錯綜複雜，因此教師在進行學習輔導時，宜掌握各種學習原理與原則，方能達成目標。

　　本章將依學習輔導的重要性、原則、理論基礎與影響學習的因素，以及學習輔導的內容等順序，分為五節介紹如下。

## 第一節　學習輔導的重要性

　　教育的目的在發展個人潛能、促進社會進步與國家發展。由於學生學習的成效關乎教育的成敗與國家的興衰，因此，學習輔導工作乃是學校教育的核心課題。以下將就三方面來檢討我國的教育缺失，藉以反映學習輔導的重要性。

## 一、中小學生學業普遍低落，造成教育資源的浪費

　　我國的學校教育一向採大班級教學與機械化教學方式，因此教師無法兼顧學生的個別差異，遂使多數學生無法跟上進度，考試失敗，經日積月累，逐漸對學習失去興趣。復因各校過度重視升學，學業低成就學生往往被忽視，問題愈形嚴重。根據研究發現，我國中小學的低成就學生出現率非常高：國中方面，1972 年占 22.61%（郭生玉，1973），1980 年占 33%（吳裕益，1980）；小學方面，1975 年占 25.65%（黃萬益，1975）。

　　其次，根據調查發現，學習困擾在中學生中非常普遍。謝重光（1980）

調查高雄市的高中生發現，對所學感到枯燥厭煩者占 16.58%；對老師講授不易了解者占 17.88%；對功課覺得不勝負荷者占 28.03%；缺乏學習方法者占 16.71%；對某科目感到學習困難者占 81.02%。謝雪真（1985）調查彰化高中學生之學業欠理想的原因，分別為：(1)本身努力不夠；(2)沒有預習復習；(3)缺乏恆心毅力；(4)不會安排時間；(5)學過易忘；(6)不懂讀書方法；(7)情緒不穩定；(8)無法集中注意力；(9)生性懶散等。簡茂發、蔡敏光（1986）以及王瑞仁（1985）的研究，分別發現高中生和國中生對學業問題最感困擾。楊麗英（1993）調查高中生的輔導需求時發現，在前十五項需求中，有九項為讀書方法、考試技巧的輔導、協助減輕課業壓力，以及克服考試焦慮等方面有關的問題。

由於臺灣教育的城鄉差距很大，很多傳統弱勢學生（如低收入戶、原住民及新移民等）之學習表現相當低落，已成為一項嚴重的教育問題。因此，為了對這些低學習成就學生進行補救教學，教育部自 2006 年起辦理補救教學篩選及補救教學，至 2012 年止，辦理之學校數占全國國中小學校數的 86%，而受輔學生則高達 205,880 人次（教育部，2013）。但 2015 年 6 月，聯合報系願景工程關於「補救教學失能，一年十五億，愈補愈大洞」的報導，卻令人憂心。

上述學業低成就或學習困擾的問題，不只是造成學生個人學習上的障礙與挫折，同時也會造成國家社會的損失。為了提高教育投資效益，學習輔導乃是迫切的教育課題。

## 二、青少年的偏差與犯罪行為日益嚴重，與學業失敗有密切關聯

學生在學習上的障礙或挫敗，透過心理動力過程，會產生消極的自我概念、學習動機低落、焦慮，以及低自我效能，進而導致行為偏差或犯罪行為的產生。

國外研究指出，學習障礙與青少年犯罪行為二者間具有因果關係（Amos

& Schoenthaler, 1991; Sikorski, 1991）。學習障礙青少年有較高的偏差或犯罪行為，諸如暴力、吸食藥物，以及學校破壞等（Gearheart & Gearhert, 1989）。洪協林（1995）指出，我國國中二年級起即有一群對讀書不感興趣的學生，每天無所事事，把心智轉換到不良行為上，諸如遲到早退、上課吵鬧、吸菸、賭博、偷竊、打架、破壞公物、逃學等。然而有研究指出：學障學生的犯罪行為可以透過學業的補救教學予以消除（Keilitz & Dunivant, 1986）；利用至少40～50個小時的教學，可以顯著地減少學障青少年不良行為的再犯（Sikorski, 1991）。

　　前述學業低成就或學習困擾學生，除了顯示教育資源的浪費外，甚至衍生許多不良適應問題及犯罪問題，危害社會治安。因此，如何積極進行學習輔導，增進學生成就感，防止並消除不良適應行為與犯罪行為，是當前教育的首要課題。

## 三、民主與資訊社會更需強化學習輔導

　　處在今日民主與資訊社會裡，由於知識爆發，現代人已不可能像過去一樣背誦所有知識，甚至憑藉「半部論語治天下」。最重要的是，要教導學生具有「如何學習」的知能，知道何時、何處與如何獲取並活用資訊。其次，在氾濫的資訊社會裡，到處充滿了被扭曲、宰制的資訊，如何教導學生具有解構與批判這些資訊的知識，重建更符合民主、平等的社會，也是學習輔導的重點。再者，面對急遽變遷的社會，教導學生建立自我導向學習的能力與終身學習的精神，更是學習輔導的終極目標。

## 四、學習輔導的方法及內涵需因應翻轉教室（Flipped classroom）、行動學習等教學模式的變遷

　　今日的教學已由傳統的教師在教室內進行單向知識傳授、學生被動學習

的模式，轉變為藉由多媒體及網際網路的科技，走向數位學習、行動學習及無所不在的學習模式，學生角色也變成主動及互動的學習模式，未來的學習輔導需在教學及評量方法上有新的因應。

## 第二節　學習輔導的原則

　　學習輔導是學校輔導工作中重要的一環。學習輔導工作的規劃與實施，除了依據學習理論外，尚需與生活輔導和生涯輔導統整在一起。一般而言，學習輔導的原則可歸納如下數項：

1. 學習輔導須依據學生的身心發展特徵，兼顧認知、情意與技能等完整學習目標的發展。

2. 學習輔導須與生涯輔導整合。學校應輔導學生將所規劃之長程、中程與短程生涯目標轉化為學習目標，按部就班學習，方竟其功。

3. 學習輔導須與生活或心理輔導整合。學習是否有效與學生的心理、人格、情緒之健全發展息息相關，故二者須密切整合。

4. 學習輔導宜重視預防，特別是學業適應不良學生宜早期輔導，以免積重難返。

5. 學習輔導是一個持續、連貫性的歷程。學校須事先擬定妥善的學習輔導工作計畫，依計畫實施，並定期評鑑改進。

6. 學習輔導是否有效有賴學校各處室、各科教師的密切配合。

7. 學習輔導可兼採個別輔導與團體輔導方式，以增進成效。

8. 學習輔導宜重視良好的學習習慣、觀念與態度的養成，尤其是自我導向的學習習慣與終身學習觀念。

9. 學習輔導須重視有效學習方法與策略的教導。因為給學生魚吃，不如教會釣魚技巧。學習方法與策略之教導可包括學習資源的利用、讀書計畫之訂定、時間管理、動機策略、認知策略，以及後設認知策略等。

10. 學習輔導宜針對學習困難學生採診斷處方教學策略，設計個別化教學方案，實施補救教學。

11. 學習輔導須重視學生的個別差異，因材施教；針對特殊學生（如低成就、智能不足、資賦優異、考試焦慮等），提供適切的心理輔導與教育服務。

12. 學習輔導除了一般學科輔導與升學輔導外，尚需重視閱讀、思考，以及解決問題能力的培養。

13. 學習輔導方案之實施除了可利用輔導活動課、週會、班會、自習等時間實施外，尚可整合在各科教學內，以增進成效。

14. 學習輔導宜善用新的學習典範，以增進成效。學習的新典範，例如：建構論的學習觀、自我調整學習、互動式多媒體教學、動態與真誠評量等，對學習輔導的設計與實施，極具參考價值。

15. 學習輔導宜配合「學習共同體」、「數位學習」、「行動學習」、「翻轉教室」等新的教學模式，培養學生主動學習，以及師生間、同儕間互動學習的精神。

## 第三節　學習輔導的理論基礎──學習理論

　　學習包括知識、技能、策略、信念、行為態度等的建立與改變，是一個非常複雜的歷程。學習理論是學習輔導的基石，它在闡明學習的原理、歷程與結果，可以做為教師進行教學與學習輔導的依據。本節將就學習的性質、認知學派的學習模式、建構論的學習模式等三項，分別介紹如下。

### 一、學習的性質

　　過去幾十年來，學習理論不斷演進，大體而言，對學習的看法可分為三

種：(1)學習是「反應的習得」；(2)學習是「知識的習得」；(3)學習是「知識的建構」（林清山，1995；Mayer, 1992），說明如下。

## （一）學習是「反應的習得」

行為學派的學習理論主要分為古典制約（classical conditioning）學習與操作制約（operant conditioning）學習兩種。就古典制約學習歷程而言，在一組刺激（如食物）與反射反應（如狗分泌唾液）的連結關係中；在一個中性刺激（如鈴聲）如與食物配對出現數次後，也可單獨引起相同的反應（如分泌唾液）。換言之，中性刺激被制約後可引發制約反應。古典制約學習可以解釋很多學習現象，例如：在語文學習裡，目標行為是看到「Book」的文字能發出該字的英文語音；又如「一朝被蛇咬，十年怕草繩」等皆是。

操作制約學習是指，個體在刺激情境中產生諸多自發性的反應，其中的部分反應因為受到增強的作用會被保留下來，從而建立與刺激之間的連結。在這個連結歷程中，後效增強是行為習得的關鍵。

上述這兩種制約學習皆主張學習乃是「反應的習得」，亦即在刺激－反應的連結中，透過反覆練習或增強，如能使學生獲得新的反應，便是有了學習。這種學習觀點重視學習目標的分析與達成，把學習目標分解成許多有階序、連貫的細小單元，然後利用反覆練習、增強，或設計複雜的行為改變技術、代幣制，來建立正確反應或塑造行為。教師的教學目的在增加學習者正確的反應，非常適合於基礎知識、技能的教學。

## （二）學習是「知識的習得」

早期認知學派的訊息處理（information processing）理論和後期的後設認知（metacognition）理論，認為學習是「知識的習得」。教師教學的目的旨在協助學生處理訊息（不論透過認知策略或後設認知策略），藉以增加學生知識庫的總量。訊息處理理論的學習模式，如圖 1-1 所示（Gagné, Yekovich,

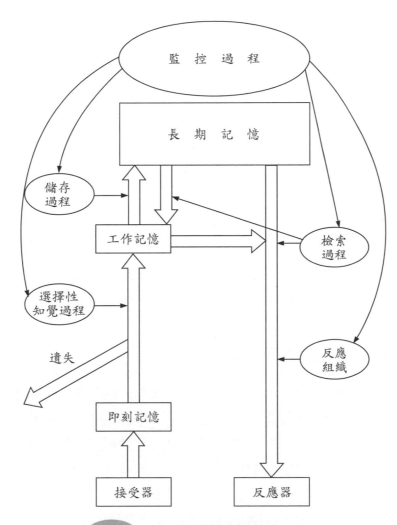

**圖 1-1** 訊息處理理論的學習模式

資料來源：Gagné 等人（1993, p. 40）

& Yekovich, 1993）。

　　外界的訊息被感覺接受器接收後，經過中樞神經系統，會登錄在「即刻記憶」（imediate memory）裡。透過選擇性知覺（selective perception）過程，在「即刻記憶」裡的一小部分訊息會被送到「工作記憶」（working memory）中進行處理。工作記憶的處理容量極為有限，訊息如沒有進行編碼、復習的話，很快就會消失。檢索（retrieval）過程即是把長期記憶（long-term memory）的舊訊息送到工作記憶中，藉以進行新訊息的處理。儲存（storage）過程是把工作記憶中所得的新訊息轉存到長期記憶裡。反應組織（response organization）是把工作記憶裡處理完的訊息，在送至適當的反應器去執行之前，先對其反應順序做系統規劃。監控（control）歷程則是控制整個人類訊息處理系統的流程，它包含動機成分在內，也是後來其他學者所稱的「後設認知」。

對人類認知歷程的分析，在 1970 年代後由訊息處理進入所謂「後設認知」，強調個體能對自己的認知歷程加以察覺，個體在學習過程中具有計畫、執行、監控、調整與評鑑其學習的知識與策略。後設認知策略的訓練，可增進學生知道何時、如何以及為何使用策略，進而增進知識的習得。

## （三）學習是「知識的建構」

建構論（constructivism）不認為學習是被動的接受訊息，而是一個主動建立知識的過程。建構論有三大原則，且三者必須並存，才不會扭曲其意義：第一為主動原則：點出「知識並非由認知主體被動地接受而來」；第二為適應原則：認知的功能是適應性的，是用來組織經驗世界，不是用來發現本體性的真實；第三為發展原則：知識的成長是透過同化、調適及反思性抽取等歷程逐漸發展而成，後續知識必須植基於先備知識且受限於先備知識（詹志禹，1996）。

建構論有六個假設（Clarizio, Mehrens, & Hapkiewicz, 1994）：

1.學習是從經驗中建構，並形成內在表徵的知識。

2.學習是個人對世界的詮釋，每個人的詮釋可能都不同。

3.學習是一個主動歷程，能由經驗中發展出意義。

4.學習是共同合作的。

5.學習是情境和真實世界之脈絡的反映。

6.學習評量必須與教學統整在一起。

建構學習的教學目標在於培養學生之問題解決、推理、批判思考，以及主動運用知識的能力。在教學時，所提供的學習條件包括：豐富的學習環境、社會性的協商溝通、運用多種教學方法呈現多元的教學內容、以學生為中心的教學，以及培養學生反省思考的能力。教師教學時可運用多媒體的教學設計，採認知師徒制方式、合作學習和電腦輔助學習工具，提供豐富的學習情境，來達成學習目標（Driscoll, 1994）。

## 二、認知學派的學習模式

在行為學派、認知學派與建構論的三種學習模式中，以認知學派的學習歷程之描述最清楚，非常適合做為教學與學習輔導的參考。茲按學習目標（結果）、學習類別、學習的先前因素等三個成分，以及三個成分綜合成完整之認知學派，分別介紹如後（Husen & Postlethwaite, 1994）。

## （一）學習目標

在教學與學習輔導中，首先需澄清學生要「學什麼」，學習目標或結果之類別若不同，教學或學習方法就須分別因應。Bloom 把學習目標分為認知、情意、技能等三領域；Gagné 與 Driscoll（1988）將學習結果分為五大類：語文訊息、心智技能（包含辨別、概念、原則與高層原則學習）、認知策略、態度、技能等。認知學派則將知識的學習結果分為二大類，分別為敘述性（declarative）知識與程序性（procedural）知識（Gagné et al., 1993; Husen & Postlethwaite, 1994），說明如下。

## 1. 敘述性知識

敘述性知識是指「知其然」（knowing that）的知識，可分為：(1)命題：指一組單一、孤立的假設（例如：汽油是可燃的）；(2)基模（schema）：指用來表示一個情境的一組相關聯之命題和概念（例如：在加油站加油）；(3)心理模型（mental model）：指一組高度組織的命題、觀念和規則相互關聯在一起成為一個系統（例如：呼吸系統，它包括組成分子、各分子如何關聯、功能如何運作等）。

## 2. 程序性知識

程序性知識是指「知道如何做」（knowing how to do）的知識，包括：規則（例如：看見紅燈會停止）、技能（例如：會開車），以及自動化技能（例如：能一邊開車，一邊聽廣播）等。

# （二）學習類別

學習類別可區分為四種，說明如下。

## 1. 連結學習

連結學習是指刺激反應間的連結之學習。複雜的概念是由許多簡單的概念連結而成，透過新舊經驗的連結，學習者就能習得新知識。個人對訊息的編碼、儲存和檢索的能力會影響連結學習的效能。

## 2. 程序性學習

連結學習是在事實間或概念間建立簡單關係，而程序性學習則進一步在關係間或規則間建立複雜關係。程序性學習的特徵就是把規則編纂成有效的

技能，這種知識的編纂包括程序化（proceduralization）與組合（composition）。程序化是把一個普遍規則加以修改，以適合某一特殊的作業；組合是把一序列低階規則組成一個更複雜的規則。某些程序性知識一再被使用後將轉變成自動化知識。

### 3. 歸納推理學習

歸納推理學習包括規則與原則的發現。一般而言，其過程是要能從一個問題中導出規則，並且加以應用，以解決後來的問題。其過程包括要學習者提出並假設考驗之，如果考驗結果發現假設不成立，會修正假設，並繼續考驗假設。

### 4. 後設認知學習

後設認知的過程為：(1)界定問題或目標；(2)發展計畫；(3)分配資源以便執行計畫；(4)執行計畫；(5)監控進展（必要時修正計畫）；(6)把結果（新知識技能）統整到既有的知識結構中。

後設認知學習會監督前述之連結、程序性與歸納推理等三種學習的過程，它會針對某一問題的特性，激發前述三種不同的學習以解決問題。因此，後設認知學習影響的學習成效至為關鍵。

## （三）學習的先前因素

影響學習的兩種先前因素包括認知與情意（conative）因素，說明如下。

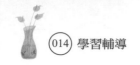

## 1. 認知因素

認知因素包括：(1)先前知識與技能：它扮演促發者（en-abler）的角色，影響新知識的學習速度和正確性；(2)工作記憶和訊息處理速度：前者是訊息處理的暫存區與激化區；後者指處理訊息時之編碼、儲存、檢索、比較與反應訊息的速度。工作記憶與訊息處理速度扮演調節者（mediator）的角色。

## 2. 情意因素

學習能否堅持，與學習者之情意因素有密切關係，包括：(1)情感狀況：如焦慮、動機、態度等的差異；(2)學習型態（風格）：如沉思型或衝動型、整體型或序列型等的不同。二者皆會影響學習效果。

# （四）認知學派的學習歷程模式

茲將前述學習的先前因素（初始狀態）、學習類別（中間歷程）、學習目標（結果）綜合成一完整的學習模式，如圖 1-2 所示。

圖 1-2 中的實線箭頭表示直接影響，虛線箭頭表示間接影響的關係。其中，認知因素直接影響後設認知學習與連結學習，間接影響歸納推理學習；情意因素直接影響後設認知學習；後設認知學習則間接監控連結、程序性與歸納推理等三種學習的歷程及效能。

連結學習直接影響敘述性知識的表現，間接影響程序性知識的表現；而程序性學習直接影響程序性知識的表現；歸納推理學習則直接影響到敘述性和程序性知識的表現。敘述性和程序性知識的學習結果又會回饋到先前的知識與技能結構。

圖 1-2 之學習歷程中各因素之間的直接、間接與互動關係說明，可提供教師在教學或學習輔導時的重要參考。

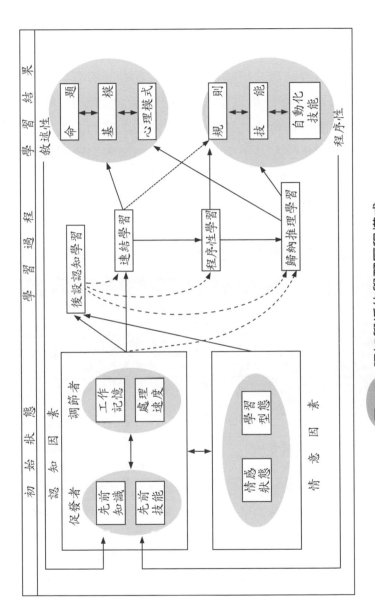

圖 1-2 認知學派的學習歷程模式

資料來源：Husen 與 Postlethwaite（1994, Vol. 6, p. 3324）

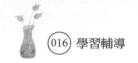

## 三、建構論與傳統學習典範的對比

近幾十年來，學習理論發展迅速，許多舊的學習觀已被新典範所取代。諸如：學習是行為或知識之被動習得轉為主動的建構學習；由強調教材內容的學習轉到「學習如何學習」與後設認知學習；由教師支配的學習轉到學習者的自發性、主動性與合作性學習；由求知取向轉到個人存在意義的體驗。

茲綜合學者近年來有關學習之觀點，將新舊學習典範之轉變歸納，如表1-1 所示（朱則剛，1996；Husen & Postlethwaite, 1994; Whitaker, 1995）。掌握學習的新典範，有助於教師進行學習輔導的參考。

### 表 1-1　建構論與傳統學習典範的對照

| 舊的學習典範 | 新的學習典範 |
| --- | --- |
| 1. 著重學習內容，強調「正確」答案之習得 | 1. 強調學習如何學習 |
| 2. 學習重視成果導向 | 2. 學習重視過程導向 |
| 3. 學習者被動地習得行為、知識 | 3. 學習者主動建構知識 |
| 4. 學習的教材可分解細小單元——是零碎片斷的學習 | 4. 學習是整體性的學習 |
| 5. 教師為主體，獎勵服從、一致性 | 5. 師生平等對待，以學習者為主體 |
| 6. 教學為固定結構與處方性課程 | 6. 彈性課程、不同起始點、混合的學習經驗 |
| 7. 學習只是某年齡階段所需 | 7. 學習是終身歷程，學校學習只占一小部分 |
| 8. 強調外在世界輸入的學習 | 8. 使用學生內在經驗作為學習的脈絡 |
| 9. 學習可獨立於情境和脈絡之外 | 9. 學習是情境依賴的；在特定的社會文化脈絡下進行；在人與情境互動下進行學習 |
| 10. 教師為知識傳遞者 | 10. 知識是促進者、學習者；教學相長 |
| 11. 知識是永恆的、客觀的 | 11. 知識是暫時的與不斷進行社會文化建構的 |
| 12. 學習是知識、技能的傳授 | 12. 學習是深層理解與批判思考 |
| 13. 學習重視量化與靜態評量 | 13. 學習重視質性與動態（dynamic）及真誠（authentic）評量，如操作評量、檔案評量 |

表 1-1 建構論與傳統學習典範的對照（續）

| 舊的學習典範 | 新的學習典範 |
|---|---|
| 14. 忽視真實生活的學習情境 | 14. 重視真誠學習（authentic learning）——在真實的生活情境中學習 |
| 15. 不鼓勵想像與不同的思考 | 15. 鼓勵多元創造思考 |
| 16. 強調分析、左腦思考 | 16. 強調直覺、右腦思考 |
| 17. 學習忽略先前知識與迷思概念（misconception）的影響 | 17. 學習是利用先前知識去建構新知識；重視迷思概念之分析，幫助學生建構知識 |
| 18. 以量化方式進行學習之評量及研究 | 18. 以質化方式進行學習之評量及研究 |
| 19. 學習是被動的歷程 | 19. 學習是自我調整歷程，包括在動機、情感、目標、認知、後設認知，以及行動上積極地自我介入的學習歷程 |
| 20. 重視教師對學生單向教導 | 20. 重視認知學徒制（cognitive apprenticeship）、交互教學（reciprocal teaching）與合作學習 |
| 21. 重視求知，忽視存在（being）體驗 | 21. 求知與存在體驗兼重 |
| 22. 學習環境之設計單調，與現實生活環境不符合 | 22. 學習環境設計強調真實化（authentic）與互動式學習情境 |

## 四、建構論在教育上之發展應用模式

建構論的學習觀點在教育上的應用，已由較早的發現學習、鷹架構築、合作學習等模式，進展到晚近之學習共同體、數位學習、行動學習與「翻轉教室」，茲說明如下。

## （一）發現學習、鷹架構築與合作學習

建構論的學習觀點早已存在於 Bruner 的發現學習和 Vygotsky 的鷹架構築學習法。發現學習強調學生主動的自我學習、好奇心和創造性問題解決。鷹架構築認為在學生的學習過程中，教師應在關鍵時刻適時提供協助建構。另外，建構論的教學通常會大量使用合作學習（cooperative learning），乃因

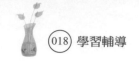

它強調學習的社會性，透過同儕小組來示範思考方式，來揭露和挑戰彼此的錯誤概念等，頗符合建構論的精神（Slavin, 2012）。

## （二）佐藤學之「學習共同體」

日本的佐藤學教授提出以「學習共同體」（learning community）為目標的教育改革，將地方、學校、家長、教師都視為一個個學習圈，包括：教師、學生、家長社區等三個學習共同體，透過相互學習及經驗交換，保障及提升孩子的學習。其教學是要翻轉過去以教師為中心的「講述法」，而改採以學生為中心的「協同學習」。

「學習共同體」將傳統的學習空間改為「ㄇ」字形座位，方便隨時討論，進行小組學習；每個人在同一起點，一起思考解決問題，讓孩子在共同學習討論的過程中，都能增加「學習」的能力。在教學方式上，以「主題、探究、表現」累積孩子的學習經驗，進而構成知識。由上可知，協同學習也非常符合建構論的學習觀點。

黃淑馨（2012）將導入「學習共同體」學校概念製作為圖1-3。由圖1-3中可清楚了解到，學習共同體的哲學、願景、原理，以及教師、學生、家長社區等三個學習共同體的內容、運作及其教與學方法，頗具參考價值。

## （三）數位學習、行動學習與悠然學習

由於網路與電腦科技的成熟，二十一世紀已成為數位學習（E-learning）的年代，人們透過電腦網路可以隨時隨地進行學習，使得學習變得更有彈性、自主與多元，而不再侷限於傳統的教室環境。

隨著行動載具及通訊技術的進步，行動學習（Mobile learning）已成為繼遠距學習、數位學習後的新學習趨勢。學習者可利用行動載具（如PDA、行動電話），在不受時間及空間的限制下，以同步或非同步的方式進行學習及知識的獲取（廖述盛，2014）。把行動學習加上情境感知的特性，就變成具

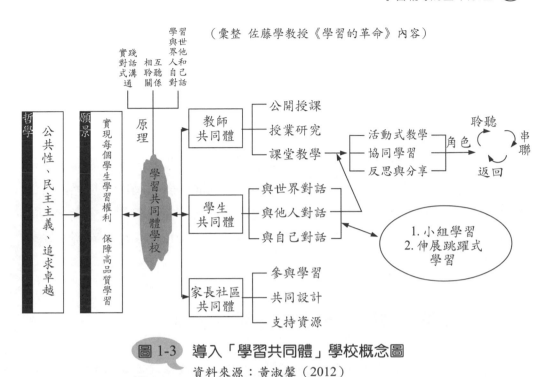

**圖 1-3** 導入「學習共同體」學校概念圖
資料來源：黃淑馨（2012）

有情境感知的悠然學習（Ubiquitous learning，簡稱 U-learning）。悠然學習是將各項已經 E 化的資料庫整合，藉由多元的數位工具，不論何處或何時，都可透過網路取得各式各樣和目前使用者之周遭環境相關的資料，且可以將真實情境複製在學習情境當中，而活化學習（吳清山、林天祐，2013）。

　　上述數位學習、行動學習與悠然學習等，皆強調以學生為中心的自主學習。在內容規劃方面，早期的 E 化學習是受到行為主義和認知主義的影響，強調與電腦互動，在擬真式情境中，經歷多次的重現效果及互動過程，以獲致學習；後來受到建構論的鼓勵，強調增加學習者之間的互動、合作學習，主動建構知識（呂美慧，2012）。

## （四）「翻轉教室」

　　翻轉教室（Flipped Classroom）是 2007 年由 Jon Bergmann 與 Aaron Sa 所

創，他們為了解決學生缺課的情況，將預錄的講解影片上傳網站，讓學生在家自行上網瀏覽學習，再於課堂互動時間來完成作業、問題解決或討論等教學互動。此種教學模式提升了學生的學習動機、學習態度和成績，獲得良好的教學成效。而後由 Khan 學院的創辦人 Salman Khan 大力推動（中華資訊素養學會，2014）。

由於翻轉教室結合數位學習、行動學習的優點，加上教師由原來主導的角色轉為提供學習的引領及協助，在多出來面對面的課堂時間，以所設計的教學活動增加同學間、師生間有更多的溝通和交流，能培養學生主動學習的精神、發展高階的知識應用及思考能力（田美雲，2013）。由此可見，翻轉教室頗能發揮建構論的學習精神。

## 五、建構論之教學和學習方案設計示例

建構論之教學或學習，強調教師應設計出自由探索、互動合作的學習空間，讓學生主動建構知識。為了增進讀者對建構論之教學或學習的理解，茲舉三個方案供參考，說明如下。

### （一）以「從歷史該怎麼教談起」為例

茲以〈從歷史該怎麼教談起〉一文為例（未署名之網路資料），透過比較美國、日本，以及臺灣中學歷史之學習評量的不同，做為行為派和建構論之學習模式的差別對比。

#### 1. 有關元朝一段歷史的學習評量

(1)美國的考題：成吉思汗的繼承人窩闊台如果沒有死，歐洲會發生什麼變化？試從經濟、政治、社會三方面分析！

(2)臺灣的考題：窩闊台死於哪一年？最遠打到哪裡？

## 2. 有關中日間一段歷史的學習評量

(1)日本的考題：日本和中國 100 年打一次仗，19 世紀打了日清戰爭（我們稱為甲午戰爭），20 世紀打了日中戰爭（我們稱為抗日戰爭）。21 世紀如果日本和中國開火，你認為大概是什麼時候？可能的遠因和近因是什麼？如果日本贏了，是贏在什麼地方？輸了，是輸在什麼條件上？試分析之。

(2)臺灣的考題：甲午戰爭是哪一年爆發的？簽訂的叫什麼條約？割讓多少土地？賠償多少銀兩？

由上述可發現，臺灣的考題重視記誦課本零碎知識，是行為派的應用；而美國和日本的考題顯示，其教與學重在引導學生如何學習、如何產生創意、批判思考，如何建構真正實用的知識，是建構論學習模式的實踐。

## （二）以幽默理論之建構為例

網路流傳了一則（未署名）笑話：

在一個有眾多名流出席的晚會上，鬢髮斑白的巴基斯坦影壇老將雷利拄著枴杖，蹣跚地走上臺來就座。主持人開口問道：「您還經常去看醫生？」「是的，常去看。」「為什麼？」「因為病人必須常去看醫生，醫生才能活下去。」臺下爆出熱烈的掌聲。

主持人接著問：「您常請教醫院的藥師有關藥物的服用方法嗎？」「是的，我常請教藥師有關藥物的服用方法，因為藥師也得賺錢活下去。」臺下又是一陣掌聲。

「您常吃藥嗎？」「不，我常把藥扔掉。因為我也要活下去。」臺下更是哄堂大笑。主持人最後說：「謝謝您接受我的訪問。」「別客氣，我知道你也要活下去。」臺下繼續哄堂大笑。

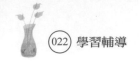

你對上述笑話之幽默程度、機智程度、嘲諷程度之評定為何？如果是正向評定，請問它為何好笑？另外，它還隱含什麼深刻的人生意涵？請發揮你的想像、創造與批判等思考能力，你也可建構出幽默的理論喔！

## （三）以禪宗公案的知識建構為例

白隱禪師說：「兩掌相拍有聲音，隻手之聲是什麼？」

請問你的答案為何？這個問題沒有標準答案，但需以超越具象方式建構知識，當然如有師生、同儕一起互動分享，會更好。

## 第四節　影響學生學習的因素

教師如要促進學生有效學習，除了了解學生的學習歷程外，尚需探討影響學習的各種因素。學習活動乃是個體與環境互動的結果，其影響因素錯綜複雜。本節將從認知歷程、教與學的歷程，以及社會鉅觀等三個向度，來分析影響學習的因素。

## 一、從認知歷程分析影響學習的因素

根據訊息處理與後設認知理論，影響學習的因素，從訊息輸入到輸出的過程中，可包括下列各項（請參照圖 1-1）：

1. 刺激因素：刺激的大小、強弱等不同特徵會影響學習者之注意，例如：教師說話聲量大小、教材安排方式、視聽媒體的運用等，皆是重要的刺激因素。

2. 機體因素：學習者的感官是否有缺陷？大腦與神經系統是否正常？這些皆會影響學習效果。

3. 動機因素：影響學習最根本的動力就是學習動機。學習動機強的話，

學習效果才有可能最好。設定適切的目標讓學生有成功的期待，是增強學習動機的方法之一。

4. 注意力因素：外界刺激進入感官後，學習者能否注意到刺激的存在，這會影響後續的訊息處理。通常學習動機較強者，會有較高的注意力去接收訊息。

5. 選擇性知覺（selective perception）因素：在感官中的刺激受期望（動機）和注意力的引導，學習者必須進一步知覺到學習材料的刺激特徵。教師在教學時強調刺激材料的特徵，將有助於學生的學習。

6. 短期記憶的儲存因素：被知覺到的訊息送到短期記憶之後，透過復習（rehearsal）與音意串節（chunking）策略，可以將之暫存在短期記憶裡。上述這兩種學習策略的應用會影響到學習效果。

7. 語意編碼（semantic encoding）因素：短期記憶的運作結果，一為直接輸出，透過感官表達出來；另一為透過語意編碼技術，送到長期記憶裡儲存起來。至於編碼的策略與技術很多，諸如圖表法、心像法、記憶術、比擬已知事物、自我問答等，都是有效的方法。

8. 長期記憶的儲存因素：已貯存在長期記憶的訊息，如能避免相互干擾，則訊息可以被長久保留下來。

9. 查詢與檢索因素：儲存在長期記憶的訊息，隔了一段時間之後必須透過線索的查詢與檢索來回憶這些訊息，如此才能使得訊息長久保存。為了促進檢索，所有用在語意編碼的策略皆可使用。同樣的，類比、記憶術或問答法等皆有助於訊息的檢索。最普遍的檢索策略就是記筆記，它是一種外在檢索策略，將訊息儲存於個人之外。諸多實證研究發現，記筆記有助於學習。

10. 實作因素：學習者如有機會把所學的內容，實際表現出來，可增進學習成效。提供實作練習與在多種學習遷移脈絡下練習，將有助於學習遷移的產生。

11. 回饋因素：學習者在學習之後所做的正確反應，會因自動回饋或受教師的回饋而產生增強作用，使得學習結果易於保留。因此，教學評量

方法是否適切，乃是影響學習的因素之一。

12. 後設認知策略因素：具有後設認知策略的學習者，會事先計畫學習方向、監控整個學習歷程、適時調整學習歷程，並有效地檢核學習結果，故其學習成效較佳。

## 二、從教與學的歷程分析影響學習的因素

Entwistle（1988）從教與學的歷程提出一個影響學習的模式（如圖1-4所示）。

由圖 1-4 可看出，影響學生學習之主要因素包括學生、家庭、教師，以及學校等四個層面，每個層面各包含許多小因素，分別列在模式圖的四個角落。

菱形的中心部分是學習的焦點，包括學習過程與策略及學習結果。菱形的內部表示直接影響學習過程、策略與結果的主要因素，共包括學生、教師，以及學生對學習情境的知覺等三方面，茲分述如下：

1. 學生方面：主要包括學生的學習技巧、對教育的態度，以及學習方法等因素，而這些因素則是受到學生個人因素（如人格、學習風格、智能等），以及家庭（如父母支持、同儕團體壓力等）的影響（詳見菱形圖外之上半部分）。

2. 教師方面：主要包括教師的教學技能、知識庫，以及學習工作的設定等因素，而這些因素則受到教師因素（如教學進度、教學方法、熱忱與同理心等），以及學校因素（如評量程序、課程組織、資源材料等）的影響（詳見菱形圖外之下半部分）。

3. 學生對學習情境的知覺：包括學生對教師所提供之教材的「意義與重點的知覺」和對教師所設定之「工作要求的知覺」（詳見菱形圖中央之二個長波浪條狀圖）。

上述的學習模式指出，學習乃是一個複雜的教與學之互動過程，當學生學習有困難時，可以參考此模式中的各個因素進行學習診斷。

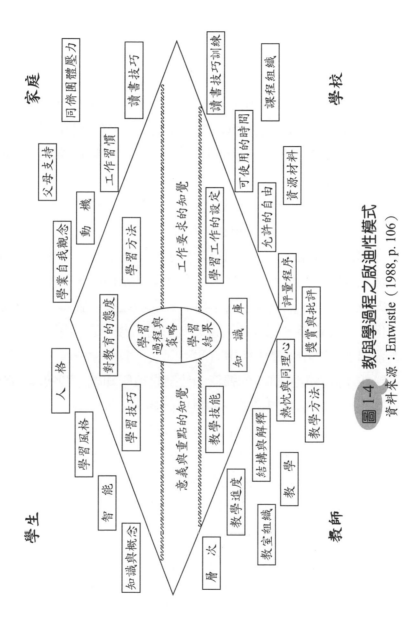

**圖 1-4　教與學過程之啟迪性模式**
資料來源：Entwistle（1988, p. 106）

# 三、從社會鉅觀分析影響學習的因素

影響學習的因素，除了前述從認知歷程及從教與學的歷程來探討外，尚需要考慮社會鉅觀的綜合互動因素。Marjoribanks（1991）提出一個影響學生學習的動態模式，如圖 1-5 所示。他指出影響學習的歷程包括社會背景、學生個人特質、教學品質、學生與教學之互動，以及師生間的相互知覺等五大變項。茲將這些變項的交互影響途徑分述如下，其中單箭頭表示單向影響，雙箭頭表示交互影響。

1. 社會背景變項：學生的學習會受潛在的大社會與文化結構的影響。這個結構包括性別、社會階層與族群（如原住民、漢人）三者，以及三者間互動的差異；它進而影響學生所處的家庭、學校、同儕團體等三種環境間互動的差別。在大社會與文化結構內，學生因受不同家庭、學校（區）、同儕團體（鄰里）等環境之交互影響，而承受不同的文化與社會資產，這些資產會成為影響日後學習結果之先前因素。

2. 教學品質變項：學生所擁有的不同文化與社會資產，於入學後復受到學校不同教學品質（如課程、教師之教學知能、關懷等）的影響，這些變項都是影響學習結果的重要因素。

3. 學生個人特質變項：學生之個人特質，如性向、知識、學習策略等的不同，以及三者間不同的互動，也會影響其後的學習結果。

4. 教學與學生個人特質變項間之互動：教學變項與學生個人特質變項並非單獨作用而已，而是透過互動影響到師生間的相互知覺，進而影響學習成果。

5. 師生間的相互知覺變項：透過教學品質、學生特質及二者之互動的綜合影響，會塑造出師生對學習情境的相互知覺，例如：教師對學生未來的教育（升學）和就業機會（勞力市場）形成不同的期待時，學生會知覺到教師的期待，進而產生「自我預言應驗」效果。顯然，師生的知覺變項會導致不同的學習結果。

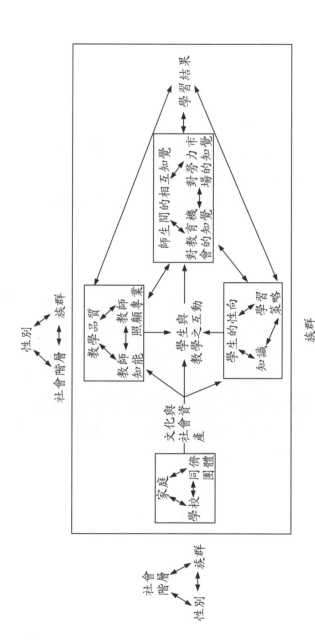

圖 1-5　影響學生學習結果之因素的模式圖

資料來源：Marjoribanks (1991, p. 336)

前述從社會鉅觀來分析影響學習的五大因素，可以提醒教師在進行學習診斷與輔導時，不應只侷限在狹隘的認知或心理因素，而能注意到潛在的大社會與文化結構之因素。

Wang、Haertel 與 Walberg（1993）綜合分析歷年有關影響學生學習之因素的研究，發現有 228 個變項是非常重要的。這些變項可分成三十類，並歸為六大影響因素，包括：(1)州與地方政府之組織特徵及政策；(2)家庭與社區特徵；(3)學校之特徵、文化、氣氛、政策與措施；(4)課程與教學的設計及實施；(5)教室內措施；(6)學生特徵等。

他們的研究也指出，在諸多變項中，與學生較接近的變項（如心理、教學、家庭環境）比那些較遠的變項（如人口、政策、政府組織等）對學生學習的影響力要大得多。

本節從認知歷程、教與學的歷程及社會鉅觀等三個層面分析影響學生學習的因素，綜合而言，可分為個人、家庭、學校與社會等四個因素。這四個因素並非是單獨作用，而是交互共同影響學習的。前述之探討有二點值得教師注意：首先，影響學習的因素是交互影響的，教師需發現原始因、衍生因，釐清本末，方能正本清源，再進行有效的學習診斷與輔導；其次，造成學生學習困難的原因錯綜複雜，某些家庭或社會因素所造成之不良影響，往往不是學校或教師可單獨加以解決的，此有賴各方配合方能竟其功。

# 第五節　學習輔導的內容

當資訊高速公路已形成新的資訊社會，遠距學習與網路溝通不再是個神話時，學習輔導則顯得更為重要。每個人都需要不斷學習，而成為轉化型的學習者，才能因應時代的新挑戰與新要求。教育的目的不應侷限於知識的傳遞，而是朝向發展探求知識的技巧，進行互動學習。同樣地，學習的重點亦有了顯著的改變，由「學習什麼」轉變為「學習如何學習」（learning how to learn）。因此，學習輔導的目標應指向培養轉化型的學習者為旨趣，其內容更應涵蓋開放、彈性及多元的範疇，提供更為寬廣的視野，為學習輔導奠立良好的基礎。

為了協助教師進行學習輔導，茲將學習輔導的重點與內容說明如下。

## 一、協助學生了解並應用校內外的學習資源

在資訊快速發達的時代，學得如何找到可運用的資源是相當重要的。學校應協助學生充分了解與應用校內、外學習資源，提供有用的學習資訊，例如：圖書館、閱覽室、電腦設備、校外的社教單位、演講、座談會、電腦網路資訊等。

在諸種學習資源中，電腦網路資訊是屬於新興且非常具有威力的學習資源，它的功能包括電子布告欄系統（Bulletin Board Sytems, BBS）、電子郵件、新聞與主題資料庫、電腦會議、網路目錄查詢、商業化教育網路、國際文化交流（例如：透過 internet）、遠距離多媒體學習等（Harasim, Hiltz, Teles, & Turoff, 1995）。

學生學會利用電腦網路資訊，等於掌握了一把通往無窮寶藏之鑰。

## 二、輔導學生訂定學習計畫與時間管理

「凡事豫則立，不豫則廢。」許多學生由於沒有良好的學習計畫，以致漫無頭緒，浪費時間，導致學習效果差。因此，指導學生擬定讀書計畫，並按計畫執行，才能邁向成功之路。學習計畫宜配合生涯規劃，先從長程目標著手，繼而中程目標，再往後推到短期目標，且三者有連貫性。其次，學會有效的時間管理才能促進學習效果。

## 三、指導學生使用多元的學習策略

　　由於知識爆發，任何人不可能記憶所有的資訊，最重要的是學會「如何學習」。許多研究發現，學業成績差的學生大多數是缺乏適當的學習策略。

　　學習策略係指學習者運用內外在資源促進學習效果的活動，其種類很多，例如：(1)認知策略：包含複誦法、精緻化法、運用關鍵字、記憶術等；(2)後設認知策略：包括自我監控、自我修正、自我評鑑等。

　　在進行學習輔導時，教師必須針對學生的能力與需要，提供各種有效的學習策略與方法。

## 四、激勵學生學習動機

　　學習動機是學習的動力，假如學生僅擁有良好的學習策略，而缺乏動機，學習也不可能有任何成效。有學者指出，在學習歷程中，學習動機裡有三種成分會影響學習結果：(1)學習者清楚自己的學習目標及其重要性（價值）；(2)學習者對該學習工作的期望（如自我效能、控制信念、期望成功）；(3)學習者對學習工作的情緒反應（如焦慮、自尊）。學習動機除會影響學習策略的使用外，並和學習策略交互影響學生的學習結果。因此，教師宜設計各種動機訓練方案或課程，激發學生的學習動機，以提升學習效果。

## 五、加強各學科的學習輔導

　　學生在校需要學習語文、數理、社會、藝能等學科，由於各學科的性質迥異，學習方法與策略必須因應不同科目性質的差異而有不同，學習才會有效。各學科教師宜與輔導室（處）配合，加強學科的學習輔導。當學生在學科學習上有困難時，教師宜配合輔導室（處）進行學科診斷與補救教學。

## 六、加強升學輔導

　　針對擬升學的學生，學校宜加強升學輔導；升學輔導工作主要包括始業輔導、各學科學習方法、認識升學管道、選課、文理分組、選填升學志願、如何準備考試，以及應試技巧等的輔導。此外，升學輔導更應兼重協助學生探索其興趣與性向，進而與未來的生涯發展做一連結。

## 七、適時進行學習困難診斷與實施補救教學，以提升學　　生學習效果

　　目前學校有很多學習困難的學生，主要包括學習遲緩、低成就、學習障礙，以及行為異常等四類。教師必須進行原因診斷，設計符合學生需求的個別化教育方案，然後進行補救教學。學習診斷的模式可採心理計量、發展、心理歷程、心理教育或生態等診斷模式；診斷評量除了傳統之正式評量外，尚需配合非正式評量，如觀察、晤談、工作分析、動態評量、檔案評量等。補救教學方案和策略有各種不同類型，可以依個案需求選擇適當的類型加以實施。

## 八、加強閱讀能力的培養

　　閱讀能力是學生學習能力中的要素之一，學生具備閱讀能力猶如掌握一項有利工具，對未來的學習將無往不利。閱讀能力的訓練包括速讀、瀏覽、精讀、檢視閱讀、綜合閱讀、批判閱讀等。

## 九、加強思考與解決問題能力的培養

　　學生除了一般學科與閱讀能力之培養外，尚需具備高層次的思考（例如：推理、創造與批判）與解決問題的能力，方能適應未來變化萬千的社會。因此，學習輔導不能忽略思考與解決問題能力的培養。

## 十、針對學習恐懼症或考試焦慮症學生提供適當的學習　與輔導

　　國內的升學壓力非常大，因此學生罹患學習恐懼症或考試焦慮症者不少，尤其在國三和高三階段更常見，因而有「國三症」或「高三症」之稱。若要有效輔導這些學生，教師宜分析其原因，並採適當的輔導策略，諸如理性情緒治療（rational-emotive therapy）、自我教導訓練或系統減敏感法；此外，亦可配合適當的學習技巧進行學習輔導，促進輔導效果。

## 十一、實施讀書治療，發揮讀書治療的發展性與治療性　功能

　　學習輔導的功能不應侷限在知識與方法方面，更應擴展到促進正常人之心理與人格之健全發展及自我實現，以及對適應困難者的治療。事實上，在國外早有所謂讀書治療（bibliotherapy），利用適當的書目、視聽材料做為心理治療的重要輔助方法，以發揮發展性和治療性功能，效果非常良好（Rubin, 1978）。學校可利用早會或中午休息時間，透過廣播播放有啟發性的短文、詩歌或小故事等，或規劃全校性的「讀書週」或「讀書會」，進行發展性讀書治療。另外，針對適應不良學生實施輔導時，如能輔以適當的讀書治療，則更能發揮治療性效果。

## 十二、培養自我導向學習知能與建立終身學習觀念

　　學習輔導的目標不能只是消極地依賴教師的教導與協助，而更應積極地培養學生自動自發、自我導向學習的知能，以充分發展學生潛能。尤其重要的是，學習輔導不是只有在學校學習階段需要，面對瞬息變化的社會，更應積極鼓勵學生建立終身學習的觀念，活到老、學到老，才是學習輔導的最終目標。

　　以上就學習輔導內容之重點與趨勢，舉其中最重要的十二項供學習輔導之規劃與實施的參考。由於篇幅之限制，本書無法就每一項一一分章介紹，只能擇其中較迫切者，其餘請讀者自行參考其他資料。

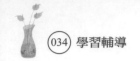

## 自我評量題目

1. 試述學習輔導的重要性。

2. 試述學習輔導工作的基本原則。

3. 試述行為學派、認知學派，以及建構論對學習的看法。

4. 試述認知學派的學習模式。

5. 試區別建構論與傳統學習典範之不同。

6. 試述建構論在教育上之發展應用模式。

7. 試設計一項建構論之教學或學習方案。

8. 試從認知歷程分析影響學習的因素。

9. 試從教與學的歷程分析影響學習的因素。

10. 試從社會鉅觀分析影響學習的因素。

11. 試述學習輔導的主要內容。

## 中文部分

中華資訊素養學會（2014）。以學生為中心的「翻轉教室」。取自 http://www.cila.org. tw/? p=2749

王瑞仁（1985）。國民中學學生生活適應問題之研究（未出版之碩士論文）。國立臺灣師範大學，臺北市。

田美雲（2013）。翻轉教室（**Flipped Classroom**）介紹。取自 http://ctld.ntu.edu.tw/_ epaper/news_detail.php? nid=452

朱則剛（1996）。建構主義對教學設計的意義。教學科技與媒體，**26**，3-12。

吳清山、林天祐（2013）。教育名詞：悠然學習。教育資料與研究，**108**，169-170。

吳裕益（1980）。國中高、低成就學生家庭背景及心理特質之比較研究。高雄師範學院教育學刊，**2**，161-198。

呂美慧（2012）。E 化學習。載於國家教育研究院（主編），教育大辭書。取自 http:// terms.naer.edu.tw/detail/1453901/? index=1

林清山（1995）。教學心理學的研究新趨向。中國心理學會 84 年度年會大會演講論文。

洪協林（1995）。不可忽視的一群：談讀書不感興趣之學生輔導。學生輔導，**40**，112-115。

教育部（2013）。國民小學及國民中學補救教學資源平臺。取自 http:priori.moe.gov.tw/ index.php? mod=about

郭生玉（1973）。國中低成就學生心理特質之分析研究。國立臺灣師範大學教育研究所集刊，**15**，451-534。

黃淑馨（2012）。日本學習共同體與臺灣教育的對話：日本參訪心得報告（2012/11/17-11/21）。未出版之技術報告。

黃萬益（1975）。國小學生學習適應問題之研究。省立新竹師專學報，**2**，183-254。

楊麗英（1993）。高中生與本地生輔導需求之比較研究。國立華僑實驗高級中學專題研究報告。

詹志禹（1996）。認識與知識：建構論 vs.接受觀。教育研究，**49**，25-38。

廖述盛（2014）。行動學習。取自 http://www2.cmu.edu.tw/~cmuapp/1022cmua/web/up-

load/files/20140505195717.ppt

謝重光（1980）。**高雄市高級中學學生學校生活適應情境調查研究**。高雄市立前鎮高中研究報告。

謝雪真（1985）。彰化高中學生學業成就欠理想之原因調查報告。**輔導通訊**，**5**，116-117。

簡茂發、蔡敏光（1986）。高中生行為適應問題之研究。**測驗年刊**，**33**，81-93。

## 英文部分

Amos, S., & Schoenthaler, S. (1991). The link between learning disabilities and juvenile delinquency: Fact or fiction? *Comment International Journal of Biosocial and Medical Research, 13*(2), 259.

Clarizio, H. F., Mehrens, W. A., & Hapkiewicz, W. G. (1994). *Contemporary issues in educational psychology* (6th ed.). New York, NY: McGraw-Hill.

Driscoll, M. P. (1994). *Psychology of learning for instruction*. Boston, MA: Allyn & Bacon.

Entwistle, N. (1988). *Styles of learning and teaching: An integrated outline of educational psychology*. London, UK: David Fulton.

Gagné, E. D., Yekovich, C. W., & Yekovich, F. R. (1993). *The cognitive psychology of school learning* (2nd ed.). NY: Harper Collins College Publishers.

Gagné, R. M., & Driscoll, M. P. (1988). *Essentials of learning for instruction* (2nd ed.). Englewood Cliffs, NJ: Prentice-Hall.

Gearheart, B. R., & Gearheart, C. J. (1989). *Learning disabilities: Educational strategies*. Columbus, OH: Merrill.

Harasim, L., Hiltz, S. R., Teles, L., & Turoff, M. (1955). *Learning networks*. London, UK: The MIT Press.

Husen, T., & Postlethwaite, T. N. (Eds.) (1994). *The encyclopedia of education* (2nd ed.). NY: Pergamon.

Keilitz, I., & Dunivant, N. (1986). The relationship between learning disability and juvenile delinquency: Current state of knowledge. *Remidial and Special Education, 3*, 18-26.

Marjoribanks, K. (Ed.) (1991). *The foundations of students' learning*. Oxford, UK: Pergamon.

Mayer, R. E. (1992). Cognitive and instruction: Their historic meeting within educational psychology. *Journal of Educational Psychology, 84*(4), 405-412.

Rubin, R. J. (1978). *Using blibliotherapy: A guide to theory and practice*. Phoenix, AZ: Oryx Press.

Sikorski, J. B. (1991). Learning disorders and the juvenile justice system. *Psychiatric Annals, 21*(12), 742-747.

Slavin, R. E. (2012). *Educational psychology: Theory and practice* (10th ed.). UK: Pearson.

Wang, M. C., Haertel, G. D., & Walberg, H. J. (1993). Toward a knowledge base for school learning. *Review of Educational Research, 63*(3), 249-294.

Whitaker, P. (1995). *Managing to learn*. London, UK: Cassell.

# CHAPTER 2

# 學習動機的輔導

毛國楠

## 學習目標

讀完本章之後，學習者應能達到下列目標：

1. 了解使用獎懲的原則。
2. 說明懲罰的負面效應。
3. 說出內在需求與學習動機的關係。
4. 了解設定目標的原則。
5. 說明歸因訓練的目標。
6. 說明能力信念對動機的影響。
7. 說明不同目標導向的學生會表現不同的學習組型。
8. 說明增進自我效能與自我調整的策略。
9. 說明班級結構對學習動機的影響。
10. 應用整合型動機策略。

# 摘要

　　動機是影響學習成效的重要因素之一，學習有目標、有意義，學習者才會專注投入。國內近年來也發現，學生動機有下降趨勢，因此如何提升學生動機為一值得注意的課題。

　　本章首先從行為論的觀點，提出使用賞罰應注意的幾個原則，包括：規則清楚、機會均等、善用 Premack 原則、善用代幣制、善用回饋，並且避免負面效果。

　　其次，從人本心理學的觀點，強調塑造溫暖、關懷的班級氣氛，以滿足學生的關聯之內在需求；讓學習者扮演主動的角色，使學習活動更有意義，以滿足精熟與自主的需求，激發內在動機。

　　接著，就認知論的觀點，提出目標設定的原則，包含：目標明確、具有挑戰性、近程目標比遠程目標有效，以及從自我調整策略來實現所設定的目標。也提到增進信心的原則，包含：能力的增長、歸因及正向思考訓練、集中意志抗拒分心的策略。

　　另外，從社會認知論的觀點，藉著自我效能的提升、自我調整策略的運用，對學習活動進行自我監控、自我評價、回饋與調整。使用 TARGET 策略，從改變教學活動、評鑑方式及增加學生自主性，來營造精熟目標取向的學習環境。

　　最後，介紹整合型動機策略，可以採取 ARCS 模式，結合動機策略與教學，從課程設計能引起學生的注意、切身感，進而增進學生的信心與滿足。另外，可結合動機策略、認知策略、後設認知與情意策略，經由課程訓練達到激勵學生主動求知的目標。

　　西諺有句話說：「你可以將馬拉到河邊，卻無法強迫牠喝水。」同樣地，在學校裡，你可以把學生帶進教室，如果他沒有學習意願，仍舊無法產生學習成效。所以，學習動機在學習過程中扮演重要的角色，具有激發、引導並維持個體專注於學習活動，以達成學習目標的作用。有些學生的學習表現欠佳，其原因不在於能力差，而是缺乏成就動機所致，像低成就學生就是最明顯的例子（邱穗中，1993）。這些低成就學生實際的表現遠低於應有的表現，潛能未能充分發揮，也造成教育資源的浪費。此外，研究也發現：臺灣中小學生的學業動機有隨年級增加而遞減的趨勢（劉政宏，2009；Clifford, Lan, Chou, & Qi, 1989）；這到底是什麼原因呢？值得進一步探討。還有，要如何提升學習的動機，是教育上的重要課題。

　　激勵學生的動機，又可分成外在動機與內在動機兩方面；內在與外在的區別，主要是看行為的意願是自我決定的成分較高，或是被要求的成分較高。所以 Deci 與 Ryan（1985）就將外在動機根據自主性的高低，區分為外在調整（external regulation）、內射調整（introjected regulation）、認同調整（identified regulation），以及整合調整（integrated regulation）等四個型態。其中，外在調整是指我們的行動因著外在的酬賞或要求和限制而調整；內射調整開始於我們覺得應該去做，否則愧對別人的期望，後來逐漸內化外來的期望，不需外力的推動。不過，外在調整與內射調整是自主成分較低的外在動機。認同調整是指我們會進行某些行動，是因我們認同這些行動是有價值和有重要性的；整合調整是將內化的價值統合於自我系統，不會出現價值衝突，而達到和諧統合。認同調整和整合調整是自主較高的外在動機。

　　在現有的動機理論中，行為論強調透過情境的安排和賞罰原則的運用來增進學習動機，人本論強調滿足個人內在的需求及引導內發的動機，而認知論則強調設定有挑戰性的目標，增進信心，以及社會認知論強調參與觀察學習、自我調整，以及改善教學結構等著手。由於影響學習動機的因素複雜，往往不是採取某一種學派或某一種策略就能奏效，所以逐漸採取整合模式。以下分別從行為論、人本論、認知論、社會認知論，以及整合模式的動機策略說明之。

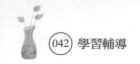 

# 第一節　行為論的動機策略

　　行為主義的學習動機理論，其基本策略在設計學習情境，利用外在增強物或誘因，使學生在表現適當行為之後得到強化，從而維持學習動機。這也是一般教師和父母最常用的激勵學習之策略，以下介紹幾個使用原則。

## 一、獎賞要能激發學習者的動機

　　不要讓學生只為得獎才參與活動，例如：圖書館舉辦的閱讀比賽，若是單純為了參加或讀了二十本書就可以拿獎品，反而會讓學生認為：「我參加這個活動就可以得到獎品，沒有獎品我就不參加」的想法；相反的，讓學生選擇主題性的書單、閱讀幾本相關的書籍後寫心得，或是一場公開的發表和介紹，讓學生藉由成果的展現而有成就感，並提升對閱讀的興趣和動機。

## 二、獎賞的時機

　　枯燥無味的基本練習通常無法提起學習者的興趣，因此可利用獎賞提高動機，直到學習達到可以感受到樂趣的水準後，就可以停止獎賞，例如：在學習鋼琴時，音階爬升是基礎卻無聊的練習，這時便可以使用獎賞提高動機，在練習達到可以演奏曲子的程度後，學習者感受到彈琴的樂趣，這時便不再需要獎賞幫忙引起其內在動機。另外，如果學習者對學習任務具備高度內在動機的情況下卻給予酬賞，反而會削弱其動機，得到反效果。因此，在使用酬賞時需要特別注意。

## 三、得獎機會均等

　　酬賞只有在學習者認為自己有機會可以得到的狀況下，才會成為學習動機。學校成績獎勵通常以分數為主要標準，只有前幾名的學生得到讚揚，這樣並不符合這個原則；所以，我們需要設計一個班上的所有學生都有機會得到酬賞的機制，而不是表揚某項成就特別高的學生，例如：MacIver與Reuman（1994）利用每個人的「基本分數」（base score）做為酬賞的依據，若學生本週在作業、活動等超過此基本分數，便能獲得進步點數；這樣的方式適合所有的學生，也不會造成學生之間的比較。Midgley 與 Urdan（1992）指出，獎勵要重視學生表現的質，而非表現的量，尤其是他們在執行任務時的過程，若學生突破過往的表現，或利用創意方式解決任務，都應該給予獎勵；而我們如何獎勵學生，也表現出我們在班上重視的是什麼。

## 四、賞罰規則清楚

　　在任務開始前，應先告知學習者本次酬賞的目標與評斷的標準，再依照此標準進行酬賞。因此，我們先要有明確的標準，什麼情況該賞，什麼情況該罰，規則清楚。增強的步驟可採取循序漸進的方式，善用代幣制。所謂「代幣」是具有制約性質的增強物，例如：一張卡片或貼紙，原來不具有增強作用，因為含有兌換原始性增強物的特性，學生憑積分可獲得特權或獎品，可滿足內在需求，逐漸地代幣就成為制約增強物。除了用卡片或代幣外，像學校或家庭自訂的加分扣分辦法，達到哪些標準可加分，也具有代幣性質。教師使用代幣制時，要選擇對學生有吸引力的增強物，而這有賴於平時的觀察或者與家長的溝通。讓學生有選擇不同增強物的機會，積分愈高可換取的酬賞也愈高，以激勵學生努力以赴，換取更有吸引力的增強物。實施代幣制時要注意的是，代幣只有在所欲行為出現後才給，而不能不勞而獲；

實施之後，代幣要能兌現，才能建立威信。

# 五、善用回饋

我們要提供與學習品質有關的資訊回饋，讓學習者了解自己在知識或技巧上的進步，而不是關注在酬賞本身。社會性的酬賞（如口頭讚美或鼓勵）比物質酬賞較不會降低內在動機，因此不要過於依賴物質酬賞。對於學生表現的結果，教師的回饋具有後效強化作用，教師如何作反應，會影響學生的後續表現。在口頭回饋方面，國內學生不太喜歡發問，所以教師應該鼓勵學生發問與回答問題，對於合適的問題和答案，則公開稱讚（例如：「嗯！提出的問題很夠水準！」或者「答的非常好！」）。對於不合適的問題與答案，則讓學生有澄清的機會，例如問學生：關於這個問題，要不要再補充一下？然後教師再進一步解釋或引導，以避免造成學生的挫折感。

在文字回饋方面，最常見是作業的批改，教師批改作業時，避免只打個分數，而要考慮學生的先前學習狀況，給予回應。對於表現優異的學生，給予讚賞、肯定，也建議可以繼續延伸發展的地方，以維持其學習動機；對於較差的學生，則著重於指出能力與表現的優缺點，以及要改進的地方，例如：計算不夠細心、文意不清楚等，並鼓勵他們繼續努力，以引發其學習動機。另外，教師將學生常犯的錯誤寫在黑板上，再請學生出來訂正，其他同學自行訂正，也是可行的回饋方式。

# 六、避免賞罰的負面效果

物質酬賞可能提高動機，也可能降低動機。外在的原因愈是突顯，當事人愈容易把做這件事的理由歸因於外在的原因，而不是出於內發的動機，此即所謂過度辯證（overjustification）之弊。因此，我們在使用物質酬賞時要謹慎，儘量不要讓學生有受外力操縱，而不得不做的感覺，例如：為了父母

的面子或獎賞而念書,結果內在動機就會降低。另一個值得注意的現象是,仍有些教師和家長常用責罰的方式逼孩子讀書,雖然可看到立即效果,但就長遠來看,並沒有養成自動自發的讀書習慣,一旦束縛解除,成績就直落;同時還要避免責罰產生增強的效果,例如:處罰反而達到學生吸引老師注意的效果,而造成不當行為無法消除。此外,當學生違規,施予懲罰時,應避免損傷學生自尊,或傷害學生身體。所以使用賞罰,應避免以上這些負面效應。

關於酬賞的爭議一直存在,持內在動機論點的學者認為,學習者對任務沒有興趣,酬賞即沒有效果;而持行為主義論點的學者認為,無論學習者對於任務是否有興趣,酬賞的應用是藉由外部的激勵,逐漸提升他們的自發性,讓他們的學習更有效率。

## 第二節　人本主義的動機策略

人本主義心理學家認為,教育的功用在促進學生身心成長,因此,教師在教學之前,應考慮教材和教法對學生是否有意義和有價值,是否符合他們成長的需求。如果學生覺得他們在教師的關愛和協助之下,有能力、有興趣去學,他們自然會努力向學,學生在心理上也覺得有安全感,不會有怕失敗及受懲罰的恐懼,在這樣的師生互動歷程之下,容易維持良好的師生關係和培養和諧的教室氣氛。另外,Ryan 與 Deci(2000)的自我決定論也強調,人類與生俱來就有追求心理成長和發展的傾向,個體會主動追求三種基本心理需求的滿足,分別是勝任感、自主性和關聯感。勝任感需求是指,個體覺得自己能有效地與環境互動的需求;自主性需求是指,個體認為參與活動是出於自己的選擇和意願;關聯感需求是指,和別人保持情感聯繫與互動,且期望自己成為團體中一份子的需求。自我決定論的基本假設是社會情境若能支持個體的勝任感、自主性與關聯感,將有助於提升自主意向的行動。當這些心理需求滿足時,將引發正向的反應,提升幸福感、活力及高自尊。因此,

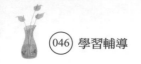

教師若能將這些需求融入所教課程中，將有助於引導學生投入學習活動。以下提出幾個顧及學生需求和自主性的學習動機策略。

## 一、滿足基本需求，促進關聯感的策略

Maslow 強調，人類的動機是由多種不同需求所組成，可按其性質由低而高分為七個層次：生理需求、安全需求、隸屬與愛的需求、自尊需求、知的需求、美的需求，以及自我實現的需求。前四層稱為基本需求，後三層稱為成長需求。這些需求之滿足與否和學習動機是息息相關的，例如：學生沒吃早餐就到學校上學，生理上的匱乏影響上課的專注力；或者同儕霸凌也讓學生覺得緊張、焦慮，學生如何能專心向學。滿足學生互相隸屬和聯繫的需求，對學生的學習動機有很大的影響。被同儕認可或接受，是學生很在乎的心理需求，在班級中有良好的友誼關係，學生願意互相幫忙，在這樣的班級氣氛下，學生容易受同伴的激勵，成績因而進步。所以，在教室中可透過合作學習，讓學生在學習活動過程中，與同儕有良性互動與支持。在這樣的環境脈絡下，學生會更積極的參與，提升學習動機。

此外，教師可設法塑造溫暖的班級氣氛，比如教師在上課前讓學生吃早餐；同時教師也可以設法了解學生的內在感受，例如：教師點名時，學生不是只喊「到」，而是報數表達他當天的心情，一分代表心情低落，十分代表情緒高昂，遇到情緒低落的學生，教師可問他發生什麼事情，適時表示關心（張美惠譯，1996）。當然，教師表達、傳遞的方式很重要，如果教師經常板著臉上課，試想學生如何輕鬆、專注地學習，所以教師也要注意自己的語調和表情，態度是否可親，教師的態度是會影響班級氣氛的。還有親子之間的關係是溫暖的、支持的，對學生參與學習活動都有激勵作用。

## 二、提供鷹架，促進勝任感的策略

教師的教學活動設計能配合學生的知識與技能水準，讓學生在近側發展

區（Zone of proximal development）學習，讓學生在鷹架協助之下可以學會，並且能提供有挑戰性的教學活動與立即回饋。在課程開始時，提供挑戰性目標，然後給予正向回饋，透過回饋修正下一步的反應。要注意的是，提供的教學活動要符合學生現有的技能與能力水準，這時就容易產生心流的狀態（flow experience），學生會全神貫注在目前的活動中，否則目標遠超出能力所能及，就會產生焦慮緊張；反之，目標太容易達到，也會覺得無趣。另外，教師要鼓勵學生容忍挫折（failure tolerance），將失敗視為學習歷程的一部分，這樣學生會將錯誤的地方視為回饋的訊息，做為改進的參考，如此能讓失敗產生積極、有建設性的態度（Clifford, 1990）。

## 三、降低控制，促進自主性的策略

在支持學生自主性的班級環境中，老師會讓學生做選擇，例如：讓學生選擇閱讀的主題、報告的方式，讓學生有機會照自己的興趣與喜好來進行，這時提供機會讓學生選擇，便能激發學生的內在動機。所以，教師如果要支持自主的班級氣氛，首先教師要對自己教學有信心，能抗拒求速效，願意和學生溝通如何達到高品質的學習，這樣才能激發學生的內在動機，引發他們想參與的意願，例如：讓學生欣賞這次活動的價值，可帶進更深層的理解，或者有助於達到未來的目標。其次，教師提供有效的回饋訊息，而非控制的語言，如老師對學生說：「你們這次的表現比上次差，要不要說說是什麼原因？」而避免一些嚴厲的字眼，例如：「你們必須好好反省。」以下介紹一個促進自主學習的例子。

許惠珠（1986）曾根據 Rogers 的理念，讓學生能根據自己的興趣、能力、需要，而自訂學習計畫。她以「英文課」為例，讓學生決定他們該如何學習、該學些什麼；因此在開學時，她發給每一個人一份「課程備忘錄」，並要求大家自訂「個人學習計畫書」。課程備忘錄說明教師的立場與對同學的期待——教師希望以真實、了解、尊重的態度對待每位同學，使本課程能

在自由學習的氣氛下，體驗充實而愉快的學習。上課的內容與方式，由大家共同決定，每個人可依自己的興趣與能力，訂定學習的目標；考試與計分的問題也可共同討論解決，盼望每個人都是積極、主動、負責的學習者，能充分利用各種資源。課程要求如下：

1. 在開學後兩星期內提出個人學習計畫書，包括：學習的時間、方式、範圍等。
2. 在學期結束前交一份書單，詳細註明自己閱讀的情況，例如：讀哪一本書、哪幾章、是略讀或詳讀？是完全了解或一知半解等。
3. 在學期結束前交一份自我評鑑報告，包括：「自我評鑑標準」、「是否達成既定目標」，以及「自己應得的分數」。
4. 在學期結束前交一篇修習本課程的感想，包括對老師、同學和自己、上課方式、課程內容等的建議或批評。無論褒貶，絕不影響成績。

由於個人學習計畫有明確目標、實施程序與自我評鑑，再加上賦與學生自主性，可依照自己的興趣選取主題和內容，因此實施效果不錯。此外，目前流行的翻轉教室，要求學生在上課前必須從老師架構的網路平台事先預習，課堂中使用論證式的探究教學，課後自我評量與省思，這也是提升學生自主學習的方式（鍾昌宏，2013）。

# 第三節　認知論的動機策略

認知論強調學習者扮演主動的角色，在適應環境過程中，個人內在的想法和評價對於所採取的行動是有影響的，例如：一個人為什麼對學習沒有興趣？這時認知論所追問的是他背後的想法、信念是什麼？Pintrich（1989, 2003）曾歸納影響學習歷程的動機因素有三類：價值、期望與情感成分。價值成分是指學習者為何而學的理由，包含：學習者的學習目標和課程的價值；期望成分是指學習者對學習成效的預期，包括：成敗歸因、能力信念、自我價值等；情感成分是指學習者對學習歷程的情意反應，例如：考試焦

慮。後來，學者們（程炳林，2000；劉政宏，2009；Kuhl, 1985）增加了執行意志的成分；因此，認知論的動機策略強調如何設定目標、成敗歸因、改變個人能力信念、自我價值感、成就目標導向、調節情緒和執行意志，以提升學習動機。以下分別介紹設定目標、改變能力信念、歸因訓練與執行意志的動機策略。

# 一、設定目標的策略

如果有學生說：「我的成績爛死了，看到書就愛睏」，或者「做功課時，就想滑手機，無法專心，該怎麼辦」，學生有這方面的困擾或問題，如何提升他們的學習動機呢？學生學習意願低落可能是缺乏目標、缺乏成功經驗所致。目標能提供個人行動的方向，引導個人集中注意，努力以赴，因此會影響個人實際表現。以下就目標設定的幾個原則來加以探討。

## （一）目標要明確

Locke 與 Latham（1990）指出，在特定的、挑戰的或困難的目標之下，比模糊的目標或沒有目標之下，有較佳的工作表現。姑且不論學生原來動機的強弱，假如學生不知道教師對他們的期望，不知道該怎麼做才算符合教師的要求，那可能就乾脆不做，或者因錯誤地猜測而表現欠佳，或出現不適當的行為。因此，教師應儘可能把自己對學生的期望講清楚，甚至可由教師指定一個具體目標給學生遵循，比方說：「老師希望你下次考及格」，以引導他們的行動。當然目標也可由學生自定，根據研究（Locke & Latham, 1990）指出，指派的目標與自設的目標之效果相同。

## （二）目標要有挑戰性

根據 Atkinson（1957）的冒險偏好模式主張，成就行為是受到個人追求

成功與逃避失敗的傾向、個人主觀認定達成該目標成功的預期，以及該目標的誘因價值，三組成分的交互作用之產物。根據該模式，可以解釋為何能力相同的學生有的可以達成追求的目標，有的卻不想嘗試。追求成功動機大於逃避失敗動機者，較偏於選擇中等難度的作業；而逃避失敗動機大於追求成就動機者，偏向於選擇極難或極容易的目標。對成就動機高者而言，選擇中距離或中等難度的目標是最有吸引力的，因為完成容易的目標，並不覺得有傲人之處，而達不到高難度的目標，則容易產生挫折感。因此，教師平常所給的作業要配合學生程度，難易適中，同時可鼓勵學生自行設定有挑戰性的目標。另外，Wigfield、Tonks 與 Eccles（2004）指出，我們在選定目標時，受任務的價值所影響；任務的價值包括：成就價值，是指把工作做好的重要性；內在價值，是指從做的當中得到樂趣；效用價值，是指現在所做的有助於達成未來計畫；代價是指為了完成任務，必須放棄一些別的事，努力以赴。因此，可以透過任務價值的釐清，幫助學生設定有挑戰的目標，幫助他們了解只要努力並達到預期的水準，是一件有價值的事。

## （三）設定近程目標

在學生學習過程中，除了目標明確、有挑戰性之外，設定該目標的完成期限也很重要。Bandura 與 Schunk（1981）的研究指出，學生學習時，設定長期目標或短期目標，會影響其學科表現及情緒反應。設定短期目標的學生比較容易參照所訂定的目標，了解自己進步的情形，而在內發興趣、自我效能感，以及實際學科表現都有提高的現象。

但是訂了目標之後並不能保證必能達成目標，例如：上次考試的得分是 50 分，我期望下次考試能得 60 分，如何完成近程目標？讀者可參考「自我調整學習」的說明。

個人讀書計畫執行紀錄表，如表 2-1 所示。

表 2-1 個人讀書計畫執行紀錄表

| | 目標 | 該完成項目 | 實際完成項目 | 自我判斷 | 自我強化 |
|---|---|---|---|---|---|
| 1 | | | | | |
| 2 | | | | | |
| 3 | | | | | |
| 4 | | | | | |

# 二、增進學生信心的策略

設定目標去執行時，難免遇到挫折，此時如何加強學生的信心呢？以下介紹歸因訓練、改變能力信念、改善自我設限、了解目標導向，以及貫徹執行意志。

## （一）歸因訓練

歸因是個人對行為或事件發生的原因之解釋過程，會影響我們以後對該事件的期望、動機與表現。歸因的概念最早是 Heider（1958）所提出，他認為行為是個人和環境交互作用的結果，所以一個人的行為結果成敗之原因可分為個人和環境二類，後來 Rotter（1966）分析 Heider 的歸因架構，提出制握所在（locus），即內外控的概念：內控是指一個人知覺到行為結果的原因操之在己，外控則是指行為結果的原因操之於外在因素。之後，Weiner（1979）又加入穩定性和可控性的觀念，根據 Weiner 三向度歸因論，我們可以從每個學生對自己學習後成敗原因的解釋，進而預測他以後對該科課業的學習動機，例如：有甲乙兩生，如果甲生把自己的失敗歸因於努力不夠，而乙生卻將之歸因於能力太差，那麼以後兩人的學習動機可能也會不同，極可能甲生強於乙生。原因是努力可以操之在己，而能力高低是不易改的，個人對之無能為力。依此推論，甲生未來學業進步的可能性會比乙生高。

不過，Clifford（1986）對歸因論提出以下的批評：(1)將失敗歸因於缺乏

努力時，不容易產生建設性的作用；(2)將失敗歸因於策略，比歸因於努力時更能產生正面的效果。失敗策略歸因，可使學生不再將注意力放在失敗的結果，而將失敗轉換成等待解決的問題情境，能集中精神去尋找更有效的策略，不再強調失敗所帶來的負面含意。不僅如此，策略歸因更可使學生區辨能力、努力和策略歸因，增加其控制的知覺，而使失敗具有建設性的作用。以下介紹如何指導學生做有建設性的歸因（改寫自黃宜敏，1989）。

## 1. 對學業成敗的歸因：運氣乎？努力乎？策略乎？

(1) 如果這次考試成績不好，你會把它歸因於：
　　a. 考試題目太難。
　　b. 準備不夠充分。
　　c. 能力太差。
　　d. 讀書方法不得當。
　　e. 運氣不好。

　　假如學生認為自己的能力差，不管如何努力也沒有用，這就容易變成習得無助。如何改變學生的歸因，學習輔導的目標要讓學生相信自己是有學習能力的，教學生將失敗歸因於內在而不穩定的因素，例如：努力不夠或方法不當，這是比較容易改變的。不過，努力的項目也要具體，例如：要把錯誤訂正好、多做額外的練習、完成作業本、使用學習策略等。

(2) 教導學生認識失敗的積極意義，例如：「這次雖然考不好，但是我從中學到……」。

## 2. 失敗時，你會說正向的話嗎？

　　正向的話可以鼓勵自己遇到困難的時候更有信心，但是我們遇到困難時，卻常常慌了手腳、失去信心，也忘了對自己說正向的話。

(1) 活動一：教學生做分辨練習

「請同學聽聽下列的句子，哪一句是正向的話？哪一句是負向的話？」

「我考試總是太粗心，我真糟糕。」這是正向或是負向的話呢？──這是負向的話。

「我考試雖然錯了三題，但是我有點進步。」這是正向或是負向的話呢？──這是正向的話。

「我這次對了六題，真不錯。」這是正向或是負向的話呢？──這是正向的話。

「我這次只對了七題，真差勁。」這是正向或是負向的話呢？

「數學好難哦，我都學不會。」這是正向或是負向的話呢？

「雖然數學很難，但是我可以學會。」這是正向或是負向的話呢？

(2) 活動二：教學生說鼓勵自己的話

「現在老師要各位同學想像你遇到困難的情況，看你會不會說正向的話。請各位同學閉上眼睛──想像現在正在考數學，你看了題目，一題也不會，你很緊張。這時候，你怎麼說鼓勵自己的話呢？」鼓勵學生自由發表如何克服考試焦慮。

另外，老師歸因的模式和反應也會影響學生的動機，當老師認為學生沒有努力而導致失敗，老師會生氣或懲罰學生。但是，當老師認為學生因能力不足而導致失敗，老師可能會同情學生而不予懲罰。所以受罰的學生會覺得老師對他有期待，下次要好好努力，因而提升動機；而受同情或協助的學生反而覺得自己能力差，覺得羞愧而降低學習動機（Weiner, 2006）。

## （二）改變能力信念

Dweck（1999）依據「智力內隱理論」，將個體對能力本質的看法區分為「能力實存觀」（entity view of ability）與「能力增長觀」（incremental view of ability）兩種類型。持「能力實存觀」者傾向認為，能力是固定、穩

定且不可改變的特質，不論自己如何學習與努力，都不能改變其原有的能力本質；反之，持「智力增長觀」者則傾向認為，能力是彈性、可改變的，因此可以透過學習與努力等，增長自己的能力（Dweck, 1999; Dweck & Leggett, 1988）。這兩種類型會產生不同的認知、情緒與行為組型。持能力實存觀者會較傾向追求表現目標（performance goals），在學習時會比較關心如何在學習中獲得自己能力的正向評價。所以此類學習者在成功時，可能產生一些正向的反應，例如：自豪或放鬆等情緒，或是願意尋求挑戰、較能堅持、努力等正向的學習行為。相反的，若是失敗則意味著個體缺乏能力，在經歷失敗後則可能會產生一些負向的反應，例如：無助感、負向的情緒，或是逃避挑戰、較不能堅持和努力等負向的學習行為，形成逃避表現取向，有礙於學生學習（Dweck, 1999; Dweck & Leggett, 1988; Pintrich, 2000; Turner, Thorpe, & Meyer, 1998）。

持能力增長觀者則會較傾向追求精熟目標（mastery goals），在學習時比較關注於如何在學習中改善或增加自己的能力，獲得知識和技巧，所以持這種觀點者可能導致其將學習情境視為一個增加自己能力的機會。正因為如此，雖然這類學習者在經歷成功之後的動機反應，和持能力實存觀者並無不同，但這類學習者在遭遇失敗後的認知、情緒與行為組型，卻會比持能力實存觀者更為正向。換句話說，如果學習者相信能力可以改善或增加，在其遭遇失敗時，較不會將焦點置於失敗對能力的負向回饋，而會將其視為是一種挑戰與改善的機會，因此反而能產生一些正向的反應，例如：樂觀、正向情緒，或是接受挑戰、持續堅持和努力等行為（Dweck, 1999）。

至於如何讓學生接受能力是可改變的？有的是使用指導語，告訴學生能力是可經由學習而改變，或者能力是天生的（毛國楠、劉政宏、彭淑玲、李維光、陳慧娟，2008）。Blackwell、Trzesniewski 與 Dweck（2007）的作法是讓學生閱讀大腦可以成長的文章，然後在研習小組中討論，討論完還要整理出來，與其他學生分享。經過八回的訓練，發現能力增長組的動機有正向的改變，成績比控制組有提升趨勢，他們學到愈努力學習，大腦神經元連結愈緊密，他們的能力也愈成長。

## （三）改善自我設限

　　過去在學校也發現，有些學生臨到考試還在上網看影集，因為來不及準備，考試成績也欠佳。學生為何如此？根據自我價值論的觀點，學生努力卻考不好，代表能力差，這是有損自尊的。所以 Berglas 與 Jones（1978）以及 Snyder 與 Smith（1982）提出自我設限的解釋，即個體擔心自己的表現不理想，因此以自我設限的方式為個人表現製造障礙，以減少自身對失敗的責任，且能達到保護自我的目的。高自我設限傾向的學習者會因長期採用自我設限行為，而導致學業成就低落。那麼要如何改善自我設限的現象呢？

　　目前的學生仍面臨升學競爭的壓力，如果教師和家長能採取強調教材內容有助於學生能力增長，以及採取精熟取向的觀點，將犯錯或失敗視為增長知識與技能的必經歷程，則將有助於減少學生自我設限，或為維護自尊而逃避學習。Covington（2004）曾提出讓學生討論考試成績好壞是否代表他真正的能力，是否等於個人的價值？讓學生認識一時挫折不能抹煞個人的能力和未來的發展，希望藉此打破學生的自我設限。

## （四）了解目標導向

　　近年來，目標導向（goal orientation）理論或稱為成就目標（achievement goals）理論，已成為解釋個體成就行為與動機的重要理論。目標導向理論在探討學習者為何選擇某一目標，以及選擇該目標背後的原因。不同學者對成就目標提出不同的分類方式，例如：學習與表現目標（Dweck & Leggett, 1988）、作業涉入與自我涉入目標（Nicholls, 1984）、精熟與表現目標（Ames & Archer, 1988），使用名稱不同，卻有相似內涵。

　　最初，成就目標理論界定兩種成就取向：精熟取向者著重發展或提升個人能力及技巧；表現目標取向者著重展現個人能力比他人優越。在目標導向和成就動機的相關研究方面，發現精熟取向的學習者能夠引發並維持較佳的成就動機，表現取向的學習者則會因為失敗而容易使學習動機低落。之後，在表現目標中加上趨向與逃避的向度，加上精熟目標，稱為三向度目標導

向。後來精熟目標也分趨避兩個向度，形成 2×2 的成就目標取向架構，除了趨向精熟與趨向表現取向之外，增加了逃避精熟取向（即個體避免展現學不來或達不到預定的學習目標）與逃避表現取向（即個體不希望展現比別人差）（程炳林，2003）。後來 Elliot、Murayama 與 Pekrun（2011）以作業基礎、自我基礎與他人基礎等三種評估方式與趨避兩種價值評價，形成 2×3 的架構。以下以 2×2 四種成就目標為例，來認識這些目標的特徵。

趨向精熟目標的學生，相信只要努力就能成功。他們專注於學習本身的內在價值，期待學習新技能，理解所學的知識，所以他們也比較會使用策略來達到目標。他們比較容易接受失敗的經驗，將之視為學習過程的一部分。趨向表現目標的學生，他們把注意力專注在自己的能力與自我價值上，如果他們比別人做得好，分數贏過別人，他們便認為自己能力強；因為過度強調能力，也使他們不能接受犯錯或失敗。逃避精熟目標的學生，擔心自己學不來，不能理解教材，要求自己學習不能犯錯；而逃避表現目標的學生，害怕失敗與怕被貼上低能力的標籤，擔心比不上同儕，以退縮方式面對學習。

在學習過程中，學生可能因採取不同目標取向，而對學習活動賦予不同的意義和目的。所以教師應試著了解學生的成就目標取向，是著重學習？或表現？還是逃避？特別在強調能力表現的環境下，可能有學生發展逃避學習的想法，而逃避取向與學業表現和學習興趣有負相關，也要設法導正（許崇憲，2013）。

# （五）貫徹執行意志

Kuhl（1984, 1985, 1987）認為，設定目標之後並不見得能完成目標，亦即目標的設定並不能保證行動成功。因為在日常生活中，個人設定目標之後，仍舊有許多意念會干擾他的行動，如果個人無法有效地排除干擾、掌控行動，則所定的目標可能半途而廢，例如：有一個學生想利用早自習溫習功課，但是教室內外的喧鬧聲讓他分心，可能導致他放棄原來的目標，而加入嬉戲的行列。所以如何讓學生集中注意於既定的目標，不受外物干擾，也是提升學習成效的重要課題。

　　教師在課堂中，可讓學生討論在家裡及在學校裡容易分心的事情，例如：個人內在事件，包括：心情厭煩、太難想放棄、覺得無聊等；外在環境事件，包括：班上太吵、旁邊同學的干擾、教室太悶、沉迷網路、被電玩吸引等。碰到這些容易分心的事情怎麼辦？Kuhl 曾提出內在控制及外在控制的策略：內在控制包括注意力控制、動機控制與情緒控制；外在控制則包括環境控制與他人控制（程炳林，1995）。內在控制的策略可透過自我暗示、自我強化，相信自己一定可以做到，做深呼吸讓自己靜下心來，或者想出一些點子讓學習變得有趣。外在控制的策略則在尋求教師、同儕及家人的支援，以改善學習環境，可讓學生進行分組討論，再做歸納。

　　要貫徹執行意志，Snyder、Rand 與 Sigmon（2002）提出的希望感理論也頗值得參考。希望感是一種認知思考歷程，當個人目標受阻礙時，需要找合適方法或替代方案來解決困難，除了有方法之外，還需要堅強的意志力來克服挫折，這時可使用正向語言和自己對話，也可回想自己過去成功的經驗激勵自己。唐淑華（2010）曾經讓學生閱讀名人傳記，藉著分析名人面對挫折的反應模式，了解他們的知識信念、目標類型、採用的方法，以及面對困難的意志力。學生分享從名人傳記學到什麼？他們的反應很正向，例如：努力就會進步，不要放棄；讓學生見賢思齊，堅定意志。

## 第四節　社會認知論的動機策略

　　社會認知理論（social cognitive theory）是由美國心理學家Albert Bandura在 1970 年代所提出，當時稱為「社會學習理論」（social learning theory），強調觀察他人的示範學習。此外，也包含期望、思考、信念、自我調整等認知成分，所以稱為社會認知理論，且已在許多領域中獲得廣泛研究。

　　社會認知理論中最重要的觀念是將個人（people）、行為（behavior）與環境（environment）三因素之間的互動關係串連起來，彼此成為相互關聯的決定因素。個人透過自己的行為創造出環境條件，而環境條件又以交互作用

的方式影響人的行為，亦即探討環境、個人及行為之間的相互決定關係。以下探討社會認知論的動機策略。

# 一、增進自我效能

自我效能是 Bandura（1986）所提出，也是社會認知論的核心概念，意指個人對自己完成某一任務的能力判斷，也是個人對自己能獲致成功所具有的信念。自我效能的信念會影響個人對目標的選擇、投入的心力，以及面對困難的堅持度。研究也發現，高自我效能者比低自我效能者有較高的學習興趣，會設定較高的學習目標，也使用較多的學習策略，與學習表現有很強的關聯（毛國楠、程炳林，1993；林邦傑，1995）。

Bandura 認為，個人對效能的預期主要建立在四種信息來源：成就表現結果、替代性經驗、語言說服與情緒激發。因此，成功的經驗可提升效能，而反覆的失敗則會減低效能；觀摩他人成功解決問題的經驗，也會提升自我效能；說服個人相信自己具有達成目標的能力，也有助於提升自我效能，但若無成功經驗，則此效果短暫；強烈的情緒反應，如高焦慮，也是效能低的指標。根據這些影響效能的來源，若能透過同儕示範與教師的鼓勵，從實際練習當中，配合目標設定，由易而難，就能逐漸獲得成功的經驗，從進步中改變效能的信念。

# 二、自我調整學習

心理學家如 Bandura（1986）以及 Zimmerman（1989）曾經提出自我調整（self-regulation）的策略。根據他們的觀點，所謂自我調整為個人根據自己過去表現的判斷，定出標準，採取有效的策略，以達成學習目標的歷程，並會依照回饋再調整自己。根據 Bandura 的觀點，自我調整的歷程包括：自我觀察、自我判斷、自我強化等三個步驟。自我觀察是指對自己所作所為的監控，包括目標的設定及對自己的學習表現做有系統的記錄；自我判斷是指

根據自己的標準來比較自己的表現，看差距有多大，標準訂得太高或太低都不適宜，因此要訂出適當的標準；自我強化是指個人按自訂標準評判自己的行為結果之後，對自己滿意與否做獎懲。

　　Zimmerman（2008）將自我調整學習分成預慮、自我表現，以及自我反思等三階段。在預慮階段，先分析任務，設定目標並採取策略，也會調整自己的動機信念、自我效能、結果預期、內在興趣和價值、學習目標導向；自我表現階段，包含自我控制的策略與自我觀察紀錄；自我反思階段，包括自我評價與自我反應。林芳瑛（2013）曾根據Zimmerman的自我調整模式之成分，設計課程包含集中專注、了解知識的價值及用途、設定具體目標、自我記錄、自我評估、因果歸因、尋求學習支援，以及自我調整學習課程省思。結果顯示，實驗組和控制組在「預期」及「執行意志」分量表中有達顯著差異；而在「價值」及「情感」分量表中，未達顯著差異存在。還有兩組在學習自我效能有顯著差異。

　　自我調整流程如圖 2-1 所示。

```
              ┌─────────────────┐
              │   自我表現階段    │
              │    自我控制       │
              │    自我教導       │
              │    心理意象       │
              │    集中專注       │
              │    策略操作       │
              │                  │
              │    自我觀察       │
              │   後設認知監控    │
              │    自我記錄       │
              └─────────────────┘
```

```
┌─────────────────┐         ┌─────────────────┐
│    預慮階段      │         │   自我反思階段    │
│    任務分析      │         │    自我評價       │
│    目標設定      │         │    自我評估       │
│    策略計畫      │         │    因果歸因       │
│                 │         │                  │
│   自我動機信念   │         │    自我反應       │
│    自我效能      │         │    自我滿足與     │
│    結果預期      │         │    正負情感       │
│  內在興趣／價值  │         │  適應／防衛反應   │
│   學習目標導向   │         └─────────────────┘
└─────────────────┘
```

 **圖 2-1** 自我調整的階段與歷程

資料來源：引自 Zimmerman 與 Campillo（2003, p. 239）

Schunk 與 Zimmerman（1997）提出一個四階段的系統轉變學生學習模式，從觀察、仿效到自我控制與自我調整，如下：

1. 觀察階段：學習者要能夠從一位熟練者的示範，觀察學習其中的技巧，例如：學習分數的相乘，這通常不是看一次就學會，要觀察遇到不同題型要如何解題。示範者除了傳輸技能之外，也傳輸自我調整歷程，像是提升表現的標準與動機取向。所以，學生因看同學解題被老師稱讚，他也會提高動機，願意見賢思齊。

2. 仿效階段：學生在社會支持之下，複製示範者的反應，這通常不是一蹴可幾，需要不斷努力仿效。如果有社會支援提供輔導、回饋與增強的話，學生的表現與動機都會提升。

3. 自我控制階段：學習者要在沒有示範的情境下練習，根據保留的心像，調整自己的練習，達到預定的標準，再根據達到的程度，自我增強。

4. 自我調整階段：學習者在人與情境互動中練習，需要從練習結果，調整他們的技巧。當他們的自我效能提高，就能專注於結果表現。

因此，教師可鼓勵學生根據自己的目標，安排進度、具體步驟，以及達成與否給自己獎勵和懲罰，並且確實記錄執行情形，以達到自我監督的目的。所以，一個成功的自我調整者，懂得如何設定目標，找出可達成目標的策略，監控自己的學習歷程，再根據學習結果調整學習方法，以提升學習成效。而這些過程，可由外在引導而逐漸內化。

## 三、營造精熟目標取向的課室環境

Ames 與 Ames（1984）的研究發現：班級教學過程會形成不同氣氛與結構，而突顯不同的成就目標取向，進而影響學生的認知歷程、情意發展，以及動機表現。而國內升學競爭氣氛濃厚，學校內也強調比分數、比成績，這就容易形成 Ames（1992）所謂的表現目標取向。在表現目標取向之下，學

生在乎自己是否勝過他人,在強調競爭之下,容易逃避具有挑戰性的目標,而使用不當的策略,並且將失敗歸因於能力不足,是屬於適應不良的動機類型。另一種動機類型稱為精熟目標取向。在精熟目標取向之下,學生在乎知識和技能的改善,願意花較多的時間學習,偏好挑戰性作業,遇到難題時堅忍度較高,並且將成功歸之於努力。Maehr 與 Midgley(1991)曾提出支持精熟取向目標的班級結構與教學策略,現在則簡稱為 TARGET,將可營造出精熟目標取向的班級結構。在此結構下,學習的學童將可漸漸減輕其無助感,並且培養出精熟取向的目標。茲將其作法說明如下。

## (一)課堂作業(Task)

學習活動的設計是班級教學的重心,要吸引學生,讓他們全力投入,所提供的作業及活動要有下列的特徵:

1. 學習活動有意義且多樣性:教學活動多樣化,如利用視聽媒體、參觀調查,容易引起學生的興趣,集中注意於學習,如此較容易形成勝任的目標取向。另外,將教材的內容結合日常生活中的經驗,如數學步道的設計、角色扮演等,讓學生從遊戲中學習,也是可行的方式。
2. 能提供具有挑戰性且有成就感的作業:當學生知覺到他們的努力可獲得成功,他們比較願意學習。

## (二)權力與責任(Authority/responsibility)

讓學生參與課程決策,使學生從學習活動中建立責任感、獨立判斷,以及領導能力。讓學生自行選定作業的題目及表現方式,如提供班級圖書館、電子資料庫等,引導學生自行完成專題報告的作業或小組報告。也讓學生學習自我調整的策略,發展設定目標的技巧,讓學生在學習過程中自我評核。

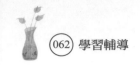

## （三）表揚（Recognition）

讓學生都有得到表揚的機會，所以不僅在課業上，也表揚在其他多元智能的表現上。不僅表揚成就高的，也表揚在學習過程中進步的學生，以及在追求目標中付出努力的學生，讓學生知道他們的成功是來自本身的努力與適當策略的應用。因此，對於學生成就的獎勵應是他們在能力或態度上的進步，而非著重在與別人比較的結果。

## （四）分組（Grouping）

建立和諧的環境，讓學生相互接納與體諒，讓學生與同儕有互動交流的機會。提升學生社交技巧，讓學生在不同小組中，學習如何與人溝通交流。也讓每位學生都相信自己可以為小組貢獻才能，而不在於競爭比較，所以避免以能力分組。

## （五）評量（Evaluation）

評量在教室情境中對學生動機影響極大，包括：評量的標準、方法、次數，以及評量內容。評量的結果影響學生對自己能力的知覺和歸因，所以評量的標準要明確，也盡量避免按照常模參照的評量方式公開評比，以避免同儕之間的比較。給予明確的回饋，讓學生知道如何改進學習技巧，提升學習成效，也能正向面對挫折。

## （六）時間管理（Time）

讓學生有足夠時間，按照自己的步調，精熟重要的主題與技能，也能夠讓學生發展管理時間的技巧，使學習計畫變得更有彈性，讓學生體驗如何設定目標與監控的歷程。

因此，教師可以根據 TARGET 的每一範疇，選擇可以完成教學任務與合作學習的教學策略，達到學生各個受肯定，願意努力學習的目標。

綜合上述，認知論的動機策略可以是前瞻性的，透過目標設定、自我觀察、自我評價和自我反應的過程，增加成功的經驗，提升自我效能。也可以是反省式的，透過歸因再訓練與正向思考，改變消極信念，積極面對問題。甚至也可以透過學習環境的營造，產生樂於學習的精熟目標取向。

## 第五節　整合型的動機策略

學習動機低落的原因很複雜，所以要提升學習動機也要綜合多種策略才能奏效。以下舉幾個整合型的動機策略，以供參考。

# 一、ARCS 模式

Keller（1983, 1987）提出所謂的 ARCS 模式。該模式包含四個激發學習動機的要素：注意（Attention）、適切（Relevance）、信心（Confidence）、滿足（Satisfaction）。應用 ARCS 的策略如下：

1. 維持注意力：Keller 認為在教學過程中，要激發學生的學習動機，首先應維持學生的注意力。利用感官刺激吸引學生，例如：視聽媒體、不尋常的畫面等，引起學生的注意或好奇。也可以採取問題探究的方式，例如：提出具有挑戰性的問題，引起學生好奇而願意加以探究；利用教材與教法的變化來維持學生的注意與新鮮感。

2. 切身關係：「適切」的主要含意在於使學生覺得該課程與自己有「切身關係」，適合其需要和目標，以產生積極的學習態度，如學生常問：「為什麼要學這個？」或「學這個有什麼用？」教師若能讓學生體會到課程內容與本身有關聯，便能使學生持續原有的學習興趣。教師可利用學生的舊經驗來引導，配合生活中的例子說明，讓他們體驗

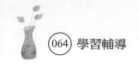

教材對自己的意義，引發切身的感受。

3. 建立信心：在學期初告知學生明確的目標，要讓學生建立正向的成功期望。鼓勵學生勇於發表，並常常給予讚美和鼓勵；設定有挑戰性的學習目標，鼓勵學生發揮創意，並容許學生犯錯；提供同儕示範學習、合作學習等方式，在小組中建立信心。

4. 滿足感：教師在教學策略上若能注意學生的需求，而採用不同的教學方法，讓學生在學習過程中能夠學以致用，並且能夠得到正面的回饋與獎勵，如此將可增加學生對學習該課程的成就感。

因此，ARCS 模式的特點是一方面注重動機和情意的激發，另一方面配合教學設計，維持學習者的興趣，以達成促進學習成效的目的（張靜儀，2005）。

## 二、Alderman 的成就動機取向模式

Alderman（1990）曾回顧動機和學習策略的研究，提出一套成就動機取向模式。茲將此模式說明如下（如圖 2-2 所示）。

### （一）鏈結一：近程目標（proximal goal）

目標的遠近對個人動機的形成相當重要，個人可以依此對自己的作業進行檢核和評量。對長期失敗的學童而言，可達成近程的目標更是重要，因為達成一個近程目標之後，可繼續往下一個目標來進行。

### （二）鏈結二：學習策略

低成就學生通常是「無效率的學習者」，往往也不知道如何應用有效的學習策略。因此在鏈結二，學生須確認並學會達成目標有關的學習策略，以增加作業成功的機會。

## （三）鏈結三：成功的經驗

在鏈結一所設定的目標上，除了是可達成的近程目標外，還必須是可達到「精熟目標」，讓學童有獲得成功的機會和經驗。

## （四）鏈結四：歸因回饋

教師的任務就是對學童成功的作業，提供適當的回饋，鼓勵學生將自己的成功歸因於個人的能力和努力，而將失敗歸因於努力不夠。

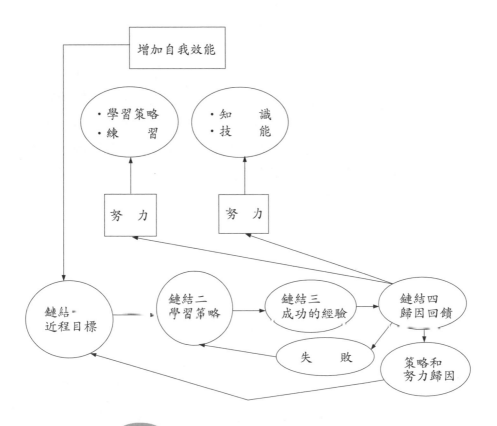

圖 2-2　Alderman 的成就動機取向模式

Alderman 認為在教學過程中，教師若能同時兼顧這四個鏈結，將能使具有無助感的學童，逐漸提升其學科能力，而體驗到成功是可以掌握的。同時，該學科的自我效能將逐步提升，而減輕其學得無助感。邱穗中（1993）曾採取 Alderman 的模式，設計成功導向課程，來減低國小學童的習得無助感。其進行的步驟為：訂定學生可達成的目標、提供學習策略、評量學習成果、實施補救教學，以及給予適當歸因訓練。結果發現，此課程可提升數學成就和自我效能。

## 三、McCombs 的動機技巧訓練方案

McCombs（1988）曾發展一個激勵動機的整合模式。該模式是以學習者的後設認知、認知、情感系統為主要架構，透過自我評鑑，對於所要學習的事物產生成敗預期、情感反應與歸因的判斷，進而促進自我調整。McCombs 也設計了一些動機技巧訓練課程，協助在動機、情感反應及認知策略等技巧有缺陷的學習者。這些課程包括：引導性單元，介紹個人責任與自我控制；價值澄清單元，協助學生探索價值體系；生涯發展單元，協助學生獲得生涯決策技巧；目標設定單元，協助學生設定長短期目標；壓力處理單元，協助學生處理負向信念所造成的壓力；有效溝通單元，提供人際溝通技巧；問題解決單元，提供系統化問題解決策略。這些課程可透過小組活動來進行。王萬清（1989a，1989b）曾參酌該訓練方案，設計適用於國小階段的輔導課程。

## 四、程炳林的自我調整閱讀理解教學課程

程炳林（1995）設計的自我調整閱讀理解教學課程之目的，在教導閱讀理解能力差的學生，經由自我調整的歷程，改善閱讀能力。其進行的步驟為：

1. 透過小團體活動，來確立閱讀的價值與期望。

2. 教導有效的閱讀理解策略。

3. 將閱讀理解策略經由示範、交互教學，轉化成學習者可自行調整的步驟，如設定目標、自我評鑑。

4. 透過演示與評鑑，教導行動控制策略，以避免分心。

5. 透過自我評鑑與教師回饋，提升學習者對閱讀的自我效能。

該課程共進行八週，實驗效果不錯，閱讀理解能力差的學生經過講解、示範、演練、回饋，其閱讀理解能力有改善。

## 五、目標設定與高績效的模式

Locke 與 Latham（1990）提出透過目標設定產生高績效的模式，先有明確且有難度的目標，透過調節變項，包括：對目標的承諾、認定目標的重要性、作業複雜度、自我效能的評估，以及作業的回饋等，經由中介機制，包括：目標的方向、堅持、努力與策略的運用，可以提升作業績效，增加因績效帶來的滿足感，也願意接受新挑戰，接受新的承諾，形成一個良性循環（如圖 2-3 所示）。圖 2-3 之模式常用在工商界，以提升工作績效。杜麗君（2006）曾利用目標設定的模式來設計課程，其中包含：設定具體目標、進行自我監控、檢核近期目標、訂定行為契約、探討阻礙原因，以及訓練過程的回顧。經過十六節的實驗課程，發現實驗組學生在目標設定、自我評價、自我監控與自我修正的後設認知表現，以及數學學業表現上，都有提升的效果。

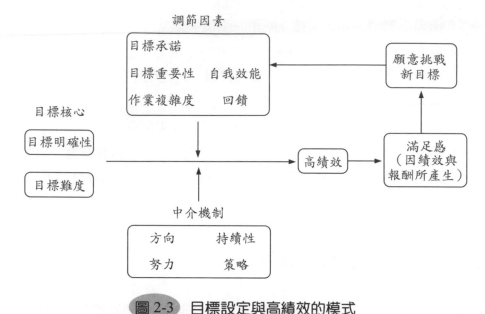

**圖 2-3** 目標設定與高績效的模式

資料來源：Locke 與 Latham（1990, p. 244）

　　綜合上述，整合型的動機策略融合學習者的動機（包含目標、價值、期望、自我效能）、認知策略、後設認知策略、回饋與增強等多種策略，讓學習者確立有價值且有能力完成的目標，並且採取有效的學習策略及行動，經由回饋與強化，遇到挫折，也能調適情緒與歸因，讓學習者有繼續努力的動力，終於能提升學習成效。因此，教師或家長可參酌整合型動機策略的作法，針對孩子較弱的部分著手，採用多種策略，例如：孩子不想念書，可經由支持與鼓勵，與孩子討論，設定具體目標，訂下每天的進度，再配合增強物、學習策略的指導，以及增進信心的策略，讓孩子獲得成功的經驗，進而提升他們主動學習的意願。

## 自我評量題目

1. 簡述使用獎懲的原則。
2. 說明懲罰有何負面效應？
3. 說出內在需求與學習動機有何關係？
4. 解釋 ARCS 包含哪些動機要素？
5. 使用設定目標來激勵學生時，要注意哪些原則？
6. 要增進學生能力信念有什麼策略可用？
7. 說明歸因訓練如何進行？
8. 要讓學生專心一志、不會分心，有何策略可用？
9. 如何使用 TARGET 塑造精熟目標的班級結構？
10. 如何使用自我調整學習的步驟，增進學生自學能力？
11. 試說明 Alderman 的整合型動機策略包含哪些要素？

## 中文部分

毛國楠、程炳林（1993）。目標層次與目標導向對大學生自我調整學習歷程之影響。**教育心理學報，26**，85-106。

毛國楠、劉政宏、彭淑玲、李維光、陳慧娟（2008）。能力信念、學業自我價值後效與學業成就對國小學生學習動機與學習情緒之影響。**教育心理學報，39**（4），569-588。

王萬清（1989a）。激勵學習動機的輔導策略（上）：配合國小課程的輔導活動設計。**諮商與輔導，45**，12-16。

王萬清（1989b）。激勵學習動機的輔導策略（下）：配合國小課程的輔導活動設計。**諮商與輔導，47**，16-19。

杜麗君（2006）。**目標設定訓練課程對不同能力水準國小學生後設認知動機自我調整學習與數學學業表現影響之效果研究**（未出版之碩士論文）。國立臺灣師範大學，臺北市。

林邦傑（1995）。我國國小、國中、高中學生學習及讀書策略之比較分析。測驗年刊，**42**，349-370。

林芳瑛（2013）。**自我調整學習課程對國小中年級學童學習動機及學習自我效能之影響**（未出版之碩士論文）。國立臺灣師範大學，臺北市。

邱穗中（1993）。**成就動機導向課程對減輕國小學童習得無助感之實驗研究**（未出版之碩士論文）。國立臺灣師範大學，臺北市。

唐淑華（2010）。**從希望感模式論學業挫折之調適與因應：正向心理學提供的第三種選擇**。臺北市：心理。

張美惠（譯）（1996）。**EQ**（原作者：丹尼爾‧高曼）。臺北市：時報文化。

張靜儀（2005）。國小自然科教學個案研究：以ARCS動機模式解析。科學教育學刊，**13**（2），191-216。

許崇憲（2013）。目標結構知覺對成就目標取向學業表現及學習策略的預測力：期刊文獻的後設分析研究。**教育心理學報，45**（1），63-82。

許惠珠（1986）。**人際關係的新天地**。臺北市：張老師文化。

程炳林（1995）。自我調整學習的模式驗証及其教學效果之研究（未出版之博士論文）。國立臺灣師範大學，臺北市。

程炳林（2000）。國中生認知／意動成分與學習表現之相關研究。**師大學報，45**（1），43-59。

程炳林（2003）。四項度目標導向模式之研究。**師大學報：教育類，48**（1），15-40。

黃宜敏（1989）。歸因再訓練與自我參照敘述訓練對數學學習困難兒童的輔導效果（未出版之碩士論文）。國立臺灣師範大學，臺北市。

劉政宏（2009）。對學習行為最有影響力的動機成分？雙核心動機模式之初探。**教育心理學報，41**（2），361-384。

鍾昌宏（2013）。翻滾吧！教室。**科學人，141**，92-95。

## 英文部分

Alderman, M. K. (1990). Motivation for at-risk students. *Educational leadership, 48*(1), 27-30.

Ames, C. (1992). Classroom: Goals, structures, and student motivation. *Journal of Educational Psychology, 84*, 261-271.

Ames, C., & Ames, R. (1984). Systems of student and teacher motivation: Toward a qulitative definition. *Journal of Educational Psychology, 76*(4), 535-556.

Ames, C., & Archer, J. (1988). Achievement goals in the classroom: Students' learning strategies and motivation processes. *Journal of Educationan Psychology, 80*, 260-267.

Atkinson, J. W. (1957). Motivational determinants of risk taking behavior. *Psychological Review, 64*, 359-372.

Bandura, A. (1986). *Social foundations of thought and action: A social cognitive theory*. Englewood Cliffs, NJ: Prentice-Hall.

Bandura, A., & Schunk, D. H. (1981). Cultivating competence, and intrinsic interest through proximal self- motivation. *Journal of Personality and Social Psychology, 41*, 586-598.

Berglas, S., & Jones, E. E. (1978). Drug choice as a self-handicapping strategy in response to noncontingent success. *Journal of Personality and Social Psychology, 36*(4), 405-417.

Blackwell, L. S., Trzesniewski, K. H., & Dweck, C. S. (2007). Implicit theories of intelligence predict achievement across an adolescent tradition: A longitudinal study and an intervention. *Child Development, 78*, 246-263.

Clifford, M. M. (1986). The effects of ability, strategy and effort attributions for educational, business, and athletic failure. *British Journal of Educational Psychology, 56,* 169-178.

Clifford, M. M. (1990). Students need challenge, not easy success. *Educational Leadership, 48* (1), 22-25.

Clifford, M. M., Lan, W. Y., Chou, F. C., & Qi (1989). Adacamic risk taking: Developmental and cross cultural observations. *Journal of Experimental Education, 57,* 321-338.

Covington, M. V. (2004). Self-worth theory: Goes to college or do our motivation theories motivate? In D. M. McInerney & S. V. Etten (Eds.), *Big theories revisited* (pp. 91-114). Greenwich, CT: Information Age.

Deci, E. L., & Ryan, R. M. (1985). *Intrinsic motivation and self-determination in human behavior.* New York, NY: Plenum.

Dweck, C. S. (1999). *Self-theories: Their role in motivation, personality and development.* Philadelphia, PA: Psychology Press.

Dweck, C. S., & Leggett, E. L. (1988). A social-cognitive approach to motivation and personality. *Psychological Review, 95,* 256-273.

Elliot, A. J., Murayama, K., & Pekrun, R. (2011). A 3x2 achievement goal model. *Journal of Educational Psychology, 103*(3), 632-648.

Heider, F. (1958). *The psychology of interpersonal relations.* New York, NY: John Wiley & Sons.

Keller, J. M. (1983). Motivational design of instruction. In C. M. Reigeluth (Ed.), *Instructional design theories and models.* Hillsdale, NJ: Lawrence Erlbaum Associates.

Keller, J. M. (1987). Strategies for stimulating the motivation to learn. *Performance and Instruction Journal,* 1-7.

Kuhl, J. (1984). Voliational aspects of achievement and learned helplessness: Toward a comprehensive theory of action control. In B. A. Maher (Ed.), *Progress in experimental personality research* (Vol. 13) (pp. 99-171). San Diego, CA: Academic Press.

Kuhl, J. (1985). Volitional mediators of cognitive-behavior consistency: Self-regulatory processes and action versus stste orientation. In J. Kuhl & J. Beckman (Eds.), *Action control: From cognition to behavior* (pp. 101-128). New York, NY: Springer-Verlag.

Kuhl, J. (1987). Action control: The maintenance of motivational states. In F. Halish & J. Kuhl

(Eds.), *Motivation, intention, and volition* (pp. 279-291). NY: Springer-Verlag.

Locke, E. A., & Latham, G. P. (1990). Work motivation and satisfaction: Light at the end of the tunnel. *Psychological Science, 1*(4), 240-246.

MacIver, D. J., & Reuman, D. A. (1994). Giving their best: Grading and recognition practices that motivate students to work hard. *American Educator, 17*(4), 24-31.

Maehr, M. L., & Midgley, C. (1991). Enhancing student motivation: A school-wide approach. *Educational Psychologist, 26*, 399-427.

McCombs, B. L. (1988). Motivational skills training: Combining metacognitive, cognitive, and affective learning strategies. In C. E. Weinstein, E. T. Goetz, & P. A. Alexander (Eds.), *Learning and study strategies: Issue in assessment, instruction, and evaluation* (pp. 141-169). NY: Academic Press.

Midgley, C., & Urdan, T. (1992). The transition to middle school: Making it a good experience for all students. *The Middle School Journal, 24*, 5-14.

Nicholls, J. G. (1984). Conceptions of ability and achievement motivation. In R. Ames & C. Ames (Eds.), *Research on motivation in education: Student motivation* (Vol. 1) (pp. 39-73). NY: Academic Press.

Pintrich, P. R. (1989). The dynamic interplay of student motivation and cognition in the college classroom. In C. Ames & M. Maehr (Eds.), *Advances in motivation and achievement: Motivation enhancing environment* (Vol. 6) (pp. 117-160). CT: JAI Press.

Pintrich, P. R. (2000). Multiple goals, multiple pathways: The role of goal orientation in learning and achievement. *Journal of Educational Psychology, 92*, 544-555.

Pintrich, P. R. (2003). A motivational science perspective on the role of student motivation in learning and teaching contexts. *Journal of Educational Psychology, 95*, 667-686.

Rotter, J. B. (1966). Generalized expectancies for internal versus external control of reinforcement. *Psychological Monographs, 80*(1, Whole No. 609).

Ryan, R. M., & Deci, E. L. (2000). Self-determination theory and the facility of intrinsic motivation, social development, and well-being. *American Psychologist, 55*, 68-78.

Schunk, D. H., & Zimmerman, B. J. (1997). Social origins of self-regulatory competence. *Educational Psychologist, 32*, 195-208.

Snyder, C. R., Rand, K. L., & Sigmon, D. R. (2002). Hope theory. In C. R. Snyder & S. J. Lopez

(Eds.), *Handbook of positive psychology* (pp. 257-276). New York, NY: Oxford University Press.

Snyder, C. R., & Smith, T. W. (1982). Symptoms as self-handicapping strategies: The virtues of old wine in a new bottle. In G. Weary & H. L. Mirels (Eds.), *Integrations of clinical and social psychology* (pp. 104-127). New York, NY: Oxford University Press.

Turner, J. C., Thorpe, P. K., & Meyer, D. K. (1998). Students' reports of motivation and negative affect: A theoretical and empirical analysis. *Journal of Educational Psychology, 90* (4), 758-771.

Weiner, B. (1979). A theory of motivation for some classroom experiences. *Journal of Educational Psychology, 71*(1), 3-25.

Weiner, B. (2006). *Social motivation, justice, and the moral emotions*. Mahwah, NJ: Lawrence Erlbaum Associates.

Wigfield, A., Tonks, S., & Eccles, J. S. (2004). Expectancy-value theory in cross-cultural perspective. In D. M. McInerney & S. Van Etten (Eds.), *Research on sociocultural influences on motivation and learning, volume 4: Big theories revisited* (pp. 165-198). Greenwich, CT: Information Age.

Zimmerman, B. J. (1989). A social cognitive view of self-regulated academic learning. *Journal of Educational Psychology, 81*, 329-339.

Zimmerman, B. J. (2008). Investigating self-regulation and motivation: Historical background, methodological developments, and future prospects. *American Educational Research Journal, 45*(1), 166-183.

Zimmerman, B. J., & Campillo, M. (2003). Motivating self-regulated problem solvers. In J. E. Davidson & R. J. Sternberg (Eds.), *The nature of problem solving* (pp. 233-262). New York, NY: Cambridge University Press.

# CHAPTER 3
# 學習策略的輔導

毛國楠

## 學習目標

詳讀本章後，學習者應能達到下列目標：

1. 說出學習策略的定義。
2. 了解學習策略的重要性與價值。
3. 指出學習策略的分類。
4. 說明一般性策略的內涵。
5. 說明增進記憶的學習策略之特點。
6. 說明後設認知策略的功能。
7. 說明一般問題解決與思考策略的原則。
8. 了解學習策略的教學原則。
9. 比較學習策略單獨使用與合併使用的效果。
10. 比較不同學習策略課程設計的型態與優缺點。

# 摘要

「學習如何學」的策略及技巧，不僅有助於學生成為有效能的學習者，提升學習成效，亦有助於吸取新知，以適應變動不居的環境，因此學習策略的輔導有其必要性。

學習策略的定義常因理論和學者的觀點而異。本章是採取如何成為有效能的學習者之觀點，強調學習策略是為增進學習者最大的效能，所採取的有系統且有彈性的方法和步驟。

要成為有效能的學習者，學習者也要有豐富的學習策略資料庫。本章將學習策略劃分為一般性學習策略與支持性學習策略等。其中一般性學習策略較不受學科內容限制，分別討論促進記憶、理解的認知策略，後設認知與自我調整策略，並且對策略合併使用的效果做分析。支持性學習策略，包含：促進學習動機、改變成就歸因、增進自我效能等策略。另外，亦介紹思考策略，包括：解決問題、批判思考、想像與創造思考。

至於策略教學的原則，須考量教學前、中、後的階段，依學習者的特質、使用策略的情形、學科的特性，選取適當的策略與教學方法，經直接教學、示範、練習、評估，以及再修正的過程，達到學習策略內化的目標。課程設計可分為輔助性課程及融入式課程。教學時避免造成學習者認知的過度負荷，同時注意學習策略遷移和長期維持的效果。

　　如果您是部隊指揮官，任務是攻下敵方的堡壘，那麼您是否得先擬定作戰計畫，使用各樣戰術來催毀敵方的防禦工事，最終達成作戰任務？想要達到學習目標，也是一樣，雖然影響學習成效的因素很多，諸如教材、教法等學校變項，以及認知風格、性格、智力、家庭背景、學習動機、學習策略等個人變項，而使用有效的學習策略，是不可或缺的重要條件之一。今日的學習著重「深層學習」（deep learning），這與傳統「教學」導向的學習特點有何不同？Sawyer（2006）提到深層學習強調深入理解概念的重要，著重學生的主動學習，學習者要能夠將新知識與既有知識做連結，同時能夠反思他們的了解與學習歷程。Duncan 與 McKeachie（2005）也指出，如果學生能夠使用較多的深層策略，如精緻化與組織的策略，以及使用後設認知來計畫、監控與調節他們的認知與行為，他們會有比較好的學習表現。

　　研究發現，學習策略和學習成績之間成中度正相關（李咏吟，1989；張新仁，1982；陳麗芬，1995）。梁雲霞、陳芸珊（2013）對國民中小學生進行學習策略使用調查，也發現高學業成就的學生在不同年級都使用較多的學習策略，而低成就組隨年級增加，策略使用次數愈低。學生學習成績低落的原因，與學習方法或策略欠佳有關聯。如果能協助有學習困難的學生，發展有效的學習策略，將有助於提升學習成效。而目前學校教學仍忽略學習策略之輔導，實有加強的必要。尤其是處於今日知識爆炸的時代，為了吸取新知，以適應快速變動的環境，「學習如何學」的方法乃屬必要。本章在討論學習策略時，有兩項主要目的：第一是提供學習者一些可以應用的學習策略；第二是提供教師有關學習策略的教學原則與方法，以便於教導學生有效地應用學習策略。以下將分別就學習策略的定義、重要性、學習策略的分類與教學等方面加以敘述。

# 第一節　學習策略的定義

　　學習策略的定義往往因不同學習理論或不同學者的觀點，而有不同的界定。就不同學習理論而言，行為學派的觀點認為行為因增強與練習，而導致較持久性改變，故將學習策略界定為改變學習行為的方法。認知論者主張：學習是一個包含知覺、注意、記憶、理解與組織等複雜活動的認知歷程，因此學習策略是指用以增進學習與記憶效果，並改善解決問題能力的方法與步驟。此外，社會建構論從互動的觀點，強調個體有效能地參與，透過實踐活動，不僅獲得知識與技能，也向社群認同，以成為其中一員為榮（Lave & Wenger, 1991）。該歷程強調學習應該從周邊參與（peripheral participation）開始，讓學生進入活動脈絡中，觀察專家或有經驗的同儕之表現，透過鷹架協助的歷程，逐漸掌握專家的知識與技能，然後從生手變成專家。至於人本論的觀點則強調學習與個人需求、教學策略及潛能發展的關係，因此，學習策略著重在降低個人焦慮並提升學習效果上（邱上真，1991；陳李綢，1988，1995）。

　　Snowman（1986）將學習策略界定為一套有系統地增進學習效果與認知活動的歷程，他認為學習成效可透過分析、計畫、執行、監控與修正等五個步驟而改善。Mayer（1989）曾將學習策略界定為：在學習過程中，任何被用來促進學習效能的活動。陳李綢（1995）也採取綜合的觀點，將學習策略界定為：在教與學的歷程中，為了促進學生行為、認知及內在需求等方面的成效，所採取的有系統之方法、活動、計畫與歷程。Weinstein、Jung與Acee（2010）則主張，學習策略是結合行為、認知、後設認知、情意的歷程或行動，能促進有意義的編碼，以形成記憶、理解和學習。

　　在本章中，對於學習策略的定義，是以成為好的策略使用者之觀點，來界定策略（Pressley, 1986; Pressley & Harris, 2006）。所謂學習策略係指：為提升學習效率及增進心智技能，學習者採取的積極、主動、有計畫、有系統

且有彈性的方法或步驟，以發揮最大的效能。這些學習策略包括規劃學習活動的一般性學習策略，不受學習領域的限定，以及為維持注意力與提高學習動機的支持性學習策略。

## 第二節　學習策略的重要性

近年來，根據認知論的觀點，分析學習者的認知歷程，以及提供學習處方以改善學習成效的研究日益增加，使得學習策略的教學逐漸受到重視。一般而言，學習策略的成效對個人學習與教師教學具有以下幾個重要性。

## 一、教導學習策略是為使學生成為有效且獨立的學習者

無論是訊息處理論或是個人建構或社會建構論的觀點，均強調學習是主動的歷程，而學習者則是知識的主動建構者或是主動的訊息處理者。主張教學過程應能培養學生成為有效且獨立的學習者，透過教導學習策略，增進學生自我學習的能力，包括設定目標、執行、評估、再修正的自我調整歷程，而不只是告訴學生如何做，把使用策略的步驟記下來，依樣畫葫蘆。

## 二、成功的學習者必須有賴於學習策略的運用

有效的學習策略使用者能夠根據學習活動、學習內容與時間、情境之不同，選擇適當的學習策略以達成學習目標，因此他們對策略的選擇有彈性，監控能力也較佳。過去學者曾分別以大學生、國中學生與國小學生為對象，分析學習技巧與學業成就的關係，結果發現：學習成績的高低與學習策略的運用有關。甚至在排除智力因素之後，仍發現成功的學習者與策略的靈活運用之間存有正相關（李咏吟，1989；陳莉莉，1990；Wong, 1985）。由此可

見有效的學習策略與成功學習頗有關聯，學習或教導學習策略實為必要。

## 三、學生缺乏有效使用學習策略的技巧

雖然有關的研究結果顯示，成功的學習有賴於學習策略的靈活運用，但研究也指出，國中學生在學習動機、理解策略、自我經營與調適策略等方面較差，此顯示國中生在學習策略的訓練有待加強，以增進學習效果（邱上真，1991；梁雲霞、陳芸珊，2013）。究其原因可能是：學生並未接受有關學習策略的教學；學生未能自發地發展適合自己的學習策略；學生雖然知道一些學習策略，卻未能運用於實際學習過程所致。

## 四、學習策略可以透過教學而習得

既然學生未能有效運用學習策略，那麼學習策略是否能夠經由「教導」或「學習」而獲得呢？相關的研究結果顯示，這個問題的答案是肯定的。在 Palinscar 與 Brown（1984）所進行的一系列有關閱讀理解的交互教學（Reciprocal Teaching）實驗中，即發現透過教學能夠讓學生習得閱讀理解的策略。程炳林（1995）以及林建平（1994）曾設計實驗進行教學研究，也發現學習策略有助於提升學習成就。

由於培養主動而有效的學習者是教學重要目標之一，且學習的成功與否與學習策略的應用頗有關聯；而大多數學生亦缺乏有效應用學習策略的技巧，那麼輔導學生學習策略，以增進其自我學習的能力便顯得相當重要。同時，過去的研究結果也發現，學習策略是可以經由教導而學會，因此學習策略的教學更顯得有意義（林建平，1994；程炳林，1995）。不過，為了能夠有效地進行學習策略的教學，必須先了解在學習過程中，可用的、可教的學習策略究竟有哪些？以下就先介紹學習策略的種類，再說明如何進行學習策略的教學。

# 第三節　學習策略的分類與應用

　　學習策略可分為兩大類：(1)一般性策略（domain-independent strateg-ies）：包括認知策略（即注意力、複述、組織、心像、意義化策略）、後設認知策略、動機策略，這些不限用於某一學科領域；(2)特定領域策略（do-main-specific strategies）：包括語文（閱讀、寫作）、數學、自然科、社會科等領域特有的學習策略。在此以一般性策略為主，學者們對於學習策略的分類觀點大同小異。Weinstein 與 Underwood（1985）將學習策略分為四類：信息處理策略、主動的閱讀策略、後設認知策略，以及支持性策略。Weinstein 與 Mayer（1986）提出的分類包括：複述、精緻化、組織、理解監控策略，以及情意和動機性策略。前三種策略又分為基本的與複雜的學習任務，所以合起來有八種策略，不過 Weinstein、Husman 與 Dierking（2000）強調，學習策略不能單獨使用，要結合自我調整，策略使用需要經過整合歷程。Pin-trich、Smith、Garcia 與 McKeachie（1993）所編的「動機學習策略量表」（Motivated Strategies for Learning Questionnaire, MSLQ），其中的學習策略量表包含：複述、精緻化、組織、批判思考、後設認知、自我調整、時間與學習環境管理、調節努力、同儕學習與尋求協助等分量表。梁雲霞、陳芸珊（2013）對國民中小學生進行學習策略使用調查，其所用的學習策略量表，分別為：自我監控、自我鼓勵與堅持，以及尋求協助。Mayer（2008）在促進學習策略的教學這章，將策略分為記憶、結構與整合策略。此外，Weinstein（1994）提出的策略學習模式，包含：策略知識、技能、自我調整與意志力。所以綜合上述的學習策略分類，大抵上可歸納為一般認知學習策略，如複述、精緻化、組織化、理解學習材料的學習、後設認知、自我調整，以及支持性的學習策略，如動機與意志力策略等。以下依序介紹。

# 一、一般性學習策略

　　一般性學習策略較不受內容或學科領域的限制，舉凡數學、化學或物理等科學的概念理解，語文科的生字、生詞或單字片語，歷史事件的理解與記憶，地理課事實性資料的記憶等，均可採用一般性知識的學習策略，以幫助記憶與理解。這些策略包括：複述、精緻化、組織化、理解學習材料、後設認知、自我調整與支持性策略，每種策略的介紹也會著重如何達到深層學習的目標。

## （一）複述策略

　　有效的記憶原則是對所要學的材料加以注意，藉著反覆練習，以保留訊息。複述（rehearsal）策略可以是聆聽的方式，例如：複誦英文單字，可以是用看的方式，如反覆看所要記憶的單字；也可以是寫的方式，如一再書寫英文單字，以產生連結。當然，也可能是上述方式的合併使用，如一面讀、一面寫，或者讀了之後，默寫下來。整體而言，複述策略由於使用容易，學習者往往樂於採用，且複述策略可用於不熟悉的學習材料，不失為一項有效的學習策略。但是，一再使用複述策略，容易造成機械式的學習，只能記得片斷的、零碎的、孤立的資料，而無法對學習材料形成有意義的理解，這就是被動的複述（passive rehearsal）。那麼要如何達到主動複述（active rehearsal）的效果呢？主動複述用的方法跟被動複述一樣，不同之處是使用策略的目標；被動複述只是重複這個過程，而主動複述則是將重複視為可用的工具，掌握所保留的訊息，做更進一步的處理，並存到長期記憶裡。所以讀書時畫重點，以便將來更容易複習，就是積極使用複述的例子。雖然畫重點的方法使用普遍，不過效果卻有限，原因是學生不知道哪部分重要，重點畫太多，就沒區別作用，也只是泛泛地處理訊息，當然這與學習者的背景知識有關。所以有學者（Leutner, Leopold, & Elzen-Rump, 2007）建議結合自我調整

學習，經由設定目標，在每一段落畫下最重要的點，經由觀察、評估、檢核所畫的重點，並且將所畫的重點，在每個段落用關鍵字表示，再把這些重點結合成文本的結構。

## （二）精緻化策略

　　所謂精緻化（elaboration）策略，就像搭一座橋，將所要學的材料，與學習者已有的訊息或觀念相結合，使新、舊知識產生連結的歷程。一般常用的精緻化策略的技巧則有：使用記憶術（如字首法、諧音法、位置法等）、做筆記、關鍵字法（keyword method）等，例如：關鍵字法主要是透過心像聯想的方式，強化所要記憶的單字或材料。關鍵字會形成英文字發音和中文意義之間的音響環，再經由關鍵字與中文意思形成心象環的關係，例如：以英文單字 deduction 為例，我們可以這樣做：生字 deduction 發音像滴答聲（關鍵字），意思是演繹推論，這時我們的腦袋要產生心象，想像聽到滴答聲，並開始演繹推論，就形成了心象環，如此有助於記憶這個字的意思。至於關鍵字法能否適用於我國學生，文字差異並非重要的問題，能否找出適當的關鍵詞，以喚起更多的訊息，才是關鍵（劉英茂，1977）。記憶術也用於記憶抽象符號（例如：圓周率 3.14159，可記為山顛一寺一壺酒），或地理課程中各國首都或各省會（例如：吉林省的省會也是吉林，故可記為霜淇淋，即「雙吉林」），這也是有效的學習策略。另外，為達到更深層的學習，可使用問答法、摘要法、筆記法等，這與學習者對學習材料的處理程度有關，如果只是將學習材料摘錄、抄寫，對學習並無太多助益。然而，學習者若能以自己的觀點重新加以組織敘述，將能有效提升學習成效。以下介紹幾種能促進深層學習的精緻化策略。

## 1. 自我提問策略

　　目標：幫助學生學習如何提問關於文本的問題和預測答案。

理論：藉由自我提問，學習者主動且專注的與文本交流，閱讀文本時能思考文本的意義，並清楚的說出在讀些什麼。

步驟：(1)在閱讀時注意線索，請學生在閱讀時就需要注意任何有關問題的線索。

(2)提出問題，請學生再提出尚未被解答的問題。

(3)預測答案，請學生猜猜看問題的答案。

(4)找出答案，請學生從文本中找出答案。

(5)討論答案，請學生討論找到的答案是否與預測相符。

King（1992）也提出引導的發問，有助於更深入地處理訊息。

| 提問： | 認知歷程： |
|---|---|
| 你解釋一下為什麼？ | 分析歷程與概念 |
| 這句話的主要概念是什麼？ | 辨識主要概念 |
| 這兩個概念有什麼不同？ | 分析與比較概念 |
| A 如何影響 B？ | 分析概念之間的關係 |
| 比較它們的優缺點在哪裡？ | 分析並統整概念 |
| 比較這兩個理論相似和相異之處。 | 分析與比較概念 |
| 哪一個是最好的？並說明你的理由。 | 評估概念 |

## 2. 釋義策略（The Paraphrasing Strategy）

目標：幫助學生學習閱讀段落，並辨別主旨和細段的內容成較小的部分，以便更容易回憶。

步驟：(1)讀一個段落。

(2)請學生自我詢問並找出段落中主要的想法和細節。

(3)用自己的話說出主要的觀念和細節。

## 3. 摘要策略（參見陸怡琮，2011）

目標：幫助學生辨識重點，並加以整合，排除不重要和重複的地方。

理論：摘要有助於學習和保留，因為涉及注意和摘取文本的高階意義與
重點。

步驟：(1)刪除不必要訊息。

(2)歸納重要語詞。

(3)選擇或創造主題句。

# （三）組織化策略

組織化（organization）策略是指，要求學生利用一些骨架將學習材料形
成一個有意義、有系統、有層次且有結構的組織，如此有助於學習者貯存及
提取要學習的知識。這一類的策略，大致可分為類聚法、大綱法，以及結構
法。

## 1. 類聚法

採用類聚法的方式，主要是將學習材料依時間、空間或屬性等特質的相
似性或相近性，加以分類與組織，使原本只有一個層次的學習材料，變成有
階層關係的組織性材料，藉此減少記憶的負荷，而能有助於學習。在學習過
程中，類聚法也是一種常用的學習策略，其常用的方式包括串節法、歸類法
與排序法等，例如：學習教育心理學時，談及學習理論，學習者往往會將學
習理論依派別加以分類，並依各派教學理論之重點，將該學派的理論再加以
細分為「定義」、「基本假設」、「核心概念」等，這種學習策略就是類聚
法的應用。

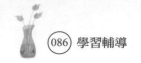

## 2. 大綱法

大綱法可分為主題大綱與句子大綱。主題大綱是指大綱的內容是由單詞或片語組成,而句子大綱則是由完整的句子組成。此外,大綱法可以利用文章中的章節、主標題或副標題來組合,也可以是學習者依其對文章內容的理解而自行訂定。Meyer、Brandt 與 Bluth(1980)曾歸納出五種頂層結構,讓讀者便於辨識文章結構,這五種頂層結構包括:描述(人、事、時、地、物)、發生的順序、因果關係、解決問題,以及比較同異。所以閱讀文章時,先決定使用哪種頂層結構,利用結構引導自己擬定一個主題名稱、摘錄重點,並加以組織、做事後檢核,例如:閱讀油輪外洩造成環境污染問題,能夠分析前因後果,並且找出解決問題之道。

## 3. 結構法

結構法包括概念構圖法、繪圖法、網路法、圖示法,以及階層法等。此類學習策略的特點是可以將有關的知識和概念以構圖的方式,形成有系統、有意義、有脈絡的階層組織,而有助於學習。

以概念圖為例,這是由 Novak 根據認知心理學家 Ausubel 的有意義學習理論(Novak, 1990)所發展出來的教學策略,能協助學習者達到有意義學習的工具。概念構圖是一種圖示技巧,可用來表徵概念的組織和結構方式。Novak 與 Gowin(1984)將概念構圖定義為:「這是一種圖示策略,用以將各種概念,以命題架構方式做有意義的聯結與呈現。」概念構圖是指繪製概念圖的整個歷程,其步驟如下:

(1)篩選重要概念。

(2)歸納整理,依從屬關係或反應先後順序,排列概念。

(3)以適當連結語說明概念關係。

(4)進行概念分支間的交叉連結關係。

(5)舉例說明。

　　例如：以下有一短文：血液由血漿和血球兩部分組成，血球包括紅血球、白血球和血小板。血漿負責輸送養分，排出二氧化碳及廢物，紅血球負責輸送氧氣，白血球負責對細菌作戰，血小板負責彌補血管的傷口。其概念圖如圖 3-1 所示。

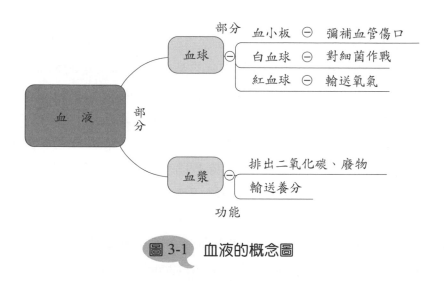

圖 3-1　血液的概念圖

　　因此，利用概念構圖作為知識重建和幫助記憶的工具，具有相當良好的成效。在課堂學習上，可應用概念圖來閱讀教科書，做為每一章教材內容結束後的摘要式回顧。在報告寫作上的應用，可依據教師的要求，先將大綱畫成一個概念圖，再撰寫成一篇有組織、有系統且有脈絡可循的報告或論文。不過使用概念構圖法大多是將課文轉換為關鍵字與圖像，在記憶方面很有幫助，但在推論、比較問題等還是較無法運用，因此需要引導思考。

　　上述介紹的複述、精緻化與組織化的學習策略，其主要功能在於增進對學習材料的記憶。然而，在學校學習活動中，記憶雖是基礎而重要的學習活動，但要能夠形成有意義的學習，對學習材料的充分理解，仍是不可缺的部分。故而，以下乃進一步說明有關理解學習材料的學習策略。

## （四）理解學習材料的學習策略

理解活動涉及四個主要認知歷程，即訊息轉譯、文義理解、推論理解，以及理解監控，而有助於理解學習材料的學習策略，通常都是依據此歷程來設計的。不過，此處的學習策略仍具有增進記憶的功能，只是其主要功能是以理解學習材料為主。學習者在學習新教材時，若發生理解上的困難，可能是缺乏先備知識所致。此時可利用文章的基模，亦即文章的結構來幫助理解，例如：一般的故事結構包含背景和插曲，插曲有起頭和發展部分，甚至中間有一些轉折，導致什麼結果。如果讓學習者在學習前，先建構這樣的基模，將有助於理解。此外，提供前導組織（advance organizers），亦即提供與所要閱讀的材料相關聯的訊息，將有助於組織和理解新訊息。Mayer（1989）指出，透過具體的模型來表徵閱讀材料中的重要成分，有助於理解，例如：解數學題時，根據題意，用圖示的方式來表徵問題，有助於正確解題（何蘊琪、林清山，1994）。以下所要介紹的理解策略，則為 Palinscar 與 Brown（1984）在其交互教學（reciprocal teaching）中用以增進學生閱讀理解的幾種策略。

## 1. 摘要（summarizing）

做摘要是指在閱讀文章後，學習者就文章的內容，摘錄出文章的重點或大意，例如：閱讀文章之後，寫下或說出該文章的主旨，或摘錄課文大意或段落大意，此皆是以摘要的方式來增進理解的方式。其指導重點為：列出文章要點，包括人、事、時、地、物、經過與結果，刪除不重要的細節，然後按時間或因果關係排列。

## 2. 提出問題（question generating）

摘要文章重點之後，學習者就所理解的文章內容提出問題。提出問題的

目的在於對文章內容做更深入的理解，同時也可以測試自己的理解程度，以進一步了解自己是否充分理解文章內容，以及尚需加強的部分。該策略的使用時機可在閱讀之前，就文章的標題，自問一些題目，或者閱讀之後，採自問自答的方式進行。

## 3.澄清（clarifying）

提出問題後，學習者可以就自己不清楚的文章內容或覺得困難的部分再做閱讀，以進一步澄清困難或不清楚之處，而達到充分理解閱讀內容之目的，例如：遇到困難時，讀慢一點，對照上下文，或者再重唸一遍，或者做記號，再請教別人。

## 4.預測（predicting）

接著是預測所閱讀文章的下一個段落之內容，例如：在讀完文章的第一段之後，學習者先預測第二段的內容是什麼，或是在閱讀某一篇故事時，根據故事前文的敘述，預測故事可能的結局。

上述這四個閱讀理解的策略，是用以增進學生閱讀理解的教學活動；在其教學過程中，整個活動的進行與策略的應用是透過師生或學生同儕的互動與對話來進行，但在學習過程中，學習者不僅在從事閱讀理解，同時也在學習「如何學習的策略」。因此，當學習者習得這些策略後，師生或同儕的對話則成了自我對話的過程；換言之，學習者在使用摘要、提出問題、澄清與預測等策略時，其實亦是就文章的內容進行自我對話、自我引導的學習。此外在閱讀時，使用自我解釋的策略，例如：這一段有哪一部分對我是新的？這段敘述的意思是什麼？可試著回答這些問題，也有助於理解。

## （五）後設認知學習策略

後設認知（metacognition）最早源於 Flavell（1971）所提出的後設記憶（metamemory）之概念。這是指記憶的發展，是由於我們能應用心智，對訊息儲存與提取的歷程進行監控，並獲得這些運作的知識。後來，Flavell（1979）把這個概念擴大，包含了後設認知的知識與經驗。在這裡，後設認知指的是個人關於自己如何思考與學習的知識。用於了解認知歷程與認知資源的策略，主要是採用分析的方式，對自我、作業與認知策略做系統的分析。就自我的部分，須了解個人的學習能力、對作業的理解程度、學習過程與性質、個人的學習風格與優缺點。至於作業部分，須了解所要完成的作業或待解決問題的性質。而策略的部分，則是指在前二項有關自我與作業的限制下，可以用以解決問題的方法。運用這些策略來了解個人的認知歷程，事實上是需要透過不斷地分析與調整，因此平日就要對自己的學習經驗進行區辨練習，例如：學習時間的監控，自問到目前做了多少？還有哪些沒做的？學習活動的監控，例如：哪一段較難，哪一段較容易？為何看不懂？自己數學考得好不好？怎樣學得更好？通常對自己認知歷程的理解能力，成人優於兒童。

## （六）自我調整學習策略

在調整自己認知歷程的策略方面，同樣強調主動與意識的層面。Zimmerman 與 Schunk（2001）所提出的自我調整模式是常被引用的介入策略。這個模式包含預慮、自我表現與自我反思三階段：預慮階段是行動前計畫階段，自我表現階段是學習過程集中注意、貫徹執行，自我反思階段是評估學習結果。因為原來模式每一階段包含許多細部的作法，所以可根據需要選擇一些步驟，將模式簡化，例如：Stoeger、Sontag 與 Ziegler（2014）就採用自我評估、目標設定、策略計畫、監控、調整與結果評估等策略，引導學

生如何從閱讀中找重點,以增進閱讀理解。計畫包括估計學習作業的難度、分配認知資源、採用何種策略等;監控則是對整個認知歷程進行測試、修正;而評估則是對學習成果進行檢討。

## 1.評估

　　對學習活動分析的目的在了解某段時間內,必須進行的學習活動有哪些?個人在這些學習活動的長短處,最適合進行學習的時段是什麼時候?以及可以用於學習的時間有多少?進行分析,以做為規劃學習活動的依據。

## 2.設定目標

　　學習者根據上述分析的結果,設定具體的學習目標,例如:我要從所讀的文章,找出十個重點。

## 3.計畫

　　計畫擬定後,學習者要針對學習材料或學科性質,選定哪些策略以達到目標。

## 4.監控與調整

　　在學習活動計畫執行的過程中,學習者不斷監控自己的學習計畫的執行成效,同時根據學習成效進行調整策略,以提高學習效果。

## 5.結果評估

　　計畫學習活動後,學習者要評估執行的成效,以了解學習活動計畫的適切性。

因此，學習者在進行學習活動時，可應用上面提到的策略，對個人的學習活動進行整體性的規劃與分析，以提高學習成效，例如：A 學生分析本學年度下學期的學習內容，發現本學期所選修的科目有世界地理、教育心理學與心理測驗，其中心理測驗是學習者最感困難的科目；而一天當中他最能靜下心來念書的時間是晚上；並且他覺得在各種學習方式中，以跟他人進行討論的方式最能幫助他學習（分析）。於是他決定每天晚上都抽一些時間，閱讀心理測驗，並邀 B 學生一起討論功課（計畫）。依據計畫進行學習活動之後（執行），A 學生又發現似乎花太多時間在心理測驗上，使得世界地理與教育心理學未能做充分而有效的學習（評估），因此，他將學習心理測驗的時間調整為每週四天，並將空出來的時間用以學習世界地理與教育心理學（修正）。事實上，上述策略有助於學習者對整個學習活動進行全面性、統整性的分析與規劃，而能有效地應用學習時間，提升學習成效。

事實上，在學習過程中，如何進行有效的學習，除了涉及一般性的認知與後設認知策略的運用外，不難發現有些學生具有一些策略的知識，也會使用這些策略，但卻不願意去使用。就一些年紀較大的學生或學習者（如大學生、成人）而言，他們可能知道一些策略，也知道如何使用，但卻沒有意願去使用策略或從事學習活動。以下的支持性學習策略，所要探討的就是此方面的問題；亦即如何在學習過程中，維持學習動機。

## 二、支持性學習策略

此處所指的支持性學習策略，主要是指用以維持並提高學習動機的策略，主要包括促進個人動機的策略、成就歸因訓練的策略、自我效能訓練，以及意志力訓練（陳李綢，1988；Bandura & Schunk, 1981; Dweck & Leggett, 1988）。

## （一）促進個人動機的策略

以促進個人的學習動機而言，可採行的策略或方法如下：

1. 設定有挑戰性的學習目標與抱負水準，建立自我參照的標準，以促進學習成就，並增進個人的成就需求。

2. 由學習活動中，發現所要學習的活動或內容，與自己有切身關係或可滿足自己的內在需求，例如：發現修讀「諮商理論」，有助於了解自己與了解他人的行為，並能使自己更具有同理心，因此願意以更多的時間學習「諮商理論」。

3. 與同儕合作學習，亦是維持與提高學習動機的策略之一。獨自學習往往因為缺乏討論與分享學習經驗的機會，而不易維持學習動機，但若有同儕互相支持並分享學習經驗，將有益於學習動機的維持。

4. 採取學習目標導向的策略：個人對於學習活動所持的目的或理由，會影響個人的認知策略與動機表現。如果個人將學習的目標定位在增進自己的學識與技能，則比較會使用學習策略，不在意一時成敗，而相信智能是可以增長的，個人願意努力以赴，終能提升學習成效。

## （二）成就歸因訓練的策略

成就歸因是指，改變個人對行為結果的歸因解釋，而使個人相信學習的成敗並非因能力不足所致，而是由於努力程度不足，或是對於作業的分析與了解不夠，或是設定的目標不適合、使用的策略不恰當所致。同時，也相信不管是努力程度、作業分析、目標設定或策略運用，都是可以透過學習而獲得改善。如此，將可使個人持續其學習的意願。

## （三）自我效能訓練的策略

採用自我效能訓練的策略，主要是藉由透過觀察學習、實際演練，而改變個人對學習科目的自我信念，產生自我效能感，以培養正向的自我概念和自信心，進而提升學習成效，例如：可將大目標分化為數個次目標，先進行近期且可以完成的學習活動，然後逐項完成，則可提升完成學習活動的信心，而能逐漸進行更複雜且費時的學習活動。

## （四）意志力訓練的策略

Kuhl 曾提出行動控制的策略，包含內在控制與外在控制。內在控制包括注意力控制、動機控制與情緒控制；外在控制則包括環境控制與他人控制（程炳林，1995）。內在控制的策略可透過自我暗示、自我強化，相信自己一定可以做到，做深呼吸或靜坐，讓自己靜下心來。外在控制的策略則在尋求教師、同儕及家人的支援，以改善學習環境，可讓學生排除分心物的干擾，專注於學習。

以上有關學習策略的介紹，為說明方便，將學習策略分為一般性學習策略以及支持性學習策略；實際上這些策略之間仍互有重疊，而策略的應用也相互影響，並無法截然劃分。通常，當學習者能有效地運用某一認知性的學習策略，而獲致成功的學習經驗時，同時也會提高其學習動機。同樣的，當學習者能夠成功地使用支持性的策略時，也一樣能提升其學業成就。但由於策略的使用涉及學習者性向、學習類型（如學習風格）、學科的特性，以及學習情境的特性等複雜因素，有效地應用學習策略並非易事，亦無法在短時間內完成。因此，透過學習策略的教學，提供學生練習策略的機會，並給予適當的回饋，使學生能經由自我調整，而能更有效運用策略，則成為教學的一項重要任務。

# 三、單獨與合併使用學習策略的效果評估

Dunlosky、Rawson、Marsh、Nathan 與 Willingham（2013）曾經針對十種學習技巧，依照實用性高低，分為高、中與低三類。歸為高實用的學習技巧包括分散練習、實際地做測驗。這些高實用的學習技巧，優點是容易使用，適用不同年齡層、學習材料，效果可維持較長時間。此外，分散練習因為常常與所學知識脈絡接觸，所學習的知識較容易存入長期記憶，未來在做記憶提取時較容易。還有透過實際地做測驗，也可達到對學習知識的精熟。

　　歸為中實用性的學習技巧，包括自我解釋與精緻化自我詰問。這些學習策略著重在學習內容的整體理解與賦予學習意義化，不管是透過自我詰問方式，使學習內容與先備知識產生連結，進而達到學習內容意義化；或是透過自我解釋方式，試著對已知的事實做解釋，以增加自己對於學習內容的理解。雖然這些技巧可類推到不同領域及年齡層，但長期效果與執行時是否需要訓練，仍有待進一步探討（Weinstein, McDermott, & Roediger, 2010）。

　　歸為低實用性的學習技巧包括對學習內容做想像、關鍵字記憶法、畫重點、重讀與做摘要。他們的缺點是：

1. 費時：如做文章摘要或是重讀，經常是費時的。
2. 妨礙文章脈絡的理解：如畫重點，學生畫重點時，容易落入片面知識的學習，而妨礙整篇文章脈絡的理解。
3. 技巧好壞的影響：如畫重點技巧，對於重點的認知個別差異甚大，高低年級學生所畫的重點有迥然差異，同年級學生與學生之間所畫的重點也有差異，劃線的多寡也有差異，例如：做摘要能力，學生的書寫表達技巧好壞，以及是否能切題，差異甚大。
4. 其他因素：如先備知識多寡將影響學生做脈絡理解，缺乏先備知識很難直接想像關鍵字或對學習內容產生想像，有些學習技巧只能限定於某些學習材料，無法類推等。

　　策略合併使用的效果是否優於單獨使用，亦是值得注意的問題。學者們（Glogger, Schwonke, Holzäpfel, Nückles, & Renkl, 2012; Hattie, Biggs, & Purdie, 1996）也指出，策略合併使用產生的效果，優於個別策略單獨使用。因為策略單獨使用，有時流於表層處理，無法達到深層處理。所以 Glogger 等人（2012）發現，合併使用認知策略與後設認知策略者，優於單獨使用後設認知或不用策略者。Stoeger 等人（2014）的研究指出，結合文本找重點與自我調整學習策略，優於單獨教找重點與沒教策略的普通班級。Cantrell、Almasi、Carter、Rintamaa 與 Madden（2010）指出，教青少年一組策略，產生的閱讀理解效果優於教導單一策略。這剛好呼應 Weinstein、Jung 與 Acee（2010）所提的策略學習的模式，如圖 3-2 所示。要成功使用策略，需要同

學習活動、作業或測驗的需求（Requirements）

技能（Skill）

知識面（Knowledge about……）
- 視自我為學習者
- 學業表現的本質
- 學習策略和技能
- 已具備的背景知識內容
- 學習情境

技能面（Skill in……）
- 使用學習的策略和技能
- 為了達到學習目標，能夠找出重要的資訊
- 閱讀和聆聽以達到理解
- 整理筆記與使用筆記
- 為測驗做準備
- 使用推理和問題解決技巧

有個別差異的學習者

意志（Will）
- 設定、分析、利用目標
- 有遠見
- 有成就動機（有興趣、有目標、感到有價值）
- 對學習有感（好奇、擔心與焦慮、愉悅……）
- 信念（覺得自己有能力／沒有能力的信念、學業自我效能與學業表現等）
- 對目標的承諾
- 對學習有正向的態度
- 避免怠惰的想法和行為

自我調整（Self-regulation）
- 時間管理
- 專注
- 監控學習理解的狀況
- 有系統的學習和完成作業（目標設定、反思、腦力激盪、制定計畫、執行、監控、評估、修改、總結等）
- 處理學習過程中所擔心和焦慮的事
- 管理學習和成就的動機
- 意志的正向控制（對目標的意向與承諾）
- 學業上尋求幫助

教師信念／教師期望（Teacher's beliefs/expectations）

社會情境／社會支持（Social context/support）

可用資源（Available resources）

**圖 3-2　策略學習的模式**

資料來源：引自 Weinstein、Jung 與 Acee（2010, p. 327）

時具備策略的技能、背景知識、自我調整與堅毅力，才能達成預定的學習目標，而不僅是熟悉策略的使用。Conley（2008）也提出類似的觀點，強調策略學習不只是照著步驟依樣畫葫蘆，為了達成目標，要知道如何調整策略，例如：學習者有強烈動機，知道自己閱讀的目的，將新學習與舊經驗結合，能夠自行提問並回答問題，監控閱讀的歷程，遇到障礙要知道如何克服，如此整合不同策略，才能達成目標。

## 第四節　一般問題解決與思考策略

在學習過程中我們常遇到一些問題，不知如何解決。所以電腦專家和心理學家就試著發展一般問題解決的模式，可應用到不同領域，我們也可以學到這些解題策略，幫助我們分析問題和提出對策。另外，在我們的周遭，不斷有新產品和創意出現，例如：太陽能飛機和無人駕駛的汽車之發明，這些創意思考的解決問題模式是如何產生的？還有在這資訊氾濫的時代，若不要被廣告、意識型態與偏見所誤導，我們需要批判思考的能力，要會質疑和做邏輯分析。在這一節裡，主要是介紹一般性問題解決策略、批判思考策略，以及想像與創造性思考策略。

## 一、一般性問題解決策略

一般性問題解決問題的模式有兩個特徵：一是使用一般問題解決的程序；另一是解題者使用後設認知加以監控。認知歷程是個一連串的心理活動，包含問題表徵與「執行」，而後設認知策略則是問自己「我正在做什麼？」、「我做了些什麼？」，包含認知上的自我覺察、在問題解決的過程中如何分配認知過程及策略，並且因應目前的表現來調整策略。後設認知歷程可以提醒解題者自己要做些什麼、問自己問題、回想自己已經知道的知識、偵錯並改正、監控自己的表現等，這些策略有助於在解決問題的過程中

獲得的策略知識、指導他們的應用，並以目前的表現狀況調整使用策略。整體來說，後設認知策略包含自我教導（self-instruction）、自我提問（self-questioning），以及自我監控（self-monitoring）。

根據經濟合作暨發展組織（Organisation for Economic Co-operation and Development [OECD], 2013）歸納一般解決「國際學生能力評量計畫」（the Programme for International Student Assessment，簡稱 PISA）問題的四個步驟：

1. 探究與理解（Exploring & understanding）：看懂問題，形成問題的心理表徵，並連結不同概念間的關係。
2. 表徵與轉化（Representing & formulating）：選擇和組織有用的訊息，並與自己的背景知識整合。
3. 計畫與執行（Planning & executing）：決定問題的解決目標，並設計應用的策略。
4. 監控與反思（Monitoring & reflecting）：評估每一個階段的過程，並想想可能的替代解法。

「Solve it！」是應用一般性問題解決策略，來處理數學問題的例子，其解題步驟首先是結合數學的陳述性、程序性，以及策略性的知識，並將這些知識應用在數學解題的範疇中，並且一步步的引導學生如何去理解、表徵和計畫解決數學問題。「Solve it！」的目標是能夠在問題解決的過程中，將認知與後設認知的策略內化，成為自動化歷程，而透過這些步驟，幫助學生解題，如圖 3-3 所示（Montague, 2003）。其步驟包括：

1. 閱讀（多次閱讀並辨別相關／不相關的資訊）。
2. 釋義（將主要問題用自己的話重說一遍）。
3. 具象化（將文字資訊以圖表呈現，以顯現出概念間的關係）。
4. 假設（決定運算的方式和步驟來發展解題計畫）。
5. 估計（根據問題和解題目標先預測結合）。
6. 計算（進行基礎運算來得到答案）。
7. 檢查（驗證整個解題過程是否有誤）。

**1. 閱讀（READ）**

告訴自己 看這段文字，如果看不懂就再看一次。

問問自己 我真的了解問題嗎？

檢查看看 為解決問題所需要理解的內容。

**2. 釋義（PARAPHRASE）**

告訴自己 找出重要的資訊，把問題用自己的話再說一次。

問問自己 我已經找到重要的資訊了嗎？問題是什麼呢？我要找什麼呢？

檢查看看 找到的這些重要資訊跟解題有關嗎？

**3. 具象化（VISUALIZE）**

告訴自己 畫個圖或表，來看看這些問題之間的關係。

問問自己 我畫的圖（表）有幫助我解決問題嗎？有看到任何關係嗎？

檢查看看 圖（表）是否和解題重要資訊相悖？

**4. 假設（HYPOTHESIZE）**

告訴自己 來想想需要幾個步驟（公式），把加減乘除的符號寫出來。

問問自己 如果……會得到？如果……，下一步要做什麼？總共會有幾個步驟（公式）呢？

檢查看看 這些步驟都合理嗎？

**5. 估計（ESTIMATE）**

告訴自己 先概算看看，寫下估計的數字。

問問自己 算好了嗎？寫好了嗎？

檢查看看 我有用到這些重要資訊嗎？

**6. 計算（COMPUTE）**

告訴自己 按照順序來計算。

問問自己 我的答案跟估計的一樣嗎？這個答案合理嗎？小數點或單位是正確的嗎？

檢查看看 所有的計算都是按照正確的方式和順序完成的。

**7. 檢查（CHECK）**

告訴自己 檢查整個回答與驗算。

問問自己 每個步驟我都有檢查了嗎？也都驗算過了嗎？我的答案對嗎？

檢查看看 如果有地方不對，回過頭再重算一次，需要的話也可以找人幫忙。

圖 3-3 「Solve it !」數學問題解決的程序和策略

資料來源：引自 Montague（2003）

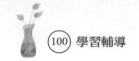

圖 3-4 以 PISA 的數學樣本試題為例，說明「Solve it！」的應用。

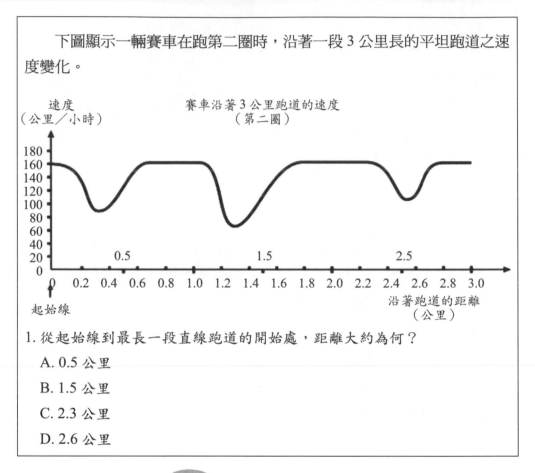

下圖顯示一輛賽車在跑第二圈時，沿著一段 3 公里長的平坦跑道之速度變化。

速度
（公里／小時）

賽車沿著 3 公里跑道的速度
（第二圈）

起始線

沿著跑道的距離
（公里）

1. 從起始線到最長一段直線跑道的開始處，距離大約為何？

　A. 0.5 公里

　B. 1.5 公里

　C. 2.3 公里

　D. 2.6 公里

圖 3-4　PISA 的數學樣本試題

資料來源：引自臺灣 PISA 國家研究中心（2010）

　　在閱讀題目之後，這題解題的關鍵是找出一段最長且平直的跑道，從解題的情形來看，有 17.6% 的學生選 A，誤認為賽車道一開始一定是「最長且平直」的地方；也有 12.7% 的學生選 C，誤認為減速最少的就是「最長且平直」的地方。根據題意和圖示，要能假設賽車在直線區，不但可以加速，還可以維持高速行駛，因此估計這段距離位在 1.5 公里～2.3 公里之間，然後計算從起始線到最長一段直線跑道起始處的距離，答案選「B. 1.5 公里」，最

後再做驗算檢查。解題者應要嘗試理解題意、釐清問題，然後再作答。

因此，要培養問題解決能力，個人需要運用認知歷程，在解題方法還不明顯時，透過理解問題情境，將問題轉譯之後，進而運用基模知識將問題整合，並且提出解題計畫及監控，執行解題。在這過程中，不僅需要解題能力，也需要創新能力，以發現新問題的解法；也需要批判能力，評估可能的解法（林清山，1990；OECD, 2013）。

## 二、批判思考策略

Norris 與 Ennis（1989）認為，批判思考是一種「理性的深思」（reasonable reflective thinking），起源於解決問題，然後運用批判思考的傾向、能力及知識，從而決定何者可信與何者應為之解決問題的過程。《韋氏大辭典》對「critical」的解釋是：「從事審慎的判斷或深思熟慮的評鑑」，此一定義特別指明進行批判時所應持有的基本態度是「審慎」、「深思熟慮」。依據這種態度來進行「判斷」、「評鑑」，以避免在思考「問題」時，被權威或制式的想法所制約，或陷入不合邏輯的謬誤。當個人在進行批判思考時，應具備良好的態度，亦即當事人對該事件是重視的，對問題持以求真求實的態度，用理性進行批判，並且以開放態度面對，不偏執。此外，當事人在進行批判思考時，應具備基本的能力。Norris（1985）認為，批判思考常起於解決問題，因此如何運用一些技巧或策略以解決問題是必要的。一個好的批判思考者在面對問題時，應能做到適當的推理評估及找出變通的方法。Ennis（1985）更明確的指出，一個好的批判思考者必須具備下列四種能力。

## （一）澄清的能力（clarification）

1. 能注意問題的重點所在。
2. 能對爭議性問題加以分析。
3. 能提出有助於澄清或改變問題的疑問或解答。

4.能從形式、定義和策略等層面,對一個名詞或陳述加以釐清。

5.能辨認假設,指出未明說的地方。

## (二)建立完善推論基礎的能力(basic support)

1.能判斷訊息來源的可信度。

2.能觀察或判斷他人論點的可信度。

## (三)推論的能力(inference)

1.演繹:從給的資料作前提,達到特定的結論,所以要看邏輯是否有謬誤。

2.歸納:從得到的有限資料或推論,達到一般的結論,所以歸納比演繹包含的範圍更大,像達爾文的演化論就是從有限資料歸納之後,建構出來的理論。

3.做價值判斷:經過分析、釐清資料來源的可信度之後,我們對於這些資料,可能有一些道德、倫理及情緒的反應,會影響我們的判斷。

## (四)運用策略與戰術的能力(strategies and tactics)

1.能決定採取行動的適當時機。

2.能與他人討論、辯論以及做報告時,運用技巧與他人互動的能力。

在之前九年一貫課程綱要「自然與生活科技領域」中,「批判思考」的「能力指標」,是以行為表徵來表述。在課堂中藉由「這是什麼?」、「怎麼會這樣?」等角度詢問,提出可探討的問題;鼓勵學生對他人的資訊或報告提出合理的求證和質疑;檢核論據的可信度、因果的關聯性、理論間的邏輯一致性或推論過程的嚴密性,並提出質疑。藉此培養學生求真求實的科學

態度與喜愛探究之科學精神，以及對事物能夠做推論與批判、解決問題等整合性的思維能力（沈家平、陳文典，2004）。這在十二年國民基本教育課程綱要裡，提到終身學習者自主行動核心素養，也是強調要具備問題理解、思辨分析、批判思考與後設思考的能力，以及行動與反思的實踐，以有效處理及解決生活、生命問題。

　　至於批判思考教學，若是以培養批判思考習慣為教育的出發點，教師的教學就必須具有批判的特質，營造容易引發批判思考的教室氣氛、增加討論的機會、提供需要學生「下判斷、做決定」的議題、使學生經常需要運用批判思考，例如：問學生歷史是客觀的，還是主觀的？「日治」與「日據」的不同在哪裡？如此，不僅思辨敏銳度可以提升，求真求實的態度亦可以養成。

## 三、想像與創造思考策略

　　在當今全球快速變遷之下，我們必須要有豐富的想像力與創造力，才能面對各樣問題與挑戰。所以，歐美國家開始重視想像與創意的教學，認為是二十一世紀必備的成功技能之一。想像和創造兩種能力的關係密切，想像是創造思考的前期發想之重要機制，可能涉及流暢、變通、獨創與精進的認知成分，所以跟創造力的擴散思考有共同認知成分（邱發忠、陳學志、林耀南、涂莉苹，2012）。想像力與創造力雖然都能產出新穎和原創的構想，但想像力是強調超越現實的限制，而且意象鮮明。

　　如果超越現實是想像的關鍵特徵，那麼要如何激發超越現實的思考呢？根據邱發忠等人（2012）的研究，他們提出的三維度模式可供參考。想像的三維度分別為超越現實、想像運作，以及想像感受。超越現實是超越既存的想法與點子；想像運作是指經由聯結、轉換、重組的歷程；想像感受是指有趣、好玩與快樂的感受。由此可見，想像包含創意的歷程與情感。

　　所以，根據想像與創造思考的特徵，在教學策略上可以這樣做：

1. 鼓勵學生發揮超越現實的想法，進入未來時光隧道，例如：想像五百年後的居家生活樣貌、交通工具、工作型態等，圖像愈鮮明愈好。

2. 鼓勵學生擴展原有的想法或點子，嘗試將兩個或更多事物結合在一起或重新組合，而產出新的事物，例如：教師可利用圖片展示許多「組合」的物品，如珍珠奶茶、行動電話、奈米機器人、床式沙發椅等，並說明如何「組合」的策略。

3. 鼓勵擴散性思考，提出不尋常或新奇的想法，鼓勵腦力激盪，點子愈多愈好，但是強調不批評別人的意見。可採取分組討論，強調沒有標準答案，討論的氣氛是輕鬆愉快的。

關於思考策略的教學，應該與學校核心科目的教學結合，而依據不同的學科性質採用不同的教學方法，希望透過長期而有系統地運用適當的教學方法，使這些學習策略能為學生所內化並採用。此外，最重要的是思考策略的教學，無法在短時間見效，因此教師可能會擔心學習策略的教學浪費教學時間，而無法持續採用。然而，如果教師能夠堅持下去，將會發現學生的學習能力逐漸提升。

# 第五節 學習策略的教學

就學習策略的運用而言，往往涉及個人的後設認知能力，因而教學成效較無法立即得見。以下提出幾項有關策略教學的核心概念、原則，以及可行的教學方法，提供教師在進行教學時，做為參考之用。

## 一、策略教學的核心概念

策略教學的效果往往不易在短期間內獲得成效，因此，教師在進行策略教學時，應具備以下的概念（Joyce, Weil, & Calhoun, 2009; Murphy & Alexander, 2006）。

## （一）學習策略的教學應與學科內容結合

策略教學要有效，那麼學校行政人員應該鼓勵教師在撰寫課程計畫時，將策略教學融入課程的教學活動，甚至橫跨不同學科領域，例如：我們不僅在閱讀課教學生找重點，在他們遇到要閱讀相關的教材內容時，也會應用找重點的策略。因此，教師在開始教學時，可以介紹這些策略的概念，例如：比較、預測與因果關係。然後請學生比較出現在不同頁面的圖表有什麼不同，同時提醒學生如何做比較。所以教師需要花時間解釋、加強、釐清策略的使用與歷程，讓學生感受到學習策略是有助於學習的。策略教學可讓學生先熟悉少數的策略，然後類化到不同情境，或者也可以將新學到的策略，應用到熟悉的領域。

## （二）學習策略的應用需配合學習者的發展階段

不同階段的學習者，對於相同的策略也會有不同的反應。配合人類的發展，孩童的背景知識較少，應用字彙層面的策略才能達到最佳的效果；青少年具備較多的生活經驗，學習策略側重在分析篇章主旨，方能達到最好的效果；從兒童成長到青少年的過程中，也發展後設認知的能力，在此時提供學習者所需要的策略及方法，對於閱讀時的自我監控較為有效。整體而言，從孩童到青少年，閱讀理解能力的發展由「字彙→主題式理解→文本結構理解增加→深度處理及後設認知監控」，應配合發展階段，教導學生不同策略的應用。

## （三）策略的教學必須教導多樣化的策略，讓學生可彈性使用

在教學中，提供了一系列的閱讀理解策略（如心智圖建構、文法結構分析、問題解決等），並引導學習者辨別在不同的情況下所需要的方法，讓學

習者可以視狀況，彈性的應用策略。有效的學習策略教學是奠基於適當的內容或脈絡之上，像情境學習（situated learning），將學習內容融合於實際生活情境中，讓學生來思考解決問題，就是基於這樣的理念。

## （四）引導學生成為自主的學習者

教師應逐漸減少協助，讓學生掌控自己的學習方向，並且讓學生體驗學習過程的不確定感。因此，在教學的開始階段，教師必須提供較結構化且較明確的教學情境，待學生能力提升後，可逐漸減少教師教學與指導的分量，而讓學生擔負較多的學習責任，成為自主的學習者，能夠自我調整、監控與自評策略的使用。

# 二、策略教學的原則

依據前述所提出的學習策略與策略教學的核心概念，以下提出幾項相關的教學原則。

## （一）課堂教學前的準備

在進行策略的教學之前，教師應先分析學生已有的策略是哪些？不會的策略是哪些？在教學單元的教學目標之下，學生能夠採用哪些學習策略以進行有效學習？如何將這些學習策略的教學與單元教學活動結合？同時，根據分析的結果，形成教學計畫。在此階段，要了解學生使用策略的情況，可採用以下的方式：採用放聲思考的方式，要學生說出他們解題的歷程，他們是怎麼想的；也可採用晤談的方式，例如：問學生如果要他去教低年級的學生，他要怎麼做？也可採用問卷做有系統的評量，例如：李咏吟、張德榮、洪寶蓮（1991）所編的「學習與讀書策略量表」，以及林邦傑（1992）所編的「中小學學習及讀書策略量表」等。

## （二）課堂教學中的重點

在課堂教學活動中，最重要的是讓學生有機會去分析自己如何使用學習策略，觀摩他人（如老師與同學）如何應用策略，並提供適當的回饋；這些回饋可以來自老師或同學，以增進其自我覺察或修正的能力。在此過程中，教師要鼓勵學生不斷詢問自己下列幾項問題：

1. 我用了什麼策略來幫助學習？
2. 這個策略有效嗎？
3. 為什麼有效或無效？
4. 如果無效，要如何改進？
5. 如果有效，還能再做得更好嗎？這個策略還可用於什麼情況？
6. 其他同學用的策略有何優缺點？值得我學習的地方有哪些？
7. 在這些策略當中，哪些是用在這個學習活動比較有效的，而且是較適合我的？

透過反覆的詢問，可讓學生將策略的使用變成一種自主而有意識的活動，同時在教師與同學的回饋下，不斷修正所使用的學習策略，進而達到有效地運用學習策略，以提升學習成就的目的。

## （三）課堂教學後的活動

課堂的策略教學之後，教師應該再提供學生練習與發展學習策略的機會。故而，課堂教學後，教師可提供一些學習材料，讓學生進行課後練習，並要求學生報告練習時採用了哪些學習策略，以評估自己學習的效果。

## 三、學習策略的教學方法

前面提及的是有關學習策略的教學原則，至於可用於教導學生學習策略

的教學方法，有下列幾種方式。

## （一）直接教導

　　採用直接教導方式，主要是由教師明確告知學習策略的意義、使用時機，以及使用的方式。所要教導的重點包括：

　　1.要教導的學習策略是什麼？

　　2.學習這些策略的原因是什麼？

　　3.如何使用這些策略？

　　4.在什麼情況下，使用這些策略？

　　以直接教導的方式教學習策略，是許多教師常用的策略教學方法，例如：在數學課的教學時，教師便常常告訴學生，遇到什麼題目要用什麼策略來幫助解題（例如：遇到和差問題，便畫數線來表徵問題情境）。不過，由於直接教導往往僅止於策略的概念層次，學生往往只認識這些策略，卻仍舊無法有效應用學習策略。

## （二）認知示範

　　所謂認知示範，即是教師採放聲思考（thinking aloud）的方式，示範各種學習策略的使用方式。易言之，即是教師將自己的思考過程以聲音表達出來，讓學生了解如何使用學習策略，例如：老師示範自己在閱讀文章時，如何採用學習策略來幫助閱讀理解；而學生則透過觀察與模仿，習得該策略。另外，教師也可將問題寫在黑板上，然後問學生這是什麼問題？第一步要怎麼做？然後再開始示範思考的歷程。

## （三）交互教學

　　如前述所提及的，交互教學原是 Palinscar 與 Brown（1984）為增進學習者閱讀理解能力所發展的教學策略。不過，此教學模式的基本精神仍可採用

於其他學習策略的教學。教學方式可以分為教師與學生或學生同儕間的交互方式，其目的是希望透過外在的支持與互動，使學生逐漸熟練策略的使用，並進而將學習策略內化，能獨立使用學習策略。交互教學策略的實施方式如下：採兩人一組的方式進行（教師與學生或學生與學生），其中一位擔任示範者，進行策略使用的放聲思考，亦即把自己思考的歷程說出來；另一位則擔任支持者與評鑑者，不管示範者是否能正確使用策略，支持者均需提供回饋訊息。待示範者能正確使用策略之後，兩人則互換角色，重複前述步驟。交互教學也可採小組方式進行，由小組成員輪流示範演練。

## （四）鷹架教學

鷹架教學（scaffolded teaching）是社會建構論者所提出的教學觀點。所謂「鷹架」，是教師協助學生連接他們目前能力與教學目標的落差，所提供的暫時性支持的隱喻。鷹架可能是一種工具（例如：提示卡），亦可能是一種技術（例如：教師示範）；鷹架教學可用於教導技巧，亦可用於教導高層認知思考技能（例如：學習策略）。只是在應用鷹架的概念於策略的教學時，需要更多的步驟與程序，以下將其步驟與程序一一說明（Rosenshine & Meister, 1992）。

### 步驟一：呈現新的認知策略

1. 教師在教導認知策略時，先介紹、解釋策略，並給予具體的提示（prompt）。如教導學生摘要文章，可以提供一些提示：確認主題、寫下有關的主題、找出主要的概念、把相關的句子納入重要概念之下。
2. 呈現具體提示之後，教師示範如何應用，其後減少示範，漸漸讓學生承擔更多的學習責任。在責任轉移的過程中，教師只示範學生不會的部分。

3. 另一種鷹架則是一種放聲思考的示範，教師以放聲思考的方式，示範如何使用策略。

4. 當學生能夠完成學習任務之後，則由他們以放聲思考的方式來教導比較不會的同學。

## 步驟二：在練習中，調整問題難度

1. 為幫助學生學習，教師先提供學生一些較簡單的練習題，然後再逐漸增加難度。

2. 首先，教師透過示範、放聲思考，指導學生較不會的部分，當學生逐漸投入，教師就減少協助。不過當學生遭遇困難時，教師應提供建議、提示與回饋。

3. 使用提示卡（線索）供學生應用，而非讓學生記憶。

4. 將較困難的問題，調整為一些較小的步驟。

5. 調整難度的另一種方法是預測及討論可能的錯誤，例如：教師呈現較不好的摘要，讓學生指出該修正的地方。

## 步驟三：提供不同情境的練習機會

1. 可以採用的方法為：教師引導教學、交互教學，在小組中進行。

2. 引導學生在師生對話的脈絡中從事練習，師生輪流擔任不同角色，透過學習責任的轉移，使學生漸漸內化所學的策略。

## 步驟四：提供回饋

1. 傳統的回饋偏重在正確作答，實際上錯誤答案更有意義，因為錯誤答案提供學習機會。

2. 提供自我檢核方式來增進學生的獨立學習。

3. 提供優秀作品，讓學生相互觀摩。

## 步驟五：增加學生責任

在學習的初始階段，教師簡化教材，提供支持，漸漸地增加學生練習的機會後，減少提示，學習責任由教師轉移至學生身上，教師從教導者的角色，轉為具同理心的聽眾。以分解動作的方式，進行各個步驟的教導和練習，最終要將這些策略的成分統合在一起。教師也對學生整個策略學習的過程，進行評量，因為在學生獨立練習之前，實施評量是有必要的。

## 步驟六：提供獨立練習

獨立練習的目標是發展統合運用的策略，將個別成分組合起來。此種練習可以單獨進行，亦可以在團體中練習，使策略的應用純熟，且更容易應用在各種情境當中。

一如學習策略，策略的教學方法亦有其重疊性，而每種教學方法皆有其適用對象與情境，在不同的科目中，或教學過程的不同階段，教師均可因應實際的需要，採用合適的教學方法。然而，就學習策略的內化效果而言，由於鷹架教學強調外在支持、責任的轉移與獨立學習，故有較佳的效果。再者，在策略教學過程中，除了提供認知的鷹架外，也須包含動機與情緒的支持，才能達到有效教學的目的。

# 四、策略教學的課程設計

學習策略訓練課程可分為下列三種（張新仁，2006；Weinstein, 1994）：第一種是將學習策略編入教材（embedded instruction）；第二種是由任課教師融入課程自行教導；第三種是單獨設立的訓練課程（adjunct program）。茲分別說明如下。

## （一）學習策略編入教材

這是將學習策略的教學編入學科教材內，例如：在授課的教材或習作中，列出一些教學活動，讓學生學習一些策略的使用，如在國語習作上，要學生摘要段落大意，或者在教科書中，示範寫作的歷程，引導學生如何作文。這樣設計的優點是教材提供現成的訓練，不必花費額外的訓練時間；缺點是如果教師未指導或督促，學習遷移的效果不彰。

## （二）由授課教師融入課程自行教導

各科教師在教學時，同時引導學生使用策略。通常教師會配合學科內容，合併幾種策略教學，例如：歷史教師先教學生畫重點，接著介紹概念構圖的方法，要學生將所畫的重點，用構念圖表示出來；或者生物教師教到與課程有關的概念，會舉例並且讓學生應用，鼓勵學習者應用所學，將之遷移到其他課程或領域上。如此更能讓學生察覺到如何學，以及使用策略的效果，例如：教師講到人體器官，像呼吸系統包含哪幾個部分，消化系統包含哪幾個部分，這時可介紹組織化策略，幫助學生統整和記憶這些概念。這種教學設計的優點是：(1)配合課程特性教導學習策略，容易達到教學目標；(2)這種教學通常由教師示範，讓學生練習，並給予回饋，容易達到學習效果。缺點是教師要花額外時間訓練學生使用策略，還有學習遷移效果的問題。

## （三）單獨設立的訓練課程

這是單獨訓練的教學計畫，不設在各學科之內，可以是短期的介入，如一小時課程研習，著重某一特定策略，開設短期訓練課程；也可以是長期的正式課程。茲以正式課程為例，通常是加強學習技巧，增進個人堅毅力及自我調整的策略。課程開始時，有前測和導論的部分。前測主要是辨認學生長

短處，供診斷用。第一週介紹策略的成分，包括：認知策略、動機和後設認知，並且強調實際練習，將這些策略加以整合。該課程的模式是設計情境，要學習者以策略大師自居，去設定目標、執行計畫，例如：從閱讀及上課中作好筆記，完成報告，準備考試。由於設定目標與動機有關，所以又會引入動機和情意層面的策略，如改變效能期待、歸因等。同時要學習者擬定學習計畫，如這學期的成績希望達到某個等第，如何監控與執行以達成目標，並且鼓勵學習者統整所學的策略。通常在課程結束時，也會進行評量，看學習情況是否改善。國內有不少策略研究是屬於這種類型，例如：程炳林（1995）所設計之自我調整的閱讀理解教學課程，其目的在教導學生如何進行自我調整，課程包含：情感反應、學習動機、目標設定、行動控制，以及學習策略等五個層面。這種單獨開班的優點是有系統的訓練一般學習策略，缺點是不一定能銜接課程的內容。

總之，要發展有效的學習策略課程，教師可配合課程的特性、學生的背景知識、學生的學習類型（如認知風格、學習習慣的特徵），選擇適合的策略教學的型態。透過直接教學或交互教學的方式，經示範、練習與回饋，逐漸將學習策略內化為課程學習的利器。值得注意的是，在進行策略教學時，一是要考慮學生的運作記憶容量是有限的，不能一次塞太多東西，否則效果會打折扣；二是學習策略遷移和保留的問題，有效的學習者不在做知識的堆積，而在於靈活運用所學。如果要讓學習者樂於使用學習策略，先要讓他們察覺到策略對學習是有效的；所以要讓學生熟悉如何使用策略與何時使用策略，這則有賴於加強後設認知策略的訓練，提供練習機會，並且鼓勵學生使用策略，以達到促進學習遷移和學習保留的效果。

## 自我評量題目

1. 用自己的觀點統整學習策略的定義。

2. 說明學習策略有何重要性。

3. 說明一般性策略的實施步驟。

4. 說明精緻化學習策略之特點。

5. 說明組織化學習策略之原則。

6. 比較單獨使用與合併使用學習策略的效果。

7. 說明後設認知策略的功能。

8. 說明學習策略的教學原則。

9. 說明強化批判思考解決問題，有哪些策略可用？

10. 說明鷹架教學之特點。

11. 根據自己主修的學科，設計一個融入課程的學習策略教學設計。

## 參考文獻

### 中文部分

何蘊琪、林清山（1994）。表徵策略教學對提升低解題正確率學生解題表現之效果研究。**教育心理學報，27，**259-279。

李咏吟（1989）。國中生學習技巧運作狀況之調查。**國立臺灣教育學院輔導學報，12，**239-264。

李咏吟、張德榮、洪寶蓮（1991）。**學習與讀書策略量表：大學生版。**臺北市：中國行為科學社。

林邦傑（1992）。**中小學學習及讀書策略量表修訂計畫。**臺北市：教育部訓育委員會。

林建平（1994）。**整合學習策略和動機的訓練方案對國小閱讀理解困難的兒童的輔導效果**（未出版之博士論文）。國立臺灣師範大學，臺北市。

林清山（1990）。**教育心理學：認知取向。**臺北市：遠流。

邱上真（1991）。學習策略教學的理論與實際。**特殊教育復建學報，1，**1-49。

邱發忠、陳學志、林耀南、涂莉苹（2012）。想像力構念之初探。**教育心理學報，44，**389-410。

沈家平、陳文典（2004）。批判思考智能。取自 http://phy.ntnu.edu.tw/nstsc/pdf/book5/03.pdf

張新仁（1982）。**國中學生學習行為之研究**（未出版之碩士論文）。國立臺灣師範大學，臺北市。

張新仁（2006）。學習策略的知識管理。**教育研究與發展，2**（2），19-42。

梁雲霞、陳芸珊（2013）。國中小學生學習策略使用之分析。**教育研究與發展，9**（2），33-64。

陳李綢（1988）。學習策略的研究與教學。**資優教育季刊，29，**15-24。

陳李綢（1995）。有效學習策略的研究與應用。**學習輔導，38，**30-47。

陳莉莉（1990）。**資優學生與普通學生記憶策略之比較研究**（未出版之碩士論文）。國立彰化師範大學，彰化市。

陳麗芬（1995）。**行動控制觀念的自我調整學習及其相關研究**（未出版之碩士論文）。國立政治大學，臺北市。

陸怡琮（2011）。摘要策略教學對提升國小五年級學童摘要能力與閱讀理解的成效。**教育科學研究期刊，56**（3），91-118。

程炳林（1995）。**自我調整學習的模式驗證及其教學效果之研究**（未出版之博士論文）。國立臺灣師範大學，臺北市。

臺灣 PISA 國家研究中心（2010）。**數學應試指南**。臺南市：作者。

劉英茂（1977）。心象記憶法的研究：英文字彙之習得。**科學發展月刊，5**（11），987-999。

## 英文部分

Bandura, A., & Schunk, D. H. (1981). Cultivating competence, self-efficacy, and intrinsic interest through proximal self-motivation. *Journal of Personality and Social Psychology, 41*, 586-598.

Cantrell, S. C., Almasi, J. F., Carter, J. C., Rintamaa, M., & Madden, A. (2010). The impact of a strategy-based reading intervention on the comprehension and strategy use of struggling adolescent readers. *Journal of Educational Psychology, 102*, 257-280.

Conley, M. W. (2008). Cognitive strategy instruction for adolescents: What we know about the promise, what we don't know about the potential. *Harvard Educational Review, 78*(1).

Duncan, T. G., & McKeachie, W. J. (2005). The making of the Motivated Strategies for Learning Questionnaire. *Educational Psychologist, 40*, 117-128.

Dunlosky, J., Rawson, K., Marsh, E., Nathan, M. J., & Willingham, D. (2013). Improving students' learning with effective learning techniques: Promising directions from cognitive and educational psychology. *Psychological Science in the Public Interest, 14*, 4-58.

Dweck, C., & Leggett, E. (1988). A social-cognitive approach to motivation and personality. *Psychological Review, 95*(2), 256-273.

Ennis, R. H. (1985). A logical basis for measuring critical thinking skills. *Educational Leadership, 43*(2), 44-48.

Flavell, J. F. (1971). First discussant's comments: What is memory development, the development of what? *Human Development, 14*, 272-278.

Flavell, J. F. (1979). Metacognition and cognitive monitoring: A new area of cognitive developmental inquiry. *American Psychologist, 34*, 906-911.

Glogger, I., Schwonke, R., Holzäpfel, L., Nückles, M., & Renkl, A. (2012). Learning strategies assessed by journal writing: Prediction of learning outcomes by quantity, quality, and combinations of learning strategies. *Journal of Educational Psychology, 104*(2), 452-468.

Hattie, J., Biggs, J., & Purdie, N. (1996). Effects of learning skills interventions on student learning: A meta-analysis. *Review of Educational Research, 66*, 99-136.

Joyce, B., Weil, M., & Calhoun, E. (2009). *Models of teaching* (8th ed.). Boston, MA: Allyn & Bacon.

King, A. (1992). Facilitating elaborative learning through guided student-generated questioning. *Educational Psychologist, 27*(1), 111-126.

Lave, J., & Wenger, E. (1991). *Situated learning: Legitimate peripheral participation*. Cambridge, UK: Cambridge University Press.

Leutner, D., Leopold, C., & Elzen-Rump, V. (2007). Self-regulated learning with a text-highlighting strategy: A training experiment. *Journal of Psychology, 215*(3), 174-182.

Mayer, R. E. (1989). Models for understanding. *Review of Educational Research, 59*, 43-64.

Mayer, R. E. (2008). *Learning and instruction* (2nd ed.). Cambridge, UK: Cambridge University Press.

Meyer, B. J. F., Brandt, D. H., & Bluth, G. J. (1980). Use of top-level structure in text: Key for reading comprehension of nine-grade students. *Reading Research Quarterly, 16*, 72-103

Montague, M. (2003). *Solve it! A mathematical problem-solving instructional program*. Reston, VA: Exceptional Innovations.

Murphy, P. K., & Alexander, P. A. (2006). *Understanding how students learn: A guide for instructional leaders*. Thousand Oaks, CA: Corwin Press.

Norris, S. P. (1985). Synthesis of research on critical thinking. *Educational Leadership, 42*(8), 40-45.

Norris, S. P., & Ennis, R. H. (1989). *Evaluating critical thinking*. Pacific Grove, CA: Midwest Publication.

Novak, J. D. (1990). Concept maps and Vee diagrams: Two metacognitive tools for science and mathematics education. *Instructional Science, 19*, 29-52.

Novak, J. D., & Gowin, D. B. (1984). *Learning how to learn*. New York, NY: Cambridge University Press.

Organization for Economic Co-Operation and Development [OECD] (2013). *PISA 2012. Assessment and analytical framework: Mathematics, reading, science, problem solving, and financial literacy*. Retrieved from doi: 10.1787/9789264190511-en

Palinscar, A. C., & Brown, H. L. (1984). Reciprocal teaching of comprehension-fostering and comprehension-monitoring activities. *Cognition and Instruction, 1*, 117-175.

Pintrich, P. R., Smith, D. A. F., Garcia, T., & McKeachie, W. J. (1993). Reliability and predictive validity of the Motivated Strategies for Learning Questionnaire (MSLQ). *Educational and Psychological Measurement, 53*, 801-813.

Pressley, M. (1986). The relevance of the good strategy user model to the teaching of mathematics. *Educational Psychologist, 21*, 139-161.

Pressley, M., & Harris, K. R. (2006). Cognitive strategies instruction: From basic research to classroom instruction. In P. A. Alexander & P. H. Winne (Eds.), *Handbook of educational psychology* (pp. 265-286). Hillsdale, NJ: Lawrence Erlbaum Associates.

Rosenshine, B., & Meister, C. (1992). The use of scaffolds for teaching higher-level cognitive strategies. *Educational Leadership, April*, 26-33.

Sawyer, R. K. (2006). The new science of learning. In R. K. Sawyer (Ed.), *The Cambridge handbook of the learning science*. Cambridge, UK: Cambridge University Press.

Snowman, J. (1986). Learning tactics and strategies. In G. D. Phye & T. Andre (Eds.), *Cognitive classroom learning: Understanding, thinking and problem solving* (pp. 243-275). New York, NY: Academic Press.

Stoeger, H., Sontag, C., & Ziegler, A. (2014). Impact of a teacher-led intervention on preference for self-regulated learning, finding ideas in expository texts, and reading comprehension. *Journal of Educational Psychology, 106*(3), 799-814.

Weinstein, C. E. (1994). Strategic learning/strategic teaching: Flip sides of a coin. In P. R. Pintrich, D. R. Brown, & C. E. Weinstein (Eds.), *Student motivation, cognition, and learning* (pp. 257-273). Hillsdale, NJ: Lawrence Erlbaum Associates.

Weinstein, C. E., & Underwood, V. L. (1985). Learning strategies: The how of learning. In S. Segal, S. Chipman, & R. Glaser (Eds.), *Thinking and learning skills: Relating instruction to research* (Vol. 1). Hillsdale, NJ: Lawrence Erlbaum Associates.

Weinstein, C. E., Husman, J., & Dierking D. R. (2000). Self-regulation interventions with a focus on learning strategies. In M. Boekaerts, P. R. Pintrich, & M. Zeidner (Eds.), *Handbook of self-regulation* (pp. 727-747). CA: Academic Press.

Weinstein, C. E., & Mayer, R. E. (1986). The teaching of learning strategies. In M. C. Wittrock (Ed.), *Handbook of research on teaching* (pp. 315-327). New York, NY: Macmillan.

Weinstein, C. E., Jung, J., & Acee, T. W. (2010). Learning strategies. In P. Peterson, E. Baker, & B. McGraw (Eds.), *International encyclopedia of education* (3rd ed.) (vol. 5) (pp. 323-329). Oxford, UK: Elsevier Science.

Weinstein, Y., McDermott, K. B., & Roediger, H. L. (2010). A comparison of study strategies for passages: Re-reading, answering questions, and generating questions. *Journal of Experimental Psychology Applied, 16*, 308-316.

Wong, B. Y. L. (1985). Self-questioning instructional research: A review. *Review of Education Research, 55*, 227-268.

Zimmerman, B. J., & Schunk, D. H. (2001). *Self-regulated learning and academic achievement: Theoretical perspectives* (2nd ed.). Hillsdale, NJ: Lawrence Erlbaum Associates.

# CHAPTER 4

# 學習計畫的訂定與時間管理

何英奇

## 學習目標

詳讀本章後,學習者應能達到下列目標:

1. 了解學習計畫的重要性。
2. 訂定一個長程的學習計畫。
3. 訂定一個中程的學習計畫。
4. 了解訂定短期學習計畫的原則。
5. 訂定一個短期的學習計畫。
6. 了解應用時間管理的方法與原則。

# 摘要

「凡事豫則立，不豫則廢」，學習計畫之訂定旨在幫助吾人確立方向與目標，避免荒廢時間，俾能邁向成功之路。人生的目標有多向度、階段性與多層次等類型，學習計畫之訂定宜兼顧三者。學習計畫宜配合生涯規劃，先從長程目標著手，繼而中程目標，再往後推到短期目標，三者必須有連貫性。本章分別就長程、中程與短期之學習計畫的訂定方法舉例說明。短期的學習計畫分別就月曆表、每週讀書計畫表、每日活動時間預定表、工作備忘卡之使用等，加以舉例說明。最後，提出有效的時間管理之原則與方法藉供參考。

　　現代是一個知識爆發、資訊氾濫的時代，在有限的人生歷程中，如何有效學習乃是邁向成功的要素。Semones（1991）指出，成功的三個要素為：(1)設定有意義的目標；(2)發展一套有效的計畫；(3)鍥而不捨地實踐計畫。顯而易見地，學習計畫是通往成功的要素。

　　本章將分別就長程、中程、短期之學習計畫的訂定方法舉例說明，最後提出有效的時間管理之原則與方法以供參考。

# 第一節　生涯與學習計畫的重要性

## 一、現代大學志願選填的困境

　　一項大學生的調查發現，所讀科系不符合原來的志向者，約高達 35%，就讀大學期間打算轉系的比例約 25%。另一項針對已工作四年的大專畢業生之調查發現，其中 54.4%表示，如再讀大學會選擇就讀其他科系，主要原因為出路不如預期、性向與興趣不符；進一步分析其背後真正原因，包括：沒有夢想、只追求社會價值觀、不了解自己的優勢及科系（王秀槐，2015）。

　　近年全球國際化，競爭激烈，加上經濟衰退、貧富差距擴大、少子化等因素，使得現今年輕一代面臨生涯規劃與抉擇的困境，下述個案皆是真實的具體例子（何英奇，2015）：

個案一：一大群大學生棄學跑去做直銷工作（很可能是老鼠會），與家長發生激烈衝突。

個案二：博士生棄學去賣炸雞排，引發人力及資源浪費的爭議。

個案三：科技新貴棄高薪回鄉種田。

個案四：臺灣大學森林系畢業，當兵回來，重新插班念師範大學資訊科系，畢業順利就業。

個案五：大學就讀臺灣大學物理治療系，中途轉到他最愛的人類學系，但在碩士畢業後因找工作不易，又再插班私立大學物理治療

系，考到證照就業。

個案六：鄉下省立高中，學測分數中上，尚有選擇空間，結果老師鼓勵選校不選系，就讀國立大學物理系，但是對物理沒有興趣，最後勉強畢業。

個案七：某私立綜合大學心輔系，大學生中約有三分之一不知自己為何上大學，無學習慾望，有先混畢業再說的心態。

個案八：某私立綜合大學心輔系，大學畢業後轉行做汽車銷售、拉保險或組樂團，皆能實現其自我。

個案九：後段私立大學每年招收之轉學生，來源多數為被原來大學或他校退學之學生（大多成績低落）。

個案十：讀大學之後，才發現所就讀的科系並不是他所真正想要的，有人毅然重考，有人大學畢業後轉行當餐飲學徒。

個案十一：某大學心理諮商系有同性傾向的學生比率較高，因為他們自己在性傾向方面遭遇困難的經驗，使其一心想要做助人的工作。這樣的學生，值得肯定。

個案十二：某私立大學諮商碩士班，報名率及註冊率皆名列該校前茅，半數學生念的大學非本科系；其中，中年轉諮商的也不在少數。

　　上述個案說明現代大學志願選填的困境，某些人即使一開始選擇的科系不如預期，也不是全然最喜歡，但是仍有勇氣繼續追求夢想，最終達成目標。因此，生涯規劃與發展是一個不斷自我探尋的循環歷程，從「我是誰（認識自我）？」、「我的世界在哪裡（認識環境）？」、「我往哪裡去（生涯願景）？」、「我怎麼到達那裡（生涯規劃）？」等加強生涯探索，鼓勵參加課外活動、志工服務，或各大學舉辦的體驗營，以及多參加見習、實習及實務學習，皆有助於生涯發展。然後，再由生涯發展計畫轉化為學習計畫。

## 二、學習計畫的重要性

子曰：「凡事豫則立，不豫則廢」，「豫」字的涵義就是「計畫」，凡事能夠事前計畫再執行，將較盲目行動來得容易達成。孔子又言：「吾十又五而志於學；三十而立；四十而不惑；五十而知天命；六十而耳順；七十而從心所欲，不逾矩。」從這段話中，或許我們無法明確得知孔子是否早在二千多年前就有了生涯的概念，對其一生預先做了規劃，但可以知道先聖孔子在其一生的學習中，是有階段性的，每十年是一個目標的達成。因此，若能將個人的「生涯規劃」及「學習計畫」預先呈現一個藍圖，那麼就不必擔心在人生的航程中迷失了方向，或久久達不到彼岸！

生涯計畫的目的不僅在找一份工作，更積極的意義在於突破障礙、開發潛能和自我實現等。就中學生而言，學習計畫不能只顧及目前在功課上的計畫，而是應先有生涯計畫，再把生涯計畫轉化成學習計畫。有了妥善的學習計畫，即可幫助我們善用時間；其次，再加上恆心毅力去實踐計畫，將是通往成功的不二法門。

在了解了學習計畫的重要性之後，更應將學習計畫落實於日常生活的學習中。學習計畫的設計與實踐攸關學習目標的達成，因而吾人應熟稔此方面的基本認知與技巧。

## 第二節　中長程學習計畫的訂定

人生如無理想與目標，猶如沒有舵的船，無法達到目的地。因此，思索人生的意義與目標是訂定生涯計畫與學習計畫的起點。學習計畫之訂定，宜採逆向思考，先從長程目標設定著手，再思考中程目標以及短期目標為何。有了這些目標，再將之具體化、步驟化，逐一實踐，方可按部就班地達成。

以下先介紹人生目標的類型，再依據中、長程目標的特性，撰述其擬定的原則及方法。

# 一、人生目標的類型

對大多數人而言，人生的意義應是多采多姿的，目標是多向度的。目標依性質來分，分為以下幾種。

## （一）多向度目標

1. 工作目標：如事業、金錢與學習等。
2. 生活目標：如家庭、休閒、嗜好、人際關係與健康等。
3. 社會目標：如參與服務、加入社團、投入政治和回饋社會等。

## （二）階段性目標

1. 長程目標（終身目標）：如終身志業、身心健康、服務社會等。
2. 中程目標：以高中生為例，升大學與出國進修計畫即是中程目標。
3. 短期目標：如本學期功課目標、每週每日讀書計畫、寒暑假讀書計畫、聯考前一百日應試計畫等。

## （三）多層次目標

1. 首要目標：人生的意義為何？
2. 次要目標：我要選擇哪一行？
3. 附屬目標：我要做到什麼職位？

學習計畫的訂定應包含多向度目標，考慮長程、中程與短期目標的連貫

性，以及區分目標的層次，才能周延可行。

## 二、如何訂定長程學習計畫

生涯（學習）計畫之訂定必觸及「生命意義」與「人生目標」的問題，但要找出人生的意義與目標是相當困難的。一般而言，要確定個人的人生意義與目標可以從認識自我開始，探索自己的能力、性向、興趣、價值觀、人格特質，以及優缺點等，為自己做一個客觀的剖析。

其次，要認識自己所處的政治、經濟、社會和文化等環境，以及各種工作世界的內容。

最後，整合自我與工作世界，設定一些可能適合的目標，並評估其可行性。

如果對確定人生的意義與目標有困難的話，下面三個活動可幫助思索：

1. 請閉上眼睛想一想，你希望死去之後，別人紀念你什麼？你希望自己的哪些事蹟被刻在墓碑上？現在請你把草擬的墓誌銘寫下來（古德，1991；劉興賢譯，1976）。這個活動有助於思索長程目標。

2. 請閉上眼睛幻想五年後的情景，你希望未來五年有什麼成就？例如：你身處在什麼地方？正做些什麼事？你身旁有哪些人？他們和你是什麼關係？你的心情是怎樣的呢？這個活動有助於思索中程目標。

3. 假若你們在半年後要舉辦同學會，並在會中展現個人半年來的學習成果。請想像在同學會中，你將呈現什麼具體成就？這個活動有助於思索短期目標。

請盡量思索這三個問題，把想到的所有可能答案都寫下來。這個活動可幫助你省察過去的生活，認清自己想從人生中得到什麼？成就什麼？

現在你已有一序列的目標，這些目標是多向度的，也有長程、中程與短期之別，其中有些目標甚至是衝突的。你可以採用 ABC 優先順序，把這些人生目標排出優先順序，A 表示最重要或最有價值，B、C 次之。其次就 A 中之目標再依其重要性，以A-1，A-2，……排順序。再者，也可依據「緊急

且重要」、「重要但不緊急」、「緊急但不重要」、「不緊急也不重要」來區分目標的階段性與優先順序。表 4-1 是一位某大學心輔系大二女生的部分人生目標示例；表 4-2 是她的生涯（學習）計畫表。

　　現在請你參考下述大學女生的例子，訂定屬於你自己的生涯（學習）計畫表。當然，所有的生涯（學習）計畫並非訂定之後就一成不變，通常需保持彈性，並且隨時加以檢視修正。

**表 4-1　某大學心輔系大二女生的部分人生目標示例**

---

**工作**

1. 成為專業的諮商員或輔導老師。
2. 和朋友合開一家咖啡店。
3. 出版屬於自己的著作一本以上。
4. 擁有二棟房子、一輛轎車及約有一千萬的存款。
5. 擁有研究所的學歷。
6. 能有流暢的英、日語說讀聽寫的能力，並能略通德文。
7. 定期到國外遊學，吸收新知。

**生活**

8. 學習美工及繪畫。
9. 擁有一個美好的家庭，育有一子一女。
10. 出國旅遊，除了美、加、日本、德國外，另要旅行至少十五個國家。
11. 認識藝文界或輔導界的朋友、團體（如美術協會、台灣輔導與諮商學會等），並參與其活動、聚會。

**社會**

12. 成為義務張老師及當全景印象工作室之社區義工。
13. 參與社會公益團體（如婦援會），並擔任重要幹部。

---

## 表4-2 某大學心輔系大二女生的生涯（學習）計畫表

| 時間＼目標 | 20歲 | 25歲 | 30歲 | 35歲 | 40歲 | 45歲 | 50歲 | 55歲 | 60歲 |
|---|---|---|---|---|---|---|---|---|---|
| **【工作】** 1.事業 | 22歲實習 | 26歲成為專業輔導員 | | 投資朋友開設之咖啡店 | 出版一本以上著作 | | | 探索自己其他專長 | 發展第二事業 |
| 2.金錢 | 22歲前存十萬進修基金 | 26歲買合自用車 29歲年收入六十萬以上，存育兒基金5000元／月 | 年收入七十萬以上，買房子 | 買健康與意外保險 | | 買第二棟房子 | 每月存一萬元養老基金（可用定存或保險方式） | | |
| 3.學習 | 23歲考研究所 繼續進修英日文 有德文或西文法文基礎 | 進修英日文 修經濟學課程 | | | 到研究所修公共行政學或學語文的學分 | 定期到國外受訓學習新知 | | | |
| **【生活】** 1.愛好 | 學習美術＆美工設計 學會化妝 閱讀完中外名著 | 28歲賞音音響 | 30歲購古典CD | | 學手工 自製家具和生活用品 | | | | |
| 2.家庭 | | 26～28歲結婚 | 32歲以前生兩個孩子，一男一女 | | ・與先生共同尋找相同領域努力 ・假日與家人共同出遊或聚會 | | | | |
| 3.休閒 | 每半年一次出國旅遊 20歲馬來西亞之旅 | 出國（歐美）度蜜月 | | 38歲遊日本、美加 | | | 每年出國旅遊 | | |
| 4.交友 | 結交文藝界與輔導界專業人士 | | | 和老友＆以前同學固定聚會出遊 | 每年至少兩週和老友及以前同學聚會出遊 | | | | |
| **【社會】** 1.服務 | 20歲成為義務張老師，做全系印象工作室的社區義工 | 多參與社區義工 | 每月捐款2000元 | | | 每年捐款5000元以上 | | | |
| 2.社團 | 20～22歲《流星雨》每月出刊一次，每半年出專輯一次 | 多加讀書團體 | ・社區媽媽團體 ・加入人事性社團 | | 參考宗教團體 擔任婦女團體理事 | | | 擔任宗教社團義工或幹部 | |

## 三、如何訂定中程學習計畫

　　所謂中程的學習計畫是指一至五年內所要達成的目標之學習計畫，它也是通往長程目標必經的途徑。以大學生為例，如其長程的人生目標是以要在大學從事學術研究為志業，那麼出國留學可能是他的中程目標。這個中程目標也不是一蹴可幾，而必須由多個具體的短期目標來連結達成。所謂「行遠必自邇」，惟有去完成階段式的計畫，才能實現終極人生目標。以前述之大學生為例，其中程目標可設定如下：

　　1.大學期間打好專業科目基礎。

　　2.大學期間多選修美語課程，以及課後自習或補習美語。

　　3.大學期間結交外國朋友或同學。

　　4.大學期間蒐集留學資訊。

　　5.大學期間打工賺取補習所需的費用。

　　6.準備托福及 GRE 考試。

　　7.大學畢業後工作二年，賺取留學費用。

　　表 4-3 是某大學心輔系大二女生的大學學習計畫（屬於中程目標），它是由前述之長程的生涯（學習）計畫往後推想而成。現在請根據自己的長程生涯（學習）計畫，參考表 4-3 設定屬於你自己的中程學習計畫。

　　有了中、長程的目標與計畫後，我們可以據此擬定更詳密清楚的短期目標，並在近期中實踐。下節即依此介紹短期學習計畫的訂定。

**表 4-3　某大學心輔系大二女生的大學學習計畫表**

| 時間 | 大二 5. 6. | 暑修 7. 8. | 大三 9. 10. 11. 12. 1. 2. 3. 4. 5. 6. | 暑修 7. 8. | 大四 9. 10. 11. 12. 1. 2. 3. 4. 5. 6. |
|---|---|---|---|---|---|
| 學習（月計畫與學期計畫） | ·心輔系大二課程<br>·資優輔系大二課程<br>·參觀社區衛生機構<br>·訪問一個有創造力的人 | ·語文（英日）<br>·閱讀：<br>①本科<br>②文學名著<br>③報章雜誌 | ·心輔系大三課程<br>·資優輔系大三課程<br>·閱讀一專業：心理學、輔導<br>　及諮商理論<br>　一興趣：文學、藝術<br>·語文：德文或法文<br>　進修英日文<br>·學會開車 | ·復習本科系課程<br>·學習本土文化課程<br>·語文進修<br>·參加社教館課程 | ·心輔系大四課程<br>·資優輔系大四課程<br>·試教實習<br>·托福英文<br>·進階日文 |
| 社團 | ·學會康樂股及編輯股<br>·寫作協會進修股<br>·雄友會曦媚家 | ·當全景印象工作室義工<br>·台北一女選系義工 | ·社團（流星雨）每月一份月誌<br>　每半年出一本刊物《流星雨》<br>·參加老師諮商技術<br>·去天母學諮商技術 | ·義工 | ·電話張老師實習<br>·社團《流星雨》續出刊 |
| 工作 | ·家教<br>·助理工讀 | ·家教<br>·中研院工讀 | ·家教<br>·助理工讀<br>·擔任區中的「大專協導員」 | ·家教<br>·去研究院讀 | ·家教 |
| 生活及其他 | ·5月7日、28日<br>　萬華采風遊<br>·與故友聯絡、重拾往<br>　日情懷 | ·畫畫<br>·寫文章<br>·8月底參加阿<br>　美族豐年祭<br>　幣營隊 | ·固定寫作投稿<br>·1、2月遊馬來西亞<br>·至少兩個月出遊一次<br>·參加家政系點心班或棒針班 | ·寫作<br>·繪畫<br>·花蓮遊蹤 | ·參加家政系成人教育班<br>·在儀容方面為就業準備 |
| 階段性目標 | ·奠定專業知能之基礎<br>·完成階段性社團責任<br>·工作不忘休閒<br>·存款三萬元 | | ·加強專業知能<br>·增加生活知識技能<br>·拓展社交範圍<br>·存款六萬元<br>·充實自我基礎力 | | ·實現大學理想，運用所學<br>·拓展生活和社交廣度<br>·休息是為了走更長遠的路，<br>　專注於自我成長<br>·存款七~八萬元 |

# 第三節　短期學習計畫的訂定

　　短期計畫的目的便是將長程和中程目標落實為每日進行的工作，同時可以將自己的工作組織化、簡單化，並避免時間的浪費，本節將介紹如何訂定適當的短期學習計畫（Devine & Meagher, 1989; Gall, Gall, Jacobsen, & Bullock, 1990; Langan, 1982; Usova, 1989）。

## 一、訂定短期學習計畫的原則

1. 合乎自然：訂定計畫的目標是成為時間的主人，而不是時間的奴隸，因此，計畫的擬定一定要以合理且能實行為主。

2. 時間表上的各項活動安排要均衡，除了工作之外，也要有運動和休閒的時間。

3. 對學校的每堂課，至少要安排二小時的研習時間。

4. 每天安排有固定的讀書時間，如此可以幫助建立讀書的習慣，並能從容地掌握整學期的功課；而且這種分散練習的效果比考前臨時惡補要好得多。

5. 嘗試在每堂課前及課後安排讀書時間，俾作預習及復習，以提高讀書效果。

6. 讀書時段的安排以一小時為原則，太長易造成疲乏，太短則只夠暖身，無法發揮最大的效果。

7. 把最困難的功課安排在最有精神的時段。每人的學習型態不同，宜做適當的安排，以發揮最大的效果。

8. 自我激勵：在計畫中不僅要隨時檢視進度，更要適時的自我獎勵，以增進學習效率。

9. 保持彈性：短期計畫宜保持彈性，最好每天或每週有一、二個空白時段預留下來供調整之用，如果發現所訂的計畫表老是要不斷地修正、變動，那表示此計畫必須重新調整，才能切實可行。

10. 達成終身目標的活動安排：短期計畫的目標除了要解決近期的問題，在計畫活動安排時，亦要考慮終身目標的達成，例如：短期計畫中也要安排健身運動、休閒活動或社交活動；工作計畫也要時時參考生涯的規劃，如將來想要成為教育者的學生，可能在短期的讀書計畫中除了正課之外，還要安排時間多涉獵教育方面的書籍。

## 二、如何訂定短期學習計畫

如前所述，短期計畫的目的在於將長程及中程的目標更具體化、細緻化，以利於達成終極目標，並完成當前的例行事務。為使計畫臻於完善，短期計畫的建立，可依循系統化的步驟來擬定。從重要事務表的建立到工作事項備忘卡的設計，如能遵照順序性的脈絡來完成，則必能充分地落實短期計畫的功效。以下分別就重要事務表的建立、月曆表的運用、每週讀書計畫之安排、每日活動時間預定表，以及工作事項備忘卡的製作等，做參考性的介紹。

## （一）重要事務表的建立

重要事務表的功能在於將短期內應達成的重要目標及事務列出，以利於區辨事件的輕重緩急，並避免遺忘重要的事務。

以前述某大學心輔系大二女生的讀書計畫為例，在擬定完整的短期學習計畫之前，必先填寫出重要的事項，如表 4-4 所示。

💬 表 4-4　重要事務表

| 一般事務<br>（日期） | 考試<br>（日期） | 應繳作業<br>（日期） | 備　註 |
|---|---|---|---|
| 媽媽生日<br>（3/16） | 期中考<br>（4/11～4/18） | 心理學報告<br>（3/19） | 溪頭之旅<br>（未定） |
| 報名張老師<br>（5/5） | 期末考<br>（6/17～6/24） | 參觀少輔會心得報告<br>（5/20） | 每週日做禮拜 |
| 參加 Moreno 心理劇<br>工作坊<br>（8/13～8/19） | | 電影欣賞評析<br>（6/6） | |

## （二）月曆表的運用

　　重要事務表完成之後，為了使自己在未來數週或數月的工作能事先準備與掌握，最好能製作一個月曆表來計畫當月的目標。利用月曆表的空白來填入考試、繳交作業或重要會議等事務，如表 4-5 所示。

　　月曆表填寫好後，可將它掛在桌前或明顯的地方，隨時提醒自己和檢視工作的進度。

💬 表 4-5　某生的月曆表

月份：四月

| 星期日 | 星期一 | 星期二 | 星期三 | 星期四 | 星期五 | 星期六 |
|---|---|---|---|---|---|---|
| | | | | | 1 | 2 |
| 3<br>去教會 | 4 | 5 | 6 | 7 | 8 | 9 |
| 10<br>去教會 | 11 | 12 | 13 | 14 | 15 | 16<br>媽媽生日 |
| 17<br>去教會 | 18 | 19<br>心理學報告 | 20 | 21 | 22 | 23 |
| 24<br>去教會 | 25 | 26 | 27<br>統計學考試 | 28 | 29 | 30 |

## （三）每週讀書計畫之安排

假如你已事先製作好每週讀書計畫表，將可幫助你充分利用有限的時間，以及做出更妥善的決定。在訂定實際的週計畫前，必須評估目前每天使用時間的狀況，藉以檢討可能浪費的時間，並從所浪費的時間中挪出更多的時間來讀書，以及把時間重新安排作最有效的運用。

首先，以半小時或四十五分鐘為單位，把一天二十四小時所從事活動的時間，詳加記錄一週。然後檢討每天花在各項活動（如盥洗、吃飯、通學、上課、運動、做功課、睡眠等）的時間各多少？檢討哪些項目花費太多時間？哪些項目的時間不足？扣除生活各項的必要時間外，剩下多少時間可用來讀書？如發現讀書時間太少，檢討哪些活動浪費太多時間而須減少？哪些項目（不緊急又不重要的事）可刪除？讀書效率最高的時段是什麼時候（早晨、上午、下午或夜晚）？

一般而言，週計畫可依循下列五個步驟來完成：

1. 每週日利用十～十五分鐘，先瀏覽月曆表上未來一週的重要事項，再思索是否有遺漏的重要活動。週計畫可以不必太詳盡，重點在於幫助你對於未來一週重要的事務有再記憶及突顯的功能。

2. 首先寫下那些在固定時間（fixed-time）必須完成的事情，例如：何時該上課？何時要參與社團活動？把它們記下來。之後，依據個人的偏好，在空白的時間內，選定你想做的事，配合恰當的時間做安排，例如：有些人認為早上的時間是較適合閱讀的，因此他可將早上的時段安排在圖書館中度過。

3. 接下來寫下有自由選擇性的時間（choice time）。想想看有哪些活動是你想做的？在一週中哪幾個自由時間想去完成它？例如：你想利用什麼時間去看一部你覺得不錯的電影？哪一個固定時段你可以專門準備托福考試或高考科目？不過，亦不必將所有事件均詳細列出。

4. 在其餘的空白時間中，你必須列出復習課業的時段，比較恰當的分配

方式是：每一小時的課程能有二小時的研讀時間。當然每個科目的重要性和難易度不同，所花費的學習時間亦將有所差異，但這 2：1 的分配方式是一概略的原則，你可依自己的情況加以調整。

5.最後必須檢核你一週所運用的時間。每週固定時間安排的活動是你無法改變的，但你可以將有選擇性的時間再加以調整。

你可將週計畫表準備二份，一份擺在常用的筆記本中，另一份置於書桌上，用以隨時提醒自己。表4-6是某生的週計畫時間表，請你參考前述方法與步驟，訂定一個適合你自己的週計畫時間表。

**表4-6　某生的週計畫時間表**

| 時間 | 星期日 | 星期一 | 星期二 | 星期三 | 星期四 | 星期五 | 星期六 |
|---|---|---|---|---|---|---|---|
| 7:00～7:15 | 晨 | 背 | 晨 | 背 | 晨 | 背 | 背 |
| 7:15～7:35 | 跑 | 英 | 跑 | 英 | 跑 | 英 | 英 |
| 7:35～8:00 |  | 文 |  | 文 |  | 文 | 文 |
| 8:10～9:00 | 到 |  |  |  |  |  |  |
| 9:10～10:00 | 圖 |  |  |  |  |  |  |
| 10:10～11:00 | 書 |  |  |  |  |  |  |
| 11:10～12:00 | 館 |  |  |  |  |  |  |
| 12:00～12:30 | 午餐 | 午餐 | 午餐 | 午餐 | 午餐 | 午餐 | 午餐 |
| 12:30～1:00 | 午休 | 午休 | 午休 | 午休 | 午休 | 午休 | 午休 |
| 1:10～2:00 |  |  |  |  |  |  |  |
| 2:10～3:00 | 聽 |  |  |  |  | 到 | 看 |
| 3:10～4:00 | 演 |  |  |  |  | 圖 | 電 |
| 4:00～4:30 | 講 | 看 | 開 |  | 看 | 書 | 影 |
| 4:30～5:00 |  |  |  |  |  | 館 | 逛 |
| 5:00～6:00 |  | 書 | 開 |  | 書 |  | 街 |
| 6:00～6:30 | 晚餐 | 晚餐 | 晚餐 | 晚餐 | 晚餐 | 晚餐 | 晚餐 |
| 6:30～7:30 | 約 | 看 | 看 | 約 | 看 | 社團 | 看 |
| 7:30～8:00 |  |  |  |  |  | 活動 |  |
| 8:00～10:00 | 會 | 書 | 書 | 會 | 書 |  | 書 |
| 10:00 | 就寢 | 就寢 | 就寢 | 就寢 | 就寢 | 就寢 | 就寢 |

註：灰底表示固定上課時間。

## （四）每日活動時間預定表與工作事項備忘卡的製作

當你有了適切的週計畫表之後，可以進一步規劃每日活動時間表，透過
縝密的時段安排可更有效地運用時間。表 4-7 是某國中生之某一天的活動時
間預定表。

表 4-7 某國中生之某一天的活動時間預定表

| 時　　間 | 活　　　　　　　動 |
| --- | --- |
| 7:00～7:15 | 起床、盥洗 |
| 7:15～7:35 | 吃早餐 |
| 7:35～8:00 | 上學（通勤） |
| 8:10～9:00 | 上數學課 |
| 9:10～10:00 | 上英文課 |
| 10:10～11:00 | 上歷史課 |
| 11:10～12:00 | 上國文課 |
| 12:00～12:30 | 吃中餐 |
| 12:30～1:00 | 休息 |
| 1:10～2:00 | 上體育課 |
| 2:10～3:00 | 上工藝課 |
| 3:10～4:00 | 自習 |
| 4:00～4:30 | 降旗 |
| 4:30～5:00 | 回家（通車） |
| 5:00～6:00 | 看報紙、雜誌、玩電腦 |
| 6:00～6:30 | 吃晚餐 |
| 6:30～7:30 | 看電視 |
| 7:30～8:00 | 盥洗 |
| 8:00～10:00 | 做功課 |
| 10:00 | 就寢 |

　　為了要有效利用時間，我們可以準備約 8 公分×12 公分的小卡片或小記事本做備忘表，將每天要完成的工作列在上面，並隨身攜帶此備忘卡。將備忘卡上的事項依重要性排優先順序，每完成一項工作時，便將該項工作劃掉或打勾。它的用處就是在提醒我們要善用時間去完成最優先的事務。表 4-8 是某生某日的工作事項備忘卡，可供參考。

**表 4-8　某生某日的工作事項備忘卡**

```
日期　　3/15　　星期五
──────────────────
讀書事項：
☑　八點前背熟第五課英文單字

☑　準備週三的數學週考

☑　寫歷史作業

☐　抄英文筆記


個人事項：
☑　給舅舅寫信

☐　到照相館洗相片

☐　買英文參考書

☐
```

# 三、寒暑假讀書計畫與考前一個月作戰計畫

　　對於中學生而言，除了每學期的讀書計畫外，尚有寒暑假讀書計畫，以及國三、高三畢業後所面臨的考前一個月作戰計畫。這兩種讀書計畫的目標雖不同，但訂定的原則相同。請設想寒暑假在即或距離考試尚有一個月，參考前述原則，練習訂定這兩種讀書計畫。

　　暑假讀書計畫之訂定，可以安排比平常較多的休閒活動，至於讀書學習方面，仍以復習舊課程為主。首先，應將暑假要做的事列出，再依重要性排序如表4-9所示。目標確定後，便將大目標分成許多小目標分別填入月曆表、週計畫表和日曆表內。表4-10是某生暑假之某週計畫表。至於暑假月曆表及日曆表，請參考前述的原則自行練習訂定。

　　至於國三或高三學生在畢業後距離考前尚有一個月，如能善加利用，可達到事半功倍的效果，它往往是考生最後致勝的關鍵。有關考前一個月及一週之應試計畫表，請參考前述原則與方法自行練習訂定。

**表 4-9** 暑假要完成的部分目標示例

| 讀書事項 | 依照重要性排序 |
|---|---|
| 復習國一和國二的課程 | 1. 參加學校暑期輔導課 |
| 參加學校暑期輔導 | 2. 復習國一和國二的課程 |
| 準備第一次模擬考 | 3. 準備第一次模擬考 |
| 看課外讀物 | 4. 看課外讀物 |
| 個人事項 | 依照重要性排序 |
| 學會游泳 | 1. 參加英語會話班 |
| 看電影 | 2. 學會游泳 |
| 參加英語會話班 | 3. 完成一個汽車模型 |
| 完成一個汽車模型 | 4. 看電影 |

表 4-10 某生暑假之某週計畫表

| 時間 | 星期日 | 星期一 | 星期二 | 星期三 | 星期四 | 星期五 | 星期六 |
|---|---|---|---|---|---|---|---|
| 7:00 | 起床 | 起床 | 起床 | 起床 | 起床 | 起床 | 起床 |
| 8:00 | 彈性時間 | 暑期輔導課 | 暑期輔導課 | 暑期輔導課 | 暑期輔導課 | 暑期輔導課 | 打籃球 |
| 9:00 | | | | | | | 打籃球 |
| 10:00 | | | | | | | 看電影 |
| 11:00 | | | | | | | 看電影 |
| 12:00 | 作模型 | | | | | | 看電影 |
| 1:00 | 午餐 | 午餐 | 午餐 | 午餐 | 午餐 | 午餐 | 午餐 |
| 2:00 | 休息 | 休息 | 休息 | 休息 | 休息 | 休息 | 休息 |
| 3:00 | 游泳 | 上英語會話課 | 游泳 | 上英語會話課 | 游泳 | 上英語會話課 | 復習歷史(一)第一至三單元 |
| 4:00 | 游泳 | 上英語會話課 | 游泳 | 上英語會話課 | 游泳 | 上英語會話課 | |
| 5:00 | 看課外書籍或雜誌 | 寫功課 | 寫功課 | 寫功課 | 寫功課 | 寫功課 | 作模型 |
| 6:00 | 看電視或報紙 | 看電視或報紙 | 看電視或報紙 | 看電視或報紙 | 看電視或報紙 | 看電視或報紙 | 看課外讀物 |
| 7:00 | 晚餐 | 晚餐 | 晚餐 | 晚餐 | 晚餐 | 晚餐 | 晚餐 |
| 8:00 | 復習數學(一)全冊 | 復習數學(一)第一至第三單元 | 復習數學(一)第四至第五單元 | 復習數學(一)第六至第七單元 | 復習數學(一)第八至第九單元 | 復習數學(一)第十單元 | 看電視和家人聚會聊天 |
| 9:00 | 寫數學復習卷 | 復習英文(一)第一至第六課 | 復習英文(一)第七至第九課 | 復習英文(一)第十至第十二課 | 復習英文(二)第一至第三課 | 復習英文(二)第四至第六課 | 復習英文(一)全冊 |
| 10:00 | 檢討並訂定下週讀書計畫 | 復習國文(一)第一至第三課 | 復習生物(一)第一至第五課 | 復習健教(一)第一至第五課 | 復習國文(一)第四至第六課 | 復習地理(一)第一至第三課 | 寫英文(一)復習考卷 |
| 11:00 | 就寢 | 就寢 | 就寢 | 就寢 | 就寢 | 就寢 | 就寢 |

# 第四節　時間管理的方法

現代社會的特徵之一是知識爆發，終身學習時代已來臨，很多人雖然忙於學習，但總覺得時間不夠用，好像是時間的奴隸一般。時間管理的目的即在於妥善規劃時間，使每個人成為時間的主人，以發揮最大的學習效能。本節將介紹有效的時間管理原則與方法，以供參考（黑川康正，1989，1990；劉興賢譯，1976）。

## 一、時間管理的原則與方法

### （一）Parkinson 法則（Parkinson's Law）

C. N. Parkinson認為，工作時間愈充裕，工作進度就愈緩慢，也就是說，工作總是要拖到最後一刻才完成。為了要避免這種拖延的現象，最好的方法就是將完成工作的期限提前，如此便可使閒散的時間緊縮，提高時間的效用。

### （二）Pareto 法則（Pareto Principle）

經濟學家 Vilfredo Pareto 提出「八〇二〇法則」，其意思是如果所有的事情依重要性排列，那百分之八十的價值通常僅由事務中的前百分之二十來產生，另外剩下百分之二十的價值才由剩下百分之八十的事務產生，例如：百分之八十的成就感，來自百分之二十的成功事件；因此，為了創造更多的價值，就須把百分之八十的時間投注在百分之二十的最重要事項上。為了實踐這個法則，每個人必須對自己的人生目標或學習目標，依其重要性排列優先順序，然後選擇最重要的目標努力完成。

人生目標或學習目標，依其優先順序，可以區分為下列四種，每個人必須慎思明辨，區分優先順序，並將之納入長程、中程與短期學習計畫中：

1. 重要且緊急：有些事很重要，而且必須緊急處理，例如：突然得重病，因為它重要且緊急，所以我們勢必會把此類事務列為第一優先順位。

2. 重要但不緊急：有些事很重要，但沒有急迫性，如平時投資此項工作時間不多，未來收穫卻很豐碩，其實生活中的大部分工作都屬於此類性質，我們往往加以拖延。在 Parkinson 法則下，大部分的人生目標、學習目標計畫都被擱置或忽略了——例如：出國進修計畫或健康維護目標都是，由於沒有急迫性，往往都會被延期或忽略；相反地，懂得運用時間的人，便能清楚地把這些目標列入長程、中程學習計畫中。

3. 緊急但不重要：有些事具有急迫性，但並不重要，例如：臨時被告知明天需參加好友的生日聚會、被通知要參加道安演習等事務，它們的重要性是比較低的，但由於環境或時間的要求，我們只好先處理此類事務。事實上，我們往往為這類事務所羈絆，而使重要的計畫無法如期完成。

4. 不緊急也不重要：這類事如聊天、交友等，可擺在第四順位來處理。

## （三）破除完美主義的迷思

完美主義者總想把事情做得盡善盡美才罷休，他們常因害怕犯錯，往往妨礙其他工作的進行。

## （四）善用零碎時間

例如：利用通勤、等車的時間，可用來閱讀報紙、背英文單字等。

## （五）善用筆記本

　　將每日的待辦事項排出優先順序後，用色筆在事件上做記號，來區分不同的重要性。記事本的好處是可以隨時將重要事情登錄，提醒自己計畫的進度，同時亦可檢視工作內容之重要性。記事本最好能和每日計畫表合併使用。

## （六）學會說「不」的藝術

　　懂得拒絕的藝術，可以避免不必要的人情干擾，可節省時間應用在重要的事情上。

## （七）將相關的工作一氣呵成，可節省時間

　　可將相關的工作集合在同一時段完成，可節省時間。

## （八）隨時檢視時間是怎麼樣浪費掉的

　　例如：猶疑、拖延、漫無目標與計畫、體力不支等。

## （九）以星期天作為一週的開始，可避免「週一症」

　　很多學生因星期天玩得太累了，到了星期一時犯了「週一憂鬱症」，情緒低落和無精打采。如能以星期天作為一週的開始，在星期天就安排一些工作，可提早進入工作的情緒。

## （十）把手錶撥快三分鐘，避免遲到習慣

## （十一）使讀書和工作的環境清爽俐落

如果每次讀書或工作前都必須在雜亂無章的桌上尋找資料的話，必定會浪費很多時間。因此，布置一個有效率的工作環境，方便工作之進行，才能達到事半功倍的效果。

1. 重要且常用的東西平常要就定位。
2. 工作桌上要乾淨俐落。
3. 不用的東西定期清除。
4. 書籍、資料、文件檔案須分門別類、貼標籤，整齊有序地擺放在櫃子裡。

## （十二）善用現代化電子設備

1. 利用電話及答錄機，可以節省時間，並過濾不必要的事情。
2. 盡量利用傳真機、影印機、計算機這些科技成品來分擔工作，尤其是在家事處理上，熟練地使用機器可爭取更多時間。
3. 善用電腦做文書處理、傳送電子郵件、蒐集資訊及透過網路進行學習。

## （十三）善用讀書技巧與學習策略

1. 學會速讀、精讀、綜合閱讀等，可以增進閱讀速度。
2. 利用精神最佳的時段來學習困難的科目。
3. 每天利用固定時間來讀書，通常分散練習比集中練習要好。
4. 在固定的地方讀書，養成專注的習慣。

5.讀書時盡量離開電話，避免被電話干擾。

6.善用讀書技巧與學習策略，諸如SQ3R、記憶術、動機策略、認知策略、後設認知策略等，可節省時間。

## （十四）學會壓力管理可以增進學習效率

適當的壓力可增強學習動機，但當壓力超過負荷時，就會出現失眠、頭痛、疲倦、腸胃不適、焦慮不安等生理、心理、情緒或行為的症狀，因而減低學習效率；因此，學會自我調適與壓力管理，才能充分發揮潛能。以下是一些壓力管理的基本原則（朱偉雄譯，1994；Gall et al., 1990）：

1.檢視壓力源，並設法找出對策。

2.安排適當的休閒、娛樂與運動，藉以鬆弛身心。

3.適當飲食，增強體力，保持身體健康。

4.學習放鬆技巧，如禪坐、深呼吸、肌肉放鬆等技巧，以降低學習壓力。

5.檢視是否有非理性想法與不適切的自我評價，應抱持樂觀態度來面對壓力、解決問題。

## 二、學習計畫與時間管理如何落實

一般人對學習計畫的訂定與執行態度，常見的情形正如同原先計畫每天寫日記，從開始的雄心大志，漸漸衰竭，進而變成週記、月記，最後無疾而終；因此，如何落實學習計畫與時間管理，是一項重要關鍵。本書第二章「學習動機輔導」的方法，包括行為論、人本主義、認知論的動機策略對學習計畫的落實，有相當大的促進動力，具有參考價值。

以增強原理而言，增強方法可包括自我增強與他人增強。自我增強是當自訂的小目標達成時，即自我獎勵，例如：吃自己喜歡的東西、放鬆聽一段音樂等；他人增強可透過和要好同學、父母或老師之間的相互約定，當自訂

的小目標達成時，同學間可相互鼓勵與打氣，或由父母、老師提供的物質或社會性增強，皆可維持計畫執行的動力。

　　最後，Alderman 的「成就動機取向模式」及 McCombs 的「動機技巧訓練方案」是整合型方案，更具有參考價值。

## 自我評量題目

1. 試述學習計畫的重要性。

2. 試述人生目標的類型。

3. 試訂定你個人的長程學習計畫。

4. 試訂定你個人的中程學習計畫。

5. 試述訂定短期學習計畫的原則。

6. 試訂定你個人的短期學習計畫。

7. 試述如何應用時間管理的方法與原則以增進學習效能。

## 中文部分

王秀槐（2015）。大學志願選填：從大學差很大，學生差更大談升學輔導。載於大學校院與高中職伙伴關係建立：促進學生學習發展研討會簡報檔。2015 年 5 月 8 日於國立臺灣師範大學綜合大樓 5 樓。

古　德（1991）。一生的學習計畫。臺北市：授業。

朱偉雄（譯）（1994）。扣準時機的節奏（原作者：D. Waitley）。臺北市：天下。

何英奇（2015）。大學志願選填：從大學差很大，學生差更大談升學輔導。載於大學校院與高中職伙伴關係建立：促進學生學習發展研討會簡報檔。2015 年 5 月 8 日於國立臺灣師範大學綜合大樓 5 樓。

黑川康正（1989）。分秒智慧學。臺北市：新潮社。

黑川康正（1990）。速學術。臺北市：新潮社。

劉興賢（譯）（1976）。時間、人生與成功（原作者：A. Lakein）。臺北市：文泉。

## 英文部分

Devine, T. G., & Meagher, L. D. (1989). *Mastering study skills*. Englewood, NJ: Prentice-Hall.

Gall, M. D., Gall, J. P., Jacobsen, D. R., & Bullock, T. L. (1990). *Tools for learning*. Alexandria, VA: Association for Supervision and Curriculum Development.

Langan, J. (1982). *Reading and study skills* (2nd ed.). New York, NY: McGraw-Hill.

Semones, J. K. (1991). *Effective study skills*. Orlando, FL: Holt, Rinehart & Winston.

Usova, G. M. (1989). *Efficient study strategies*. Pacific Grove, CA: Brooks/Cole.

# CHAPTER 5

# 升學輔導

周文欽

## 學習目標

詳讀本章後，學習者應能達到下列目標：

1. 了解升學主義的涵義。
2. 了解升學主義的弊害。
3. 了解消除升學主義弊害的策略。
4. 了解升學輔導的意義。
5. 了解升學輔導的功能。
6. 說出升學輔導的範圍，並能分辨其差異。
7. 了解升學輔導的原則，並能實踐之。

# 摘要

「升學主義」最可查考的出處，是 1953 年的〈民生主義育樂兩篇補述〉一文。升學主義的弊害有：(1)「教」與「學」都違背了教學原理；(2)窄化了學生的視野，並扭曲了學生的價值觀；(3)缺乏適應生活的能力；(4)編班不當與惡性補習；(5)越區就學與越區升學蔚為時尚；(6)擴大了城鄉學校教育的差距。消除升學主義弊害的策略有：(1)延長國民教育的年限；(2)落實輔導工作；(3)縮短城鄉教育間的差距；(4)改進入學制度。

升學輔導是指，運用輔導這個專業知能，協助被輔導者了解升學的真諦，並依其個人的身心特質與社經背景，成功地達成升學的目的，並消除升學所帶來的各項不適應因素之歷程。升學輔導的功能有：(1)了解升學可能性的因素；(2)認識升學的途徑與方向；(3)規劃學習生涯；(4)加強心理適應。升學輔導的範圍，可依輔導內涵、輔導對象、輔導人數，以及升學階段加以分類。升學輔導的原則有：(1)了解國中及高中職畢業生的升學方法；(2)了解性向及興趣；(3)增強動機並培養廣泛興趣；(4)因應個別差異；(5)提供升學管道的資源；(6)發展有效的學習方法；(7)消除或減低壓力與焦慮。

在現今的教育環境裡，升學是絕大多數學生學習生涯中最主要的目標，惟因主、客觀條件的限制，致並非每個學子都能達其升學的目標，也並非每個學子都能了解升學的真義。職是，升學輔導就有其需求性與重要性，在人生全程的學習輔導中占有關鍵性的地位。論及升學輔導，不得不申述升學主義下對人們的影響；否則，升學輔導會流於泛談，而無法落實之。準此，本章首先論述升學主義的要義及其對教育體制與學子們的衝擊，接著闡釋升學輔導的涵義，最後說明升學輔導的方法。

## 第一節　升學主義面面觀

「升學主義」可說是國內教育發展中，一個異常奇特的產物，大凡有關教育改革的聲浪，特別是升學制度與教學正常化的議題，都會將矛頭指向這個詞彙。因此，升學主義這一原本中性的詞彙，在國內的教育專業領域裡，就常被賦予極為負面的意涵。然而，升學主義的真正意涵，卻是言人人殊，莫衷一是；在論述升學輔導之前，勢必要釐清升學主義的有關概念。

## 一、升學主義的涵義

「升學主義」這個詞彙，可說是近數十年來國內論及教育問題時，最常被提及的字眼之一（王震武，2002；張郁雯、林文瑛，2003）。「升學主義」一詞最可查考的出處，是在 1953 年先總統　蔣公所著的〈民生主義育樂兩篇補述〉一文中，他在該文並沒有對「升學主義」作出明確的定義，僅述及：「這是小學和中學教育的根本缺點。」接著再申述其概念：「小學課程是為了升入中學作準備，中學課程是為了升入大學作準備。中小學課程沒有幫助中小學生教他們在家庭怎樣做子弟，更沒有教那些不能升入中學和大學的中小學生怎樣求生活。」依　蔣公的觀點論之，可以推知升學主義指的是

課程安排不當，課程只為升學作準備，而欠缺為人處事及生活準備的教育內容。隨著歲月的更迭，升學主義依然是毫無根除的跡象，甚且有愈演愈烈的趨勢；但是，升學主義的涵義必須另作詮釋，才能說明現今籠罩在升學主義下的教育問題。

我們的社會（特別是在教育領域裡）為何充斥著升學主義？就有學者深入探討這個問題。王震武（2002）從歷史觀察的觀點提出論述，他認為在文化傳統中，人們大都持有「萬般皆下品，唯有讀書高」的價值取向，是以人人爭著「升學」當讀書人；準此，「升學主義」是源之於傳統的「士大夫觀念」。另一論者顏學誠（2014）從社會學（社會秩序）的觀點，認為社會下層階級者不服輸、不認分，硬拚到底的翻身企圖（向上的社會流動）是升學主義的源頭；它要我們不相信「龍生龍，鳳生鳳，老鼠的兒子會打洞」，它要我們相信努力終將有回報，同時它也象徵的是老百姓相信國家能公正進行考試，並以考試成績來分配資源（第135頁）。

升學主義到底是什麼？劉國兆（2013）綜合學者的論述，認為：「升學主義是一種以升學績效為導向，並以此作為教育決策、分配教育資源以及學習活動與時間分配的思維模式，不僅忽視學生主體的意願、性向、才能，更往往因此而付出影響學生身心發展及違反教育原理原則等諸多代價（第75頁）。」王震武、林文瑛（引自張郁雯、林文瑛，2003，第168頁）整理出四種對升學主義的代表性看法：

1. 升學主義是對教育抱持高度的信心和希望，因此是提升臺灣教育水準的可貴動力，更是臺灣教育的特色和優點。
2. 所謂升學主義就是不顧個人的性向、才能，拚命為「升學」而升學的現象。
3. 當個人不計一切健康上、人格發展上、經濟上的代價，但求升學，便是升學主義。
4. 學校一切活動的目的都該是在為升學作準備，為了達成這個目標，不惜違反法令規章和公認的教育原理。

基此代表性的看法，張郁雯、林文瑛（2003，第168頁）提出「升學主

義」的四種意涵：

　　1. 一個關於升學的「不理性的想法」。

　　2. 根據前述不理性想法產生的某些行為「傷害了個人」。

　　3. 另一些行為則讓「學校走樣」。

　　4. 其後果則是，社會未蒙其利，反受其害。

　　此時此刻，當我們說到升學主義時，不僅僅是指課程的安排失當，最重要的是指，人們受教育的目的都是在為升學作準備，而忽略了其他的一切教育功能。因此，當大家都拚命地為「升學」而升學，而不顧及自己或當事人的性向、才能、人格特質、興趣動機、社經背景，以及將來畢業後對個人與社會所可能發揮的功能時，「升學主義」即相應而生。在升學主義的潮流下，升學固然是追求更多及更好教育機會的合理手段，但是卻忽略了個人是否宜升學或應當就讀哪所學校或科系的考慮。職是，升學並非是追求適宜教育的一種合理手段，而只是一種盲目的順從及為「升學」而升學的求同行為，結果乃使升學成為絕對的目的，人們便不再認真追究所以要升學的根本原因了（楊國樞、葉啟政，1984，第 360 頁）。像此種只為升學作準備的教育，其影響層面非常廣泛，所受的衝擊既深且遠。伍振鷟（1989）就曾直言指出，今天臺灣的教育，幾乎全是升學的教育；甚至可以說，今天臺灣所有的教育問題，都是升學主義造成的，亦不為過。

　　概括言之，受升學主義所影響的對象有學生本人、學生家長，甚或是所有從事教學的人員、教育執行者與有司，亦無不在它的影響之下；而受其衝擊的層面，則涵蓋了家庭、社會與整個教育體制。因此，升學主義的主要成因，是在社會而非在學校；學校只是受到社會的影響，處理升學主義所產生的問題，而不是升學主義的形成機構（林清江，1981）。準此，就有學者從社會學的觀點，將升學主義下的教育問題視為是一種「社會問題」，因為彼等認為升學主義的教育現象符合了下述四個條件（楊國樞、葉啟政，1984）：

　　1. 不符教育理想，偏離正常教育的規範與標準。

　　2. 很少有人可以完全免於升學主義的災難，總會直接或間接地受到它的

折磨，因此，其呈現的教育問題是嚴重性和廣泛性的。

3. 升學主義的影響因素普遍存在於社會，也深植在人們的心目中，並不是個人或少數人所能負責的，而是全體社會成員推動出來的結果。

4. 學者及各界人士不斷地提出謀求解決升學主義下所衍生之教育問題的辦法。

## 二、升學主義的弊害

升學主義下的教育問題，既被視為是一種社會問題，那麼其弊害與缺失也就值得我們深入省思，俾利提出改進之道。教育部（2003，第 3 頁）就曾指出升學主義對國中教育產生的弊害，如下所述：

> 由於升學主義的影響，聯考制度造成國中教學偏重智育、學生課業負擔繁重、並連帶產生能力分班、越區就讀、惡補、體罰等不正常現象，嚴重影響國中學生身心發展，殊堪憂慮。仔細分析這些國中教育所面臨的問題，主要乃在於升學競爭、聯考壓力所引起，如果只從改進國中教育本身著手，勢必仍無法根本解決問題。

誠為的論，近年各級學校的入學方式雖已取消聯考制度，代之以「國中自願就學方案」和「高中及高職多元入學方案」，然此些方案所依據的「國民中學學生基本學力測驗」、「國中教育會考」、「學科能力測驗」與「指定科目考試」等各種測驗或考試，對國、高中教育教學與學生產生的弊害或壓力依然沒因之而減少或降低。

王震武、林文瑛（2007）曾統計 1976 至 1993 年出現於「中國時報」和「聯合報」的各項「教育問題」之新聞報導，其中體罰、惡補、參考書、測驗卷、能力分班等問題，所占的比例約為三成，這些現象都可以算是典型的「升學主義」現象（引自王震武，2002，第 9 頁）。郭為藩（1987）指出，升學主義特別顯著的危害有下述五點：

1. 考試領導教學。

2. 不完整的教育。

3. 惡性補習的泛濫。

4. 不關心時務與國事。

5. 越區就讀。

伍振鷟（1989）則認為，升學競爭下的弊害有下列諸端：惡補、體罰、能力分班、教學不正常，以及學生生活備受煎熬。楊國樞、葉啟政（1984）亦提及，升學主義下的教育問題有教材失當、教法偏頗、科目失衡，以及忽視學生的輔導工作；渠等又指出，升學主義對個人與社會的負面影響有：(1)學生缺乏生活適應能力；(2)窄化個人的價值與尊嚴；(3)埋沒個人的性向與秉賦；(4)阻礙興趣與情緒的發展；(5)造成選才制度的僵化；(6)產生「學非所用」及「大才小用」的心態。中央日報（1989）亦曾在社論中直言，在升學主義下的國中教育普遍存在著三病：越區就讀多、平時測驗多、校外補習多。

在升學主義掛帥下，各階段聯考所產生的壓力，對於青少年學子的身心健康及生活適應均有負面的影響。相關的研究顯示，聯考是臺灣學生最常見的壓力事件之一，其強度在世界各國中極為少見；聯考是造成高中學生中途離校的主要原因，也是在校學生所擔心的主要事件；聯考壓力會影響到學生之認知困擾與情緒反應（陳秉華，1983；蔡崇振，1977；藍采風，1982）。

王珮玲（1987）在高中聯考壓力與國中身心健康的研究中顯示，在高中聯考壓力下，國中男女生都面臨相同的壓力，可是女生的身心症狀卻比男生多；明星國中學生的升學壓力高於非明星國中學生，其身心健康也較差；在年級的差異上，聯考壓力症候的發生與嚴重性，隨著年級而有逐漸升高的傾向。張珏（1987）在探討大專聯考壓力症候群的研究中發現，聯考壓力對參加聯考的高中生造成身心症狀上的壓力；聯考壓力在生理、心理、身心症狀、焦慮不安與社會退縮行為上，也呈現增高的現象。

升學主義影響最大的教育階段是中等教育，其中影響最顯著的是，國中學生均以認真讀書與準備升學，作為在國中讀書的最重要目標。為了達到升

學的最高目標，父母期望子女就讀之學校以未來的出路為主，甚少考慮離家之遠近；至於學生則以學校的聲望及升大學的升學率為選擇的標的。因此，國中畢業生升學是以升學率高的「明星高中」馬首是瞻，而這些明星高中凌駕他校的絕對優勢，促使學生們不惜夙興夜寐，長途通學，甚至不惜捨近求遠，遷移至都會區就讀明星高中（郭為藩，1987）。明星高中的突出聲望與表現，會令人產生錯覺，誤認為那是由於教學成效特優所致，其實那是升學主義下各地優等生自動集中造成的結果（張春興，1986）。由於明星高中的存在，使得國中階段學生大量越區就讀，學校實施不當教學，惡性補習復燃。又因明星高中的存在，使得一般高中招收不到優秀學生，致影響學校辦學士氣，學校地位毫無改善與提升之可能，進而使鄉村高中教育衰退。對於都會區的明星高中而言，或因增班而造成規模過於龐大，管理與教學都很難；或因為保有明星高中的封號，導致教學不正常。如此兩極化的發展，使得高中教育的城鄉差距愈拉愈大；再者，有些家庭為了孩子就讀明星高中而遷居到城市，加速了鄉村人口向城市集中的現象。此外，由於成績好的高中生愈來愈集中於少數的所謂明星高中，而使得鄉下高中迫於升學率低落，愈來愈失去吸引力，使得高級中學的校數日益減少，這誠是中學教育的一大隱憂。

張春興（1986）在〈高級中等教育的發展與檢討〉一文中指出，明星高中的存在對於整個高級中學教育而言，至少有以下四點不良影響：第一，各高中水準之參差愈來愈大，大都市之外較偏遠地區高中無法發展，既不利於辦學，也不利於地方文化；第二，影響多數學校教師教學與學生求學的士氣，升學既無希望，教學自失信心；第三，因明星高中保證升學的假象，造成學生擠向明星學校升學的狂熱，因而導致國中補習的益形惡化；第四，因越區升學與越區就學，既造成外埠學生生活適應困難，也加多學校對學生輔導與照顧的困難。李建興（1988）更進一步指出，激烈的國中升學競爭，其主要原因為多數人想進明星高中，致衍生考試領導教學、學生越區就讀、升學班與放牛班之產生，以及惡性補習等流弊。一般的教師與家長都深知明星高中之缺失，卻又鼓勵其學生和子女就讀明星高中；由此可見，明星高中的

存在是難以根除的。一言以蔽之，明星高中的存在，使得國中教學不正常，增大了高中教育的城鄉差距，而且還導致了國中畢業生的越區升學。

綜上所述，升學主義的弊害可歸納如下：

1. 「教」與「學」都違背了教育原理：教師只教升學考試所要考的教材與科目，教法只注重能增進學生機械式記憶的填鴨式教育；學生只學升學考試所要考的科目，對於不考的科目只求虛應故事。因此，教師只盡「授業」之責，學生則只習得零碎的知識，不知為人處事為何物。

2. 窄化了學生的視野，並扭曲了學生的價值觀：學生的生活空間僅止於等身的書堆與考不勝考的考試，為升學而考試，為考試而讀書，不關心世局國事，不知曉周遭環境人情，其最高的價值是升學成功，而且是就讀人人羨慕的明星學校，至於是否符合自己的意願與性向，則不予聞問。

3. 缺乏適應生活的能力：在各類考試的強大壓力下，學生的生活適應普遍不佳；而且又因視野狹隘、價值偏差，所以基本的生活技能常付諸闕如，致一遇挫折或逆境就難以因應。

4. 編班不當與惡性補習：學校為了升學考試教學上的方便，採取了不當的因「材」分班，致使「升學班」師生有志一同為考試而全力衝刺，「放牛班」則是師生同聲放棄，終日不知所為何事。再者，為了使升學多一層保障，於是惡性補習處處可見，導致教育風氣日益敗壞，學生身心亦受到嚴重殘害。

5. 越區就學與越區升學蔚為時尚：為達到升學「明星學校」的目的，因此在國小、國中階段越區就學，高中階段則遷移至都會區越區升學。越區的結果，使得各級學校漸朝向「優」與「劣」兩極化發展，家長也為了子女的越區就學與越區升學而投下不少的心力與財力，甚且加速了臺灣地區內的人口遷移。

6. 擴大了城鄉學校教育的差距：越區就學與越區升學的最明顯效應是，優等生集中於都會區的明星學校，鄉村地區的學校則因學生數減少，

而面臨存廢關頭；再者，教師在擇英才而教之的前提下，城鄉學校教育差距的增大，也就難以避免。

## 三、消除升學主義弊害的策略

為了消除升學主義下的諸多弊害，教育執事者及學者們也就責無旁貸地提出各種方案與措施以為因應。無可否認的，由於九年國民義務教育的實施，使得國小的升學問題已不再那麼為人所重視；因此，論及消除升學主義弊害的策略，大都著墨於國中與高中階段。林清江（1981）認為，袪除升學主義的不良影響，可透過國民中學的教育與輔導來達成：(1)協助國中學生體驗就業生活，改變不當之升學意願；(2)加強國中輔導工作，並加強升學與就業輔導措施；(3)教師宜針對實際需要，處理學生問題；(4)經由可行途徑，發揮同儕團體的積極影響力量，影響學生的升學與就業意願；(5)結合學校、家庭與社會的力量，培養學生合適的升學與就業觀念。此外，林清江亦提出大學入學考試的改進之道，以改變升學主義的不利影響，他的建議有：以高中階段教育成就的繼續性評量成績，取代部分入學考試的學習功能；大學入學考試的科目及內容，可隨社會需要適度更易；標準化的成就測驗宜逐漸取代臨時命題的成就測驗。

楊國樞、葉啟政（1984）提出了一些可以抑制升學主義蔓延惡化的治標工作：(1)鼓勵增辦夠水準的大專、高中及高職學校；(2)盡量縮小同級學校間素質的差距；(3)突破各級職業學校升學及就業的瓶頸；(4)確實推行輔導工作；(5)公布社會中職業市場的實際情形；(6)修訂各級學校的課程內容。

郭為藩（1987）則認為，緩和升學主義的一般措施有：(1)徹底限制班際的統一考試；(2)禁止學校採取同質能力分班；(3)改進入學考試命題技術；(4)縮小城鄉教育差距。他又認為，目前升學主義愈演愈烈，與聯招制度有密切的關係，因此，改進入學制度亦可緩和升學主義。郭為藩提出的改進入學制度的可行方案有：(1)將高中三年或國中三年學業成績併計於聯招總分的辦法；(2)採行校群招生制，同時採平均分配制；(3)擴大辦理甄選保送制度；(4)

適量增加升學機會。李建興（1988）也指出，升學主義下的激烈升學競爭造成國中教育的諸多流弊，解決之道應從改善招生方式著手：(1)改進聯招方式；(2)擴大保送制度；(3)採小型聯招，並用平均分配制；(4)延長國民義務教育為十二年。

綜合上述諸家的論點，我們可將消除或緩和中學升學主義弊害的策略歸納如下。

## （一）延長國民教育的年限

延長國民教育年限的擬議源於 1990 年的「延長國民教育：自願就學高級中等學校方案」（教育部，1990），該方案即準備將國民教育延長至十二年，並明訂實施目標之一是在：「緩和升學壓力，促進國中教學正常化，培養五育均衡發展之國民。」經多年規劃，於 2014 年起施行「十二年國民基本教育」（簡稱十二年國教），正式將九年國教延長至十二年。此十二年國教的總體目標之一即在：「有效舒緩過度升學壓力，引導國中正常教學與五育均衡發展」（十二年國民基本教育，無日期）。

## （二）落實輔導工作

使學生確實能了解自己的性向、興趣、成就、社經背景、外在環境，以及生涯發展方向；並進一步實施家長輔導，使家長能了解其子弟的最佳發展潛能和目標，以建立學生正確的升學或就業觀念。

## （三）縮短城鄉教育間的差距

現今，國內各地區間之教育機會或教育品質有著顯著的差異，教育資源分配的不均，直接導致了越區就（升）學和教育移民，助長了升學主義的弊害。教育有司或行政當局若能縮小或降低城鄉間的教育差距，相信就能減少越區就學和教育移民所產生的升學主義弊害。

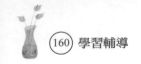

## （四）改進入學制度

　　歷年來對於升學主義弊害所提出的各種改革方案，以此類居首，歸納言之，約有下列諸種改進建議：

　　1.改良命題技術：雖言現今已取消聯考制度，然入學（升高中與大學）的主要依據，還是各種大規模考試（如國中教育會考、學科能力測驗、指定科目考試，以及高中英語能力測驗等）後所得的分數。在此前提下，若能改良命題品質，提高各科試題的鑑別度，並提升整份試卷的信度與效度，而且盡量減少「知識」性，增加「理解、應用、分析、綜合和評鑑」性的題目；則在考試引導教學的教育宿命下，如此作為，或能使國中和高中教學朝正常化發展，不當的教學分班或亦能消弭於無形。

　　2.採行學區報考制：目前國中畢業生所參與的入學考試（如國中教育會考），並無報考學區的限制，因此，為了就讀明星學校，就產生了跨區報考的越區升學（教育移民）現象。久而久之，各校也就朝著「強者愈強，弱者愈弱」的畸形方向發展，校際間與區域間的差距也就難以避免；若能在入學考試的應考條件上，規範報考學區，那麼明星學校、越區升學及城鄉間的教育差距，或可降至最小程度。

　　3.施行會考常態分發入學制度：首先劃分學區，再依據會考成績並加計在校成績，依序分發至學區內的學校就讀。

## 第二節　升學輔導的涵義

　　從前述「升學主義面面觀」一文中可知，由於不當的升學觀念，導致於在升學過程中衍生了不少的弊害，而消除升學主義弊害的策略之一，就是加強學生的輔導工作，尤其是升學輔導的落實。本節的旨趣，即在從升學輔導的意義及功能，論述升學輔導的涵義。

# 一、升學輔導的意義

　　升學是人生學習過程中相當重要的一環，又因體制內的教育分成數個階段，如從國小、國中、高中（職）至大專及研究所等，以致於幾乎每個人在受教育的歷程裡，都要經過數次升學的洗禮。然升學與否以及升學是否順暢或如願，其所涉及的因素都相當廣泛且複雜，而升學的成敗，影響個人之發展至深且鉅。因此，如能在面臨升學之前，給予適宜的升學輔導，則不僅有助於個人的升學抉擇與升學後的各種生活適應，而且亦能降低升學所產生的負面效應，進一步則能消除升學主義所衍生出的弊害。

　　持平而論，升學雖是每個人接受教育中必然會發生的現象，但並非每個人都須走上每一階段的升學之路，仍須視個人的智力、性向、興趣、學業成就與社經背景，以及社會發展與國家建設需要，做出最明智的抉擇。職是之故，所謂升學輔導是指，運用輔導這個專業知能，協助被輔導者了解升學的真諦，並依其個人的身心特質與社經背景，成功地達成升學的目的，並消除升學所帶來的各項不適應因素之歷程。升學輔導的重要項目如下所述（周文欽，1993a）：

1. 建立正確的升學觀念，並輔導其生涯規劃。
2. 提供各項升學資料，如學校、科系性質、內涵與應具備的資格等，以協助學生選擇適當的升學管道。
3. 介紹下一階段之升學學校的概況，必要時可帶領學生前往參觀，或邀請相關人員來校演講介紹之。
4. 在課業上，輔導學生做最佳的準備策略；在心理上，輔導其有最好的生活適應。
5. 了解學生的各項資質與條件，並配合其升學意願與學業成就，做出最適當的輔導。

## 二、升學輔導的功能

誠如前文所言，升學輔導的意義旨在協助受輔導者達成升學的目的，並消除升學所帶來的各種不適應因素；為達成升學的目的及消除升學所帶來的不適應因素，升學輔導就應協助被輔導者發揮下述諸項功能。

## （一）了解升學可能性的因素

當今社會，升學可說是人生發展的重要管道，但並非是唯一的管道，也並非每個人都可達成的管道。因此，升學輔導的首要功能，即在讓學子們深切地了解到升學的可能性為何。經由升學以發展人生，其可能性的影響因素，就個人而言，約有下述諸端。

### 1. 家庭背景

無庸諱言，升學必須考量到家庭的因素，尤以上大學後的升學費用，更須顧及家庭的經濟狀況。因一時的家庭經濟狀況不許可，而中斷升學之路，固然是人生一大憾事，但在當今多元化的社會及終身教育蓬勃的時代裡，或可在對家庭盡人子之責任後，再覓升學時機或管道，或可在工作賺足費用後，再做升學（如出國深造）之計畫。其次，父母親的期望，也是影響升學可能性的家庭背景因素之一；遇到父母親期望與自己的能力、興趣及志願不符合時，就是升學輔導人員可使上力的地方。另一個家庭背景因素是欲升學的人，本身已自組家庭，擁有配偶與子女，甚或是家庭經濟的主要來源者，此種狀況下所可能遇到的衝突和困擾，也是可預見的，例如：孩子年幼，媽媽想繼續進修；或男主人為獲得更高的職位，必須辭掉賴以維生的工作，俾利攻讀高職位所需的博士學位等。

## 2. 身心特質

　　影響個人升學可能性的最重要因素是當事人的身心特質，如身體狀況與心理特質。身體狀況會影響升學的因素，包括體格和健康，例如：體格不符合規定，就可能進不了軍警校院或體育相關的科系或學校；有色盲的人，可能也不太適合攻讀生物、化學或醫學相關的學門。當然，身心特質中與升學最有關的自然是心理特質，例如：學業成績太差，可能參加聯考亦是枉然；性向若以數理較佳，是否選念數理科系較理想；興趣不在醫學，父母卻說為了傳承衣缽，一定要選讀醫學系；每到考試，就產生極高的莫名焦慮。上文提及的學業成績、性向、興趣、焦慮等，事實上都是心理特質的一部分，由此推之，就可發現心理特質與升學可能性的關係。

　　人的心理特質可以分成兩大類：一類是能力特質，另一類是非能力特質。能力（ability）是人的一種認知（cognition）或智能，人就因擁有能力，才能適應外在環境與吸收新知。人之能力以外的心理特質，都屬於非能力特質。人的能力可概略地分成二種：先天天賦的能力與後天習得的能力。先天天賦的能力就是常言所稱的潛能（potentiality），此種與生俱來的能力也可分成兩種，第一種是普通能力（general ability），第二種是特殊能力（specific ability）。心理學上所謂的智力，就是普通能力；所稱的性向，就是特殊能力。智力是指個人此時此地學習事物所具備的先天能力。就廣義的觀點言之，凡是先天天賦的能力（潛能）都可稱為性向，此處的性向概念涵蓋了智力；如從狹義的觀點來看，性向則是專指天賦的特殊能力，它是泛指未來學習事物所具備的能力。狹義觀點的性向又可分成普通性向及特殊性向二種，到美國念研究所要考的 GRE，就是在測量普通性向，而 GMAT 則是在測量特殊性向。後天習得的能力就是成就，此種能力是個人所實際擁有的能力，亦即人經過一段特定時間之學習或訓練之後所獲取的能力，前文所談的學業成績就是成就。人的非能力特質就是一般所稱的人格，它包括了人的態度、動機、興趣、焦慮，以及價值觀等，我們可用圖 5-1 來說明心理特質所含括的範疇。

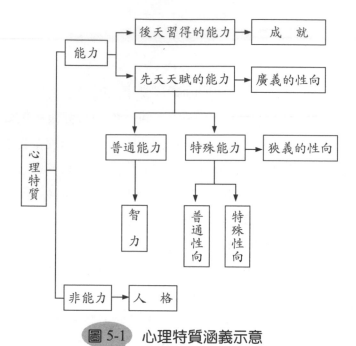

**圖 5-1** 心理特質涵義示意

資料來源：引自周文欽、高熏芳、王俊明（1996）

### 3. 學校性質

　　這裡的學校性質指的是學校的類別，特別是指高中及專校的類別。依據目前的教育環境而言，就讀高中者大都期盼繼續升學，念專校者也想再往大學進修。惟高中分成普通高中與高級職校二種，專校也有二、三及五專之分，各種不同性質之學校的升學可能性，當然就各異其趣，其升學管道及進路也就有很大的不同，例如：普通高中的學子絕大多數以升大學為主要目標，少部分的學子才會以進專校（三專）為目標；念高級職校者，大部分會以升技術學院為主要目標，少部分則會以進專校（二專）及大學為目標；就讀專校的學生大部分會再進技術學院（科技大學）進修，當然還會有少部分的學生直接報考研究所深造。就讀不同性質學校的人，其升學的可能性及可行性，是輔導人員在做升學輔導的重點工作之一。

## （二）認識升學的途徑與方向

在目前的教育時空下，升學的管道已日趨多元化，可供學子們選擇的學校與系科類別已多得不可勝數。在芸芸眾多的學校與系科中，如何去做最佳抉擇，常常會困擾著學子與其家長們。雖然學子們常會以「興趣」來選擇升學的途徑與方向，家長們常會以「發展前途」督促其子女做某種特定的升學選擇，但興趣與發展前途，卻常是一種不切實際與遙不可及的想法，很難對升學選擇提供良好的判斷。比方說，你對心理學有極大的興趣，可是你卻不知心理學是在念什麼？幹什麼？試問在此情況下去念心理學系，能保證有良好的學習適應嗎？再比方說，家長們認為醫生及律師這二種行業很有發展前途，而要其子女們務必要以念醫學系及法律系為唯一目標；姑且不論未來社會中，醫生及律師的發展前途如何，若其子女見血就會產生恐懼，面對陌生人講話就立即臉紅心跳，請問，就算其子女有能力選擇就讀醫學系與法律系，家長們所設定的升學途徑與方向，可算明智嗎？

再者，大學畢業後，如欲繼續進修，在國內進修好呢？抑或是出國深造理想呢？只念到碩士就夠呢？還是修到博士呢？如念研究所，要攻讀哪個領域較有發展性與前瞻性？換言之，大學畢業後的升學途徑與方向又是如何？凡是前述種種升學途徑與方向的問題，升學輔導人員皆可從主、客觀的層面與被輔導者（含學生及其家長）共同協商之，以謀求最佳的升學選擇。主觀層面包括前文所言的個人之身心特質，客觀層面則包括前文所述的家庭背景、學校性質及外在環境的發展趨勢；發展趨勢可如《2000 年大趨勢》這本書所提及的十大發展趨勢：(1)全球經濟景氣；(2)二度文藝復興；(3)社會主義變質；(4)文化貌似神異；(5)民營勢在必行；(6)亞太地區興起；(7)新女性‧新領袖；(8)生物科技革命；(9)世紀末宗教熱；(10)個人戰勝團體（尹萍譯，1990），都是可以思考的方向。

## （三）規劃學習生涯

升學無疑是個人學習生涯中重要的一環，在升學輔導中，學習生涯的規劃就成為重要的功能之一。規劃學習生涯有下述二個要點：

1.規劃升學進程：正常的升學進程，大都是從小學、國中、高中（職）至專校或大學一路循序而進，甚或繼續進研究所深造。惟每個人的主、客觀條件各有不同，因此每個人的升學進程也就各有不同。所以，依據個人的主、客觀條件規劃最適合個人發展的升學進程，是升學輔導中相當重要的一環。

2.擬定讀書計畫：升學是否成功，學業成績的良窳扮演著關鍵性的角色。學業成績是靠後天學習而來，升學者主要的學習方向就是熟讀教科書；不過假如是要往研究所進修，其所須讀的相關教材，就非常廣泛了，比方說：如欲到美國攻讀碩、博士學位，就要研讀相關的資料，以準備 TOFEL 及 GRE 考試。儘管升學者所須讀的教材各有不同，但教材的多與廣是其共同點，為能在有限的時間裡，熟讀多與廣的教材，擬定為升學所需的讀書計畫，將使升學者的學習易收事半功倍之效。擬定升學讀書計畫，最需慎重安排的是參加升學考試前二、三個月前的讀書計畫，其次是參加非科班出身領域之升學考試（如：就讀高職者參加學科能力測驗或指定科目考試；就讀文史科系者報考教育研究所等）之讀書計畫。

## （四）加強心理適應

前文曾提及，升學主義的弊害之一是學生缺乏適應生活的能力。其中，升學壓力下所產生的焦慮與心身症，對升學前途與個人發展的茫然，以及升學失敗後的無助感等心理適應問題，都是升學輔導人員可著力之處。總之，加強升學者的心理適應能力，俾使其都能快快樂樂地升學，即使是升學失敗者，亦能有良好的心理調適，能重新調整步伐，另覓或再尋人生方向。

## 第三節　升學輔導的方法

　　升學輔導有各種不同的方法，常會因升學性質的不同，而採用不同的輔導方法，本節旨在從升學輔導的範圍及原則，分析升學輔導的方法。

## 一、升學輔導的範圍

　　升學輔導的範圍相當廣泛，可依輔導內涵、輔導對象、輔導人數，以及升學階段加以分類，茲分別敘述如下。

## （一）依輔導內涵分

### 1. 學習輔導

　　學習輔導是升學輔導中的最主要項目，其目的在輔導學生擁有一良好的學習生活與環境，以達成最佳的學習成就，俾因應升學考試之需要。其輔導的重點方向如下：

　　(1)了解各個科目之學習與復習的原理、原則和特性，以建立各個科目正確的學習與復習之態度、策略和習慣。

　　(2)在升學考試前的一段時間內（如：一學年或一學期前）擬定復習各個科目的讀書計畫，以便在升學考試時，能使各個應考科目的學業成就達到最佳的狀態。

　　(3)協助應考者改善學習環境，有效運用各種學習資源，以增進學習效果。

## 2. 心理輔導

欲使學習上軌道以及達成最佳的學習效果,常需與心理狀態相配合,此時就要實施心理輔導,俾使應考者能在最佳的心理狀態下,發揮最大的學習潛能,並收到最好的學習效果,其輔導之重點方向如下:

(1)了解應考者的情緒(尤其是在升學考試的前夕),隨時消除或減低升學所帶來的壓力或焦慮。

(2)加強時間管理的能力,使應考者能在有限的時間裡,對課業的學習與復習發揮最大的效果,亦期能在緊張的生活中,使升學前的日子過得更充實和踏實。

(3)引起並維持高昂的學習動機,並培養高度的學習興趣,俾使為升學的學習精神與態度能持之以恆。

(4)提高挫折容忍力及處理為升學而帶來之挫折的處理能力。

## 3. 升學進程輔導

前文曾提及,因每個人的主、客觀條件各有不同,因此每個人的升學進程也就各有不同。退一步言之,就因每個人的條件均有天賦與後天的差異,所以並不能下定論哪一種升學進程好或不好,只能去探究何種升學進程最適合當事人之條件及其所需,故升學進程輔導即在幫助當事人選擇一條最適合與理想的升學進程。當然,在實施升學進程輔導時,也須提供各種可能升學之學校、系科的種類與性質,以及可能發展之展望的相關資料。

# (二)依輔導對象分

## 1. 升學者輔導

升學輔導的主要對象,當然是準備升學的人。升學者絕大部分是在學的

學生，本章稱其為升學者而不稱學生，是因少部分欲升學者，並不是正在學校就讀的學生，例如：離開學校的中輟生、退學生，或正在就業的社會人士等，不同的升學者，其輔導方法與策略當然就會有所不同。本章所稱的各項升學輔導，絕大部分是指升學者的輔導。

## 2. 家屬輔導

升學輔導雖說主要是為升學者而實施的一種輔導方式，然欲升學者所衍生而來的問題與輔導，並不只限於欲升學者之當事人而已；其中會深深影響著升學者之升學行為的主要對象，乃是升學者的家屬，所以在升學輔導中，也有必要對其家屬實施升學輔導。此處所稱的家屬，主要是指升學者的家長（父母）、配偶，甚或是其手足與子女都包括在內。舉個簡單的例子：假如某人要辭去工作前往國外進修博士學位，此時該人的配偶與子女的想法與看法，就勢必會左右進修（升學）的意願與作為；因此，配偶與子女就有必要納入升學輔導裡的家屬輔導了。至於家長與手足在升學輔導中的重要性與需要性，就按且不表。家屬輔導之重點方向如下：

(1)建立正確的升學觀念，協助當事人規劃其生涯。

(2)安排良好的學習環境，俾使當事人能在此環境中，一心為升學而讀書，不致有不必要的干擾情況出現。

(3)了解當事人的升學可能性、途徑與方向，如家屬的認知或期望與當事人有衝突或齟齬時，應化解與調和之，使雙方能取得共識。

(4)協助當事人維持良好的身心狀況，俾使其準備升學之路更加順暢。

## （三）依輔導人數分

這是依據學校對在學學生實施升學輔導時，一次所能輔導的人數來界定其範圍，依此可分為個別輔導與團體輔導。個別輔導的升學輔導，一次只輔導一個人；此種輔導大都是針對有特殊升學問題或困擾的升學者所實施，其

輔導策略比較趨向個別性與獨特性。團體輔導的升學輔導，一次能同時輔導多個人；此種輔導大部分是針對具有共同升學疑惑或是欲取得必知性升學資料的升學者所實施，其輔導策略比較趨向共通性與普遍性。個別輔導所採用的方法以個別諮商為主，團體輔導則以集會演講、現場實地參觀、書面資料提供，以及團體諮商等方法進行之。

## （四）依升學階段分

### 1. 國小學生輔導

國小學生的升學輔導重點，主要集中於小學階段與國中階段之學習特性、生活適應方法的差異處之解說，並輔以參觀鄰近國中之設施與教學方式。

### 2. 國中學生輔導

國中生的升學進路，只有高中（職）與五專二類，而這二類學校大都須經由入學考試（如國中教育會考）才能達成升學的目的；準此，國中生的升學輔導除了介紹高中（職）與五專這二類學校的性質，以及介紹十二年國教的適性入學方式外，其輔導重點是為升學考試而準備的學習輔導。

### 3. 高中、高職學生輔導

高中與高職學生的升學進路截然不同，高中學生主要是往大學升學，少數學生經技職校院升學，高職學生則主要是往技職校院（二技或四技）升學，少部分學生才往大學升學。就因高中與高職學生之升學進路的學校，都有各種學系及科別的設置，而學系及科別的選擇將是人生的一大決定，絲毫馬虎不得。學系及科別的選擇與個人的性向、興趣、時代發展趨勢有關，而且高中與高職學生對現有學系及科別性質的了解通常都是極其有限；因此，高中與高職學生的升學輔導重點，是讓學生們正確地去選擇最適合自己發展

的學系及科別,並了解各大專校院之學系及科別的性質和發展展望。

### 4. 專校學生輔導

專科學校學生的升學進路主要有技職校院(科技大學或稱二技),少部分學生是經由插班考試升大學與直接考研究所。由於專校學生已是依科別性質就讀,其升學的學系大部分都與其原有的專長相符合,不致有太大的差異,所以學系的選擇與了解並非其輔導重點,而是入學考試所定之科目的學習輔導。

### 5. 大學學生輔導

大學學生的升學進路幾乎都是往研究所進修更高的學位,可在國內進修,也可出國深造,而且各個研究所的入學條件或入學考試差異甚大,再者,大學畢業後是否繼續升學與家庭背景和個人的就業發展、婚姻期待(狀況)都有很密切的關聯。職是,各種研究所資訊的掌握和了解,以及大學生的生涯規劃,都是大學學生升學輔導的重點。

## 二、升學輔導的原則

儘管升學輔導會因其範圍不同,而產生不同的輔導方法,惟在實施升學輔導時,仍有共通的原則可資遵循,此原則即在輔導被輔導者(學生)了解或達成下列目標或任務。

## (一)了解國中及高中職畢業生的升學方法

### 1. 國中畢業生升學

現今國中畢業生的升學方法或管道,特稱之為「十二年國民基本教育適

性入學方式」，此方式可讓學生可以依照自己的興趣、性向及能力，來決定未來的學習之路。國中畢業生的適性入學方式共分成：(1)高中職免試入學；(2)五專免試升學；(3)特色招生；(4)其他入學管道等四種（104年國中畢業生適性入學宣導網站，無日期），說明如下。

## (1)高中職免試入學

免試入學指的是，學生除了檢定學力的國中教育會考以外，不再加考入學測驗，也不採計國中在校期間任何考試評量的成績（健體、藝文、綜合三領域除外）。依現行規定，學生可於國中畢業後選擇在原來的學校直升或選填學校就讀，無論是哪一個就學區，免試入學的招生名額均超過75%以上。目前全國共分為十五個就學區，免試入學申請者若超過預定比率，則依超額比序項目評比決定入學者，超額比序項目則由各就學區因地制宜訂定。

## (2)五專免試升學

不同於高中職免試入學分為十五個就學區，五專免試入學的就學區則是全國一區，分北、中、南三個招生委員會辦理招生作業，惟各區限選擇一所五專招生學校提出申請。報名學生人數未超過申請學校各科之招生名額時，可全額錄取；但若報名人數超過招生名額，則依據該校所訂之比序項目順位進行比序，積分高者優先分發。五專免試入學超額比序積分之計算方式全國統一，分別為：多元學習表現、技藝優良、弱勢身分、均衡學習、適性輔導、國中教育會考，以及其他等七大項；前項所指「其他」一項，授權各校依各自需求訂定，因此並非所有五專學校皆訂定「其他」此一項目。

## (3)特色招生

特色招生入學分為術科甄選或學科考試分發兩種，在術科或學科具發展潛質的學生，可分別循其中一種管道入學，說明如下。

①甄選入學：甄選入學主要針對藝術才能班（音樂、美術、舞蹈、戲劇）、體育班、科學班，以及高職職業類科，測驗方式為術科測驗（含實作測驗）。術科測驗有學校依自身特色自辦，亦有聯合他校辦

理，以測驗分數及學生志願做為入學依據；此外，若確有參考，可採
計學生的國文、英語、數學、社會、自然或寫作測驗成績，必要時亦
得參採國中教育會考成績做為錄取門檻。學生參加甄選入學，不受就
學區限制，可跨區報名，但是僅能向一區（校）報名術科測驗及申請
分發。

②考試分發入學：考試分發入學是指高中職在考量校史、內外部優勢條
件、願景目標及社會需求後規劃特色班級，並遴選性向、興趣與能力
符合條件的學生。由於這些特色班級多是以學科發展為主軸，致遴選
方式也以學科測驗為主。

## (4)其他入學管道

前述三種主要入學方式的其他入學管道，分成實用技能學程入學、技能
甄審入學，以及建教合作班入學等三種。

## 2. 高中職畢業生升學

高中和高職畢業生的升學方法有相同也有相異之處，其具體升學方法分
述如下。

## (1)高中畢業生升學

高中是指普通高級中學，其畢業生的升學管道有繁星推薦、個人申請與
考試入學等三種（104 學年度大學多元入學升學網，無日期）途徑進入一般
大學就讀；另外，亦可透過四技申請、技優保送及登記分發（前者須參加學
科能力測驗，後二者須參加四技二專統一入學測驗）進入技職校院就讀。

①繁星推薦入學：辦理「繁星推薦入學」，是為平衡城鄉教育資源的落
差，體現教育機會均等的公平正義，引導學生就近入學高中職，達成
「高中均質、區域均衡」的目標。所有大學均可參加此類招生，大學
依學系之性質分學群招生，共分成八類學群，其中第四至第七學群，
僅限招收高中之音樂、美術、舞蹈及體育班學生。被高中推薦的學生

須參加學科能力測驗、術科考試、英聽測驗，高中對每所大學各學群至多推薦二名，且同一名學生僅限被推薦至一所大學之一個學群。此種入學方式，高中對同一學生僅能擇一推薦報名，凡重複推薦報名者，一經發現即取消其錄取資格。繁星推薦錄取生如欲參加當學年度大學考試入學分發招生或四技二專聯合登記分發招生，須於規定期間內向錄取之大學聲明放棄入學資格。

②個人申請入學：考生須參加學科能力測驗及視校系規定參加高中英語聽力測驗。符合大學入學資格者可申請志趣相符之大學校系，每人以申請六校系為限；考生若有意就讀採計術科之校系，須另參加術科考試。無論僅錄取單一校系或多個校系，所有正備取錄取生應於規定期間內，上網向甄選入學委員會登記就讀志願序，否則視同放棄錄取資格，不予分發。

③考試入學：考生須參加指定科目考試，學科能力測驗及高中英語聽力測驗可列為校系選才之檢定。考生若有意就讀採用學測、英聽檢定之校系，另須參加學科能力測驗或高中英語聽力測驗。術科成績亦可列為校系選才之考科，考生若有意就讀採計術科之校系，另須參加術科考試。考生入學採用網路選填志願，每位考生最多可選填一百個志願。

## (2)高職畢業生升學

高職畢業生主要是以進入技職校院就讀為主，其管道有三：第一種是四技甄選入學，擬要申請者須參加「四技二專統一入學測驗」，申請的校系最多三個；第二種是聯合登記分發，須參加「四技二專統一入學測驗」，並依該測驗成績決定錄取與否，每位考生至多可填寫 199 個志願；第三種為技優入學，分成保送入學及甄審入學二種方式，技優入學免採用「四技二專統一入學測驗」；同時具備保送及甄審資格者，二者均可報名，但同獲錄取時，僅能擇一報到。高職畢業生亦可就讀一般大學，共有二條管道：一是參加大學的個人申請者須先報名參加學科能力測驗；另一是考試分發，考生須參加

學科能力測驗，再報名指定科目考試（技專院校招生策進總會，無日期）。

## （二）了解性向及興趣

升學的管道非常多樣化，常令升學者有不知所措之感；易言之，就因升學的路太多，以致如何選擇升學管道，常會困擾著升學者。影響升學選擇的最主要因素是個人的性向與興趣（當然以必須具備最起碼的學業成就為前提），所以在實施升學輔導時，就務必要讓當事人了解其性向及興趣，然後再依性向潛能及興趣所在，做最佳的升學選擇。欲了解性向及興趣的最便捷之道是實施各種相關的心理測驗，實施心理測驗主要是由學校的輔導人員來執行，在實施測驗時應遵循下述諸原則，始能達成實施測驗的目的（周文欽，1993b）：

1. 兼顧團體施測與個別施測。
2. 針對需求實施測驗。
3. 選擇適宜的測驗。
4. 讓受試者知悉測驗結果。
5. 應由專業人員來實施測驗。

## （三）增強動機並培養廣泛興趣

欲升學成功，最關鍵的因素可說是學習，學習成果的良窳之非能力心理特質，首推動機與興趣，而且廣泛的學習興趣，還可增加升學管道的選擇。

動機（motivation）是指引起個體活動，維持已引起的活動，並促使該活動朝向某一目標進行的內在歷程（張春興，1989）；所以欲使個人的學習活動持續進行著，就須隨時維持與學習活動有關的動機，這其中又以成就動機（achievement motivation）最為重要。有些研究顯示：具有相同能力的人，若成就動機高，則成就亦將會較佳；成就動機與學業成就間具有相當密切的關係，其相關程度僅次於智力（周文欽，1982）。所謂成就動機，是指努力

追求進步以期達成所渴望目標的內在動力（張春興，1989），或是指個人追求成功的傾向；職是之故，為追求學習進步與成功，增強成就動機就成為不可或缺的重要關鍵。

興趣與動機對於學習具有相似的功能，詳言之，興趣在學習中可發揮下列作用：

　　1.引發積極而持續的學習活動。

　　2.導引學習的方向與目標。

　　3.增加學習效果與價值。

　　4.形成個人的專長與嗜好。

因此，在升學輔導的歷程中，應培養個人多方面的學習興趣。首先，須讓被輔導者了解，興趣是後天培養出來的，而非與生俱來的。其次，使其多接觸各種經驗，並讓他們感受對該經驗的滿足。當學業成績低落或不用心於課業時，學生常會有類似如下──因為我對功課都沒興趣──的託辭，所以如何培養學生的學習興趣，也就成為升學輔導中的重要課題。

## （四）因應個別差異

從升學輔導的觀點論之，可將個別差異（individual difference）歸納成三方面：

　　1.能力方面，如智力、性向與學業成就等。

　　2.非能力方面，如動機、興趣與自我觀念等。

　　3.社會背景方面，如父母的教育水準、職業類別、婚姻關係，以及個人的友伴關係等。

就因人與人之間普遍存在著上述的個別差異現象，所以每個人的需求、期望、長短處、優缺點也就各有不同。因此，從事升學輔導的人，就必須了解個人的能力、非能力及社會背景的特徵與狀況，在個別差異的前提下，因材施教，並給予最適當的輔導，期使每個人都能發揮最大的潛能，做最佳的選擇，並朝自己的理想目標去充分實現升學的目的，例如：對智力與性向平

庸、學業成就較差的學生,可輔導其往職業技能訓練的方向去發展;對智力、性向、學業成就皆佳的學生,可在升學、進修的道路上多給予指導與督促。

# (五)提供升學管道的資訊

首先,詳細說明目前多元的升學方式及各種入學方案,與其相關的各項規定、條件及作法。其次,解說各種升學進程所含括的學校性質、種類及發展方向,與各種升學進程的利弊得失。第三,介紹各類學系、科別的特性、所應具備的能力及須修讀的課程。為提供上述這些資訊,可透過參觀、演講、印刷資料、網際網路(internet),以及相關人員(如校友或學長等)的經驗分享等,以達成輔導的目的。

# (六)發展有效的學習方法

本節之前曾述及學習輔導是升學輔導中的最主要項目,學習輔導除前述的增強動機和培養廣泛興趣外,尚須發展有效的學習方法,升學輔導始能克竟全功。有效升學之學習方法相當多,以下僅論及讀書計畫的擬定與學習策略的理解。

## 1. 擬定讀書計畫

任何人都知道學習或讀書須循序漸進,有恆心、有毅力,不可一曝十寒或虎頭蛇尾,然能確實實踐者卻不多見。因此,輔導學習者擬定讀書計畫,並按計畫去學習或讀書,將可確保學習的持久性與有效性。

擬定讀書計畫的首要原則是「定時定量」,即每日、每星期、每月或每學期都計畫有一定的讀書時間與讀書量。讀書時間一到,隨即放下手邊事,只做讀書一事;讀書未達計畫中的「量」,則絕不中止讀書。萬一遇有突發狀況,不得不影響到讀書的「時」與「量」時,亦應提前達成進度,或於次

日另覓時間補讀未竟之量。其次，每日的讀書內容應盡量穿插各個不同的學門，以避免同一內容久讀生厭或索然無味。當然，計畫執行的成敗與計畫擬定的優劣有密切的關係，所以在擬定讀書計畫時，須視個人的需求與狀況而定，以穩健、踏實為本，而非以好高騖遠取勝。

## 2. 理解學習策略

美國教育心理學者 Weinstein 與 Mayer（1986）將學習策略分為五種：

(1)複誦策略（rehearsal strategies）：即主動地重複背誦或寫出所學習之材料的主要概念或其中重要的部分。

(2)精緻化策略（elaboration strategies）：即將新、舊學習材料之間的關係串聯起來。

(3)組織策略（organizational strategies）：即主動將所學得的各種不同之材料，依某種關係將其重新安排成若干個類別。

(4)理解監督策略（comprehension monitoring strategies）：即學習告一段落後，查核對某學習材料的理解程度。

(5)情意策略（affective strategies）：包括引起並維持動機、培養興趣與注意力，以及有效的時間管理等。

前文所介紹的學習策略，是學習各種材料共同所需的策略。惟不同的學科仍有其特殊的學習策略，例如：數學的學習策略與國文不同，英文的學習策略和歷史也不會相同。因此，為了因應各不同學科的學習策略，輔導單位有必要聘請對於各學科有經驗及資深的任課教師，專門解說各學科特殊的學習策略與方法；此外也可邀請優秀的校友做心得傳承。再者，也可對升學（入學）考試各科目之命題重點、方式及該注意之事項予以整理與分析；同理，也可蒐集各種考試的考古題，供應考者復習及理解學習之成效。

# （七）消除或減低壓力與焦慮

在升學主義的競爭環境下，學生們會產生強大的壓力與莫名的焦慮。適度的壓力與焦慮雖可產生動機的作用，是激勵學生們向上的動力之一；惟過度的壓力與焦慮，不只會對學習產生不利的干擾，而且也會影響到心理適應，甚或是身體的健康；因此，學校與家庭宜盡量勿施予升學者過大的壓力，致其產生不當的焦慮。其次，當感到強大的壓力與焦慮時，輔導人員就應予以協助，俾消除或減低之。消除或減低壓力與焦慮的方法，除可尋求輔導人員的諮商外，學生們也可利用下列三種方法來達成目的（周文欽，2006）。

## 1. 運用放鬆訓練

所謂放鬆訓練，是指學習與練習放鬆自己身心的技巧，把注意力集中在身體及心理放鬆，以養成隨時可藉放鬆自己的方式，以抑制壓力源的干擾之歷程。放鬆訓練的目的旨在讓人將壓力源所引起的負面反應（如緊張、焦慮），以身心放鬆後的愉悅轉變為非負面反應（如不再緊張、焦慮）。放鬆的方式主要有下列三種（周文欽，2000）。

### (1)肌肉放鬆法

將雙手抬起至水平的位置（坐姿或站姿皆可），然後用力向前伸直，並緊握雙拳，盡量用力去緊握到不能再緊為止。然後，再慢慢放鬆拳頭，慢慢放鬆，慢慢放鬆，盡量慢，一步一步放鬆，直到手掌全部放開為止。接著，再將雙手慢慢放下，慢慢放下，慢慢放下，盡量慢，一直到完全放回原來的位置為止。如此來回重複多次，肌肉就能放鬆，心情也就能隨之放鬆下來。

### (2)深呼吸法

以最舒服的姿勢坐著，然後微閉雙眼與雙唇，舌尖輕頂上牙齦內側，雙

手姆指微微輕輕貼合且另四指輕輕交叉（有打通任督二脈之意）後，將其以最舒服的方式輕置於雙腿上。這些姿勢完成後，開始用鼻子輕輕、慢慢的吸氣，輕輕的吸（愈輕愈好），慢慢的吸（愈慢愈好），一直吸氣到無法再吸為止。接著，再輕輕、慢慢的將氣由鼻子呼出來，輕輕的呼（愈輕愈好），慢慢的呼（愈慢愈好），一直呼氣到無法再呼出為止。如此重複來回幾次，整個心境就能放鬆下來。在做深呼吸時，盡量去體驗氣由鼻孔→咽喉→氣管→肺→丹田，或從丹田→肺→氣管→咽喉→鼻孔（概略的路徑）的整個歷程；氣有無到達丹田的簡易測試法，是當吸氣時腹部下方會慢慢膨脹起來，當呼氣時腹部下方會慢慢消下去。

### (3)想像法

用最舒服的姿勢坐著或躺著，之後微閉雙眼，遐思最美好與最愉悅的情境，例如：想像自己在綠綠油油、輕漫野花香的草地漫步，微風徐來，望著遠方的落日餘暉，牧童在夕陽下趕著牛群踩上歸途，而自己也信步隨著牧童的步子回家……。經此想像，煩憂的心情必定平靜下來。當然，想像的題材也不限於此，只要是喜歡的、美好的，或可令你愉悅的想像，都有助於身心的放鬆。

## 2. 調整我們的環境

當引起負面壓力反應的壓力源是來自於具體、客觀的環境，這時就可以使用「調整我們的環境」之策略來管理壓力，此種策略包括斷然處置（assertiveness）、退縮（withdrawal），以及妥協（compromise）等三種方法（Atwater, 1994），說明如下。

### (1)斷然處置

在成功有其合理的可能性時，斷然處置是一種管理壓力的好方法，此法是直接去調整壓力情境本身，例如：當我們用郵購買到與規格不符之物品時，可立即退回該物品，並對廠商不合理的處置立即說出來。所謂斷然處

置,是指當遇到問題(壓力源)時,要即時當機立斷去面對,並以合理和可行的方法處置之。斷然處置旨在不傷害他人的前提下,立即表達自己的權利和需求。

### (2)退縮

當人們無法或不方便使用斷然處置或妥協來調整壓力情境時,退縮就是一種適宜的壓力反應。所謂退縮,是指離開壓力源的情境,以降低或消除負面壓力反應的歷程。退縮有二種形式:第一種是暫時性退縮(temporary withdrawal),例如:學生休學,直到賺足學費或心理調適好;關係惡化的夫妻,分居一段時間。第二種是永久性退縮(permanent withdrawal),例如:適應不良的新鮮人,退學以準備重考;夫妻離婚,各自展開新生活。

### (3)妥協

所謂妥協,是指調適相對立之理念或行為的歷程。最常見的妥協方式有從眾(conformity)、折衝(negotiation),以及替換(substitution)等三種。

①從眾:所謂從眾,是指改變自己的理念或行為,以符合團體規範的歷程。比方說,你的公司突然規定,從新年度開始,一切的文件都須用 Word 2000 來繕打,而且男生在上班時間一律著西裝打領帶;若你正好是電腦文盲與不拘穿著者,無可避免,壓力便會排山倒海而來,此時該如何因應呢?不照公司規定行禮如儀,那飯碗可能不保,特別在不景氣裡再找工作談何容易;所以趕緊學電腦、置裝,並改變穿著習慣,一切依規定行事。

②折衝:所謂折衝,是指利用合作取向式的討價還價,以使雙方都能夠讓步的歷程。在許多壓力情境裡,折衝是一種達成妥協比較主動與有希望的方式,例如:在上一個情境中,你可以和公司的執事者去溝通,並說出你不贊成的原因和此規定所帶來的情緒反應。經過一番溝通,雙方可能可以各退一步取得共識。

③替換:所謂替換,是指尋求另一種可行之手段或目標,以滿足期望之

事的歷程。當折衝或從眾不合時宜，替換就是另一種達成妥協的方式，例如：一位有幼兒的女講師想到國外進修以取得博士學位，但又捨不得幼兒離開身邊；她可能決定最佳的替代方案，即在國內大學攻讀博士。在這個個案中，達成相同目標（拿到博士）的手段就是使用替換。

## 3. 改變我們的生活型態

適時適地選擇去改變我們自己的心態或行為，也是一種管理壓力的良好策略，其具體可行的方法有下述諸端（Atwater, 1994）。

### (1)培養較高的壓力容忍度

所謂壓力容忍度（stress tolerance），是指人能夠處理壓力的程度，或人不以非理性或紊亂的方式來行動，而能忍受需求的時間範圍。培養較高的壓力容忍度之方式有：

①適度的體驗挫折與衝突。
②保持良好的身材與體能狀態。
③選擇合理的目標去完成。
④調整期望或需求以契合現實。

### (2)改變生活步調

人常是急急躁躁的，常要在極短的時間內完成許多事情，以致於常帶給自己很大的壓力。職是，我們可透過良好的時間管理以減輕或緩和壓力，換句話說，我們需要穩健的生活步調。穩健的生活步調之可行途徑如下：

①早點起床以免匆忙行事。
②留時間吃早餐。
③要做的事列表逐條寫出，並將較重要的事排在前面。
④保留足夠的時間開車上學或上班而不要急躁開車。
⑤避免將所有的事情連續的安排在一起。

⑥每天中至少有一餐與他人共食。

⑦避免過度使用咖啡因、酒或藥物。

⑧每天都要留些時間輕鬆一下，切勿整天繃得緊緊的。

⑨避免遲到，凡事開始得愈早，擔心就愈少。

⑩一心專注於眼前的工作。

⑪任何事情盡量規律化。

⑫睡前放鬆心情，看看報或聽音樂。

## (3)學習控制苦惱的思維

控制苦惱思維通常可使用下列方法：

①認識自己消極與負面的思維，將之列表寫出，隨時提醒自己避免之。

②列出可和苦惱思維相對抗的積極思維，俾隨時以積極思維取代苦惱思維。

③當我們已經成功管理了苦惱思維，不忘自我鼓勵或讚許自己。

事實上，苦惱思維就是心理治療學家 A. Ellis 理論中的「非理性觀念」，依此觀點，控制苦惱思維之方法有下述諸種：

①了解壓力反應不是由某個事件所引起，而是人對某事件的非理性觀念所造成。

②知道非理性觀念的錯誤所在。

③去除非理性觀念。

④建立理性觀念並取代非理性觀念。

⑤運用理性觀念做為思維的依據。

## (4)尋求解決問題之技能的協助

人們之所以會引起不適應的壓力反應，常常是因為我們無法即時處理所面對的問題或事件（壓力源）。準此言之，只要能即時將面對的問題或事件處理妥當或解決之，壓力所造成的負面影響就能降到最低。惟沒有人能具備所有解決問題的技能，所以我們就必須隨時在需要的時候，不恥下問的尋求他人的協助。

## (5)尋求社會支持

　　很多研究都顯示，當我們獲得配偶、密友或其他團體（如輔導機構或醫療院所）的支持時，則我們能更成功的去管理壓力，並享受較佳的生理與心理健康。尋求社會支持的具體方法有下述諸端：

①建立親密的人際關係，俾以提供分享痛苦情緒的機會。

②透過朋友之關心與情感的表達，可以提供情緒的支持。

③經由朋友的理解與接納、肯定，可增進我們的自尊。

④經由朋友或支持團體的資訊提供和建言，可協助我們以更有效的方法　去解決問題。

1. 有學者云：「今天臺灣所有的教育問題，都是升學主義造成的。」請問有哪些問題是升學主義造成的，試申己見。

2. 試申論升學主義對個人所造成的弊害，並提出改善之道。

3. 試述升學輔導的意義及其功能。

4. 假如你是高中的輔導老師，你應如何輔導學生去了解其升學的可能性。

5. 為何家長亦須參與其子女的升學輔導？試申己見。

6. 試述升學輔導的原則。

7. 試述升入高中職及大學和技職校院的方法。

8. 試述消除或減低升學所造成的壓力和焦慮之方法。

# 參考文獻

## 中文部分

104 年國中畢業生適性入學宣導網站（無日期）。**適性入學管道**。取自 http://adapt.k12ea. gov.tw/stud/show.php?no=17

104 學年度大學多元入學升學網（無日期）。**入學管道**。取自 http://nsdua.edu.tw/index. php/admissions

十二年國民基本教育（無日期）。**十二年國民基本教育實施計畫**。取自 http://12.basic. edu.tw/Detail.php?LevelNo=8

中央日報（1989 年 9 月 18 日）。社論：辦好十二年國教，應有妥善規劃。三版。

尹　萍（譯）（1990）。**2000 年大趨勢**（原作者：J. Naisbitt & P. Aburdene）。臺北市：天下文化。

王珮玲（1987）。**高中聯考壓力與國中生身心健康之研究**（未出版之碩士論文）。國立政治大學，臺北市。

王震武（2002）。升學主義的成因及其社會心理基礎：一個歷史觀察。**本土心理學研究**，**17**，3-65。

伍振鷟（1989）。借箸代籌談「延長十二年國教」。**教育資料文摘**，**24**（6），11-14。

技專院校招生策進總會（無日期）。**四技二專招生簡介**。取自 http://www.techadmi.edu. tw/page.php?pid=four_year

李建興（1988）。當前我國中等教育的現況、問題與展望。**台灣教育**，**446**，7-10。

周文欽（1982）。**國中學生的社會背景、心理特質與學業成就、升學意願的關係**（未出版之碩士論文）。國立臺灣師範大學，臺北市。

周文欽（1993a）。教育輔導。載於賴保禎、周文欽、張德聰（編著），**輔導原理與實務**。新北市：國立空中大學。

周文欽（1993b）。測驗在輔導上的應用。載於賴保禎、周文欽、張德聰（編著），**輔導原理與實務**。新北市：國立空中大學。

周文欽（2000）。行為諮商法。載於周文欽、賴保禎、金樹人、張德聰（編著），**諮商理論**。新北市：國立空中大學。

周文欽（2006）。壓力與健康。載於周文欽、劉嘉年、翁嘉英、陳秀蓉、洪福建（編

著），健康心理學。新北市：國立空中大學。

周文欽、高熏芳、王俊明（1996）。**研究方法概論**。新北市：國立空中大學。

林清江（1981）。**教育社會學新論**。臺北市：五南。

張　珏（1987）。大專聯考壓力對青少年健康的影響：追蹤研究。**中華心理學刊，29**（2），93-112。

張春興（1986）。高級中等教育的發展與檢討。**現代教育，1**（4），3-13。

張春興（1989）。**張氏心理學辭典**。臺北市：東華。

張郁雯、林文瑛（2003）。升學主義還是升學機會？──升學壓力的社會意涵。**教育心理學報，35**（2），167-182。

教育部（1990）。**「延長國民教育：自願就學高級中等學校方案」**初步規劃簡介。臺北市：作者。

教育部（2003）。**國中畢業生自願就學輔導方案**初步規劃簡介。臺北市：作者。

郭為藩（1987）。緩和升學主義可行之途徑的探討。**現代教育，2**（4），95-119。

陳秉華（1983）。**大專聯考應對方式與心理健康**（未出版之碩士論文）。國立臺灣大學，臺北市。

楊國樞、葉啟政（1984）。升學主義下的教育問題。載於楊國樞、葉啟政（主編），**台灣的社會問題**（再版）。臺北市：巨流。

劉國兆（2013）。升學主義、學校生活與課後補習：一群七年級國中生的課程觀。**教育研究學報，47**（2），71-98。

蔡崇振（1977）。**我國高中中途離校學生的經驗背景與人格特質研究**（未出版之碩士論文）。國立臺灣師範大學，臺北市。

藍采風（1982）。**生活的壓力與適應**。臺北市：幼獅文化。

顏學誠（2014）。教育與社會秩序：解析升學主義。**教育實踐與研究，27**（1），121-144。

## 英文部分

Atwater, E. (1994). *Psychology for living: Adjustment, growth, and behavior today* (5th ed.). Englewood Cliff, NJ: Prentice-Hall.

Weinstein, W. B., & Mayer, R. (1986). The teaching of learning strategies. In M. Wittrock (Ed.), *Handbook of research on teaching* (3rd ed.). New York, NY: Macmillan.

# CHAPTER 6
# 學習困難的診斷

何英奇

## 學習目標

詳讀本章後，學習者應能達到下列目標：

1. 了解學習困難的定義及類型。
2. 解釋影響學習困難的個人、家庭、學校，以及社會的原因。
3. 了解學習困難的診斷與補救教學流程。
4. 了解學習困難之診斷應注意的事項。
5. 區別學習困難的診斷模式與策略。
6. 區別學習困難的非正式評量方法。
7. 選用適當之學習風格與學習策略的診斷工具。
8. 了解符合學習困難學生的個別化教育方案。
9. 了解學習困難的診斷方法與系統。

# 摘要

　　學習困難學生的類別主要可分為學習遲緩、低成就、學習障礙，以及行為異常等四類。各類學習困難學生的影響因素互異，歸納而言，可分為家庭、學校、社會，以及個人等四因素交互影響。教師宜熟知學習困難學生從診斷到補救教學的流程，對較嚴重困難學生需轉介資源班，其流程包括篩選轉介、鑑定、安置、診斷、評量、再安置等六個步驟。學習困難的診斷可分為一般、分析與個案等三層次；診斷的模式可分為心理計量、發展、醫學、心理過程異常、心理教育、生態等六個模式；診斷的策略可分為正式與非正式評量。非正式評量方法可區分為觀察、晤談、問卷量表法、課程本位評量、工作分析、工作樣本分析、錯誤分析、診斷性探查、診斷性教學、標準參照評量、動態評量、檔案評量等方式。此外，學習風格與學習策略的診斷也不可或缺，教師宜熟知國內有哪些診斷工具可運用。學生的學習困難經診斷之後，宜設計符合學生需求的個別化教育方案，然後進行補救教學。最後，提出學習困難的診斷方法與系統，診斷結果可供補救教學之依據。

學習困難之診斷乃是學習輔導的重要課題。本章將介紹學習困難的類別、影響因素、診斷流程、診斷類別,以及診斷策略。

# 第一節　學習困難的性質與類型

傳統上所謂「學習困難」,是指智商正常學生之學習行為表現低於同年齡學生的水準,或低於其智能所預期之應有的成就水準。Naparstek(1995)則把學習困難學生界定為「學生的學業成就無法符合教師、家長或學生本人的期待」。英國 1981 年的教育法案把學習困難界定為:(1)個人在學習上比同年齡多數兒童有顯著的困難;(2)個人有障礙因而阻礙其利用學校所提供符合同年齡兒童之教育措施(Montgomery, 1990)。

上述三個定義皆是以常模(norm)比較的觀點來界定,很容易讓人認為學生的學習問題完全來自於兒童本身。因此,Leadbetter 與 Leadbetter(1993)改從教師與學校之觀點來界定學習困難。他們認為,「學習困難」乃是不適當的課程分化與不充分的適應教學之結果。這個定義的優點在於強調影響學習困難的最主要因素在學校與教師,同時也賦與學校進行補救教學的重要職責。

在學校中,有學習困難的學生種類很多,以下是與普通班老師和輔導老師之職責有直接或間接關聯,而須面對的幾種類型。

## 一、學習遲緩學生(slow learner)

此類學生的智商在平均數以下負一至負二個標準差之間,有些學者稱之為臨界智能不足。他們的注意廣度較窄,反應較差,學習速度也較緩慢,學業成就低於其他同年齡兒童的水準。其原因可能是文化環境剝奪、成熟遲緩、缺乏動機等。

## 二、低成就學生（under achiever）

低成就學生指資賦中等（智商 90）以上，但其學業表現低於其智能所應預期的水準。一般可分為普通能力低成就生及資賦低成就生。

## 三、學習障礙學生（learning disability）

此類學生的智商正常，但其：(1)成就表現低於智能所預期的水準；(2)中樞神經系統功能失調；(3)心理歷程異常；(4)學習並非環境不利、智能不足、情緒困擾等因素造成的（洪儷瑜，1995；Wallace & McLoughlin, 1988）。這類兒童又可分為：(1)發展性學習障礙：包括注意力異常、記憶力異常、知覺和知動異常、思考異常，以及語言異常等；(2)學業性學習障礙：由發展性學習障礙所導致，包括閱讀障礙、拼字、書寫表達障礙、寫字障礙，以及算術障礙等（Kirk, Gallagher, & Anastasiow, 1993）。由於學習障礙學生表現之低成就，與一般低成就學生不易區分，故普通班老師與輔導老師有必要認識此二類學生的不同。

## 四、行為異常學生（behaviorally disordered）

國內稱為「性格及行為異常」，其定義為：「指兒童由於生理、心理或環境因素之影響，導致其生活內容、思考方式或行為表現僵滯或偏差，而在生活中表現出顯著異於生活常規或年齡發展常態之行為，並妨礙到自己或他人之學習、情緒或人際關係者」（教育部特殊兒童普查工作執行小組，1991，第 41 頁）。Kauffman 等人研究指出，行為異常學生的問題行為可分為三大類：(1)攻擊性、反社會的行為；(2)無組織、不專注的行為，例如：分心、冷漠、缺乏動機、粗心等；(3)焦慮、退縮的行為（Coleman, 1986）。行

為異常與學習困難具有密切關係，一方面學生有可能過去學習失敗，喪失學習興趣與自信心，導致情緒困擾或行為異常；另一方面，情緒困擾或行為異常學生本身也會因個人問題而干擾其學習，造成學習困難與學業低成就，例如：考試焦慮症、書本恐懼、拒絕上學等，皆屬於此類的學習困擾。

除上述四類學習困難兒童外，中途輟學、因病缺課，或文化不利等三類兒童，也須加以注意。

## 第二節　影響學習困難的原因

影響學習困難的原因很多，不同學生之困難原因也互異，歸納而言，可分為家庭、學校、社會，以及個人等四方面加以探討，且各因素間常交互影響，錯綜複雜，詳見圖 6-1 所示。

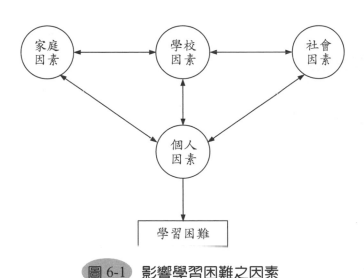

**圖 6-1** 影響學習困難之因素

在檢討學習困難的原因時，儘管家庭、學校、社會、個人等四因素是交互影響，但區分其間之原始因素與衍生因素（二次或二次以上原因）是必要

的，這樣才能正本清源，提供有效的補救教學策略。茲舉一例說明四因素間之關係：某生智力正常，由於新教師教學方法不當，導致學習困難與學業失敗（原始原因，學校因素）。其次，家長和教師對該生的學業失敗，卻嚴加責罵、體罰，並給予較低的期待與不當的標記（家庭與學校因素）。該生會接受家長與教師的期待與標記，而產生消極的自我觀念，自認為自己是「笨瓜」，削弱了學習動機，甚至恐懼學習，使得學業更加低落（二次因，個人因素）。該生的學業低落可能導致嚴重情緒困擾或偏差行為，如逃家、逃學，而荒廢了學習（三次因，個人因素）。不幸的，在逃家過程中又受不良幫派分子引誘吸毒，破壞心智功能，造成終身學習的障礙（四次因，社會因素）。

為了幫助教師診斷學生學習困難的原因，茲將影響因素歸納為家庭、學校、社會，以及個人等四方面，臚列如後，供教師做初步檢核（陳惠珠，1989；楊坤堂，1993；歐源榮，1995；Bender, 1992; Thomas, 1989; Wallace & Kauffman, 1986）。

# 一、家庭因素

1. 家庭破碎：單親，缺乏親情。
2. 家庭社經地位低：(1)需協助家計，無暇讀書；(2)缺乏良好讀書環境（沒有書房和書桌）。
3. 家庭文化貧乏：(1)父母本身是文盲；(2)缺乏文化設施，如對身心有益的玩具與書籍。
4. 家庭價值觀偏差：家長輕視學問，不鼓勵子女上學。
5. 家庭氣氛不好：父母常爭執，同胞間也爭吵不休，影響學習。
6. 親子關係冷漠或不佳。
7. 父母管教方式不當：父母管教態度不一，管教過嚴或放任。
8. 期望不當：父母期望過高或過低。

## 二、學校因素

1. 教學設施缺乏。
2. 課程與教材不當。
3. 教師教學法不當。
4. 大班級教學，教師工作負荷過重，無法適應學生個別差異。
5. 學校或班級氣氛不佳。
6. 同儕次文化之偏差的影響。
7. 強調升學取向，不當能力分班，忽略後半段學生（放牛班），造成不良標記作用。
8. 師生關係不良。
9. 過度競爭，害怕失敗，喪失學習興趣。

## 三、社會因素

1. 社區環境不良：與不良的公共場所為鄰，聲光刺激誘惑，沉迷電動遊戲。
2. 社區文化水準低：缺乏文化設施，如圖書館、休閒場所等，無法培養文化學習氣氛。
3. 社區青少年犯罪率高：對青少年有不良示範作用。
4. 社會價值觀偏差：大眾傳播的商業物質取向，以及傳統的文憑主義、升學主義窄化人生價值，皆不利於真正全人教育的建立。

# 四、個人因素

## （一）身體與生理方面

1.遺傳基因影響，如唐氏症與思覺失調症，會導致學習困難。

2.生理殘障，如先天或後天的視覺、聽覺、語言、知覺動作等機能的缺陷，限制了學習範圍。

3.健康不良、體力不足，如慢性疾病，除直接影響學習外，更會因缺課而使學習困難加重。

4.腦傷或大腦功能失常：由於生產創傷、缺氧、傳染疾病、藥物中毒、營養不良等因素，使大腦功能異常，常是造成過動兒童或學習障礙兒童的主要因素。

5.生物化學失衡，如腦神經系統的生化物質失衡、內分泌失常，皆會造成身體不適與學習困難。

## （二）心理特質方面

1.智能不足。

2.自我概念消極。

3.學習動機薄弱。

4.焦慮。

5.不當的歸因與控制信念：如將失敗歸因於外在因素──太難、運氣不佳或天生能力不好。

6.訊息處理歷程的缺陷：注意力、視聽知覺、記憶、符號、認知與心理動作上的缺陷。

7.恐懼失敗。

8.沉迷於電視、電動遊戲與漫畫，缺乏自制力。

## （三）學習態度與方法方面

1. 基礎不足，缺乏準備度。
2. 學習態度不正確。
3. 學習習慣不佳。
4. 缺乏學習方法與策略。
5. 學生學習風格與教師教學風格缺乏適配。

在各類型學習困難學生中，影響其學習困難的原因有些是共同的，有些是特別的，例如：學習障礙學生，一般認為其主要原因是大腦功能輕微受損，在診斷上宜特別注意。其次，同一類型學習困難學生也非同質性，影響原因也互異，其教學方式與需求也不同，這是在診斷上宜特別注意的。

# 第三節　學習困難診斷與補救教學流程

當教師發現學生有學習困難時，宜在自己的班上進行診斷與補救教學。如果經過一段時間補救教學乃無效時，則推介做進一步鑑定、診斷與安置在資源班或特殊班作補救教學。以下分一般教室內的學習困難診斷與補救教學，以及學習困難資源班之診斷與補救教學等二部分加以介紹。

## 一、一般教室內的診斷與補救教學流程

普通班教師在教學過程中宜充分利用預備性評量、形成性評量（平常考）、診斷性評量和補救教學，以減少學生的學習困難。精熟學習（mastery learning）教學策略最適合一般教室，而其成效頗受國內外肯定（何英奇，1989；林麗華，1987）。精熟學習策略之流程，如圖 6-2 所示。

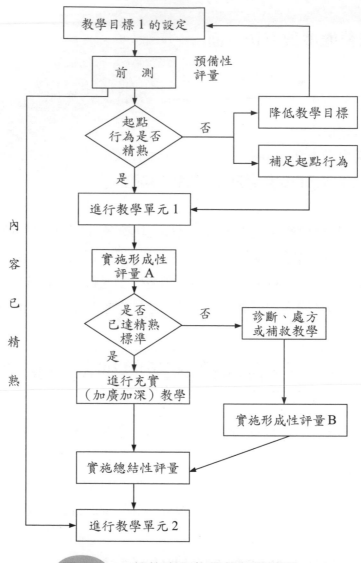

圖 6-2　一般教室內的教學評量歷程

在精熟學習中，教師先設定教學目標，實施前測，以確定學生起點行為是否足夠；足夠則進行教學，不足則降低教學目標或補足起點行為，再進行教學。教學完畢，先實施形成性評量 A（平常考）。根據測驗結果，教師確認「精熟」學生，給予充實教學；「未精熟」學生施予診斷、處方或補救教學，補救教學之後實施形成性評量 B。最後，兩組學生再實施總結性評量，以確定是否可進行新單元的教學。

## 二、學習困難資源班之診斷與補救教學流程

當學生的學習困難無法以一般教室內的診斷與補救教學加以改善時，可能需藉助資源班的協助；其診斷與補救教學共分六個步驟，如圖 6-3 所示。

## （一）篩選或轉介

學校可主動將全校學業成就最差的 20 ％作為初選標準，或用團體智力測驗與成就測驗之差距標準，或用認知歷程障礙等標準來篩選。此外，教師可依平日觀察、晤談、作業分析和非正式評量等資料，推薦有學習困難的學生；再者，家長也可自行推薦或由學生自行申請。輔導教師或資源班教師針對任課教師所提供的推介單，再進行晤談、蒐集各種資料進行初鑑，然後將其中可能的個案轉介「鑑定委員會」做進一步鑑定，看是否適合資源班，其餘的學生建議回原班。

## （二）鑑定

鑑定委員會小組成員包括學校行政人員、學校心理學家、輔導教師、資源班教師、普通班教師及其他相關專業人員，如醫生等。鑑定小組會議會針對個案的學習困難狀況，依學業低成就、學習障礙、性格或行為異常等標準加以鑑定分類。

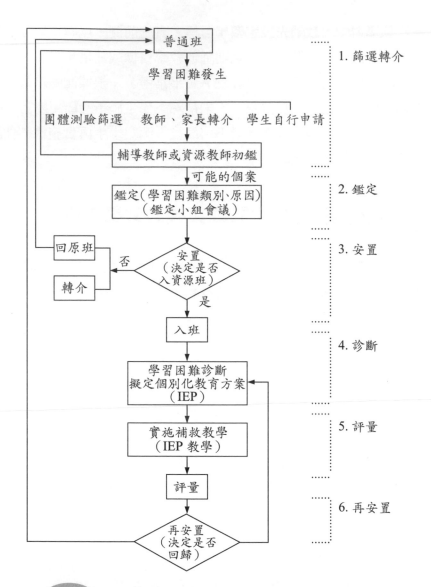

圖 6-3 學習困難資源班的診斷與補救教學流程
資料來源：修改自教育部（1994）

## （三）安置

鑑定小組鑑定後，合於標準者安置在資源班，未達入班標準者回原班或轉介相關機構。

## （四）診斷

進入資源班的學習困難學生，鑑定小組必須進一步做更深入之教育診斷與評量，包括：現有智慧和成就的評量、工作分析（task analysis）、課程本位評量（curriculum-based evaluation）、檔案評量（portofolio assessment）、動態評量（dynamic assessment）、生態評量（ecological assessment）、學習策略評量等。然後，據以編製符合個別教育需求之「個別化教育方案」（individualized educational plan, IEP）。

## （五）評量

依據個別化教育方案實施補救教學，並以課程本位的教學評量方式評估補救教學的成效。

## （六）再安置

依據學生的學習成果，決定是否回歸原班或繼續安置在資源班。

# 第四節　學習困難的診斷模式與策略

當學生遭遇學習困難時，即需進行學習診斷或教育診斷。所謂學習診斷，是指教師或專家利用各種方法與工具進行資料蒐集，以發現學習困難所

在，並找出造成學習困難的原因，再依據診斷結果設計個別化教育方案，進行補救教學，然後評鑑補救教學成效的歷程。由於診斷是手段，補救教學才是目的，因此，所謂診斷處方教學（diagnostic-prescriptive teaching）、臨床教學（clinical teaching），以及補救教學（remediation teaching）等，皆表示診斷離不開教學。本節將就學習困難的診斷注意事項、診斷的類別、非正式評量的方法等，分別介紹如下。

## 一、診斷注意事項

有關學習困難的診斷注意事項，可歸納如下數類（Ariel, 1992; Choate et al., 1992; Heward & Orlansky, 1992; McLoughlin & Lewis, 1994）：

1. 學習診斷需配合課程要求，並導向個別化教育方案及補救教學。
2. 學習診斷需針對學生個別的教育需求做分類，而非依據醫學分類（如自閉症、失語症）或依行政分類（如把低成就學生全部歸一班）。
3. 盡量在自然情境中（如教室或家裡）進行個別化診斷評量。
4. 少用常模參照評量（norm-referenced assessment），多用非正式評量（informal assessment），如課程本位評量（curriculum-based assessment）和檔案評量（portofolio assessment），以使診斷結果能配合個別實際需要。
5. 診斷評量是一連續不斷的歷程，可隨時評量學生進步情形，並適時調整教學目標與教學方法。
6. 診斷評量的結果需告知其父母及相關人員；診斷不可有偏差，或對學生造成不良的標記。
7. 重視區別性診斷（differential diagnosis），例如：情緒困擾、低成就、學習障礙等學生很容易因診斷不清而混淆在一起；再者，即使同是學習障礙，其造成學習障礙之因素繁多，須做更精密的診斷，方能設計出符合個別需求的教育方案。

8.診斷須採用多種方法（質與量的分析）、工具及多元觀點，針對學生個人、課程教材組織，以及學生周遭環境等各領域做整體的評估。

# 二、診斷的類別

## （一）診斷的層次

　　學習困難的診斷可分為一般、分析與個案等三層次。「一般診斷」由級任教師負責，利用標準化團體智力、成就測驗及相關學生資料，初步發現學習困難學生。前述有學習困難學生無法在班上獲得改善時，可進行「分析診斷」，一般可用學科診斷測驗，分析該困難學科之困難狀況、類別、原因等，然後進行補救教學。分析診斷可由級任教師與輔導教師負責。如果補救教學仍無效，則問題癥結可能非常複雜，例如：特殊學習缺陷或考試焦慮這類學生，即須進行「個案診斷」。它是由班級教師、輔導與特教教師、心理學家、醫生及其他相關專業人員組成個案會診小組，進行個人、家庭、學校、社會等交互影響因素的深入診斷，然後設計個別化教育方案，再進行補救教學。

## （二）診斷的模式

　　學習困難的診斷模式或取向不同，其輔導策略也不同。歸納學者的看法，可區分為下列數種（Ariel, 1992; Smith, 1994; Trapani, 1990）。

### 1. 心理計量模式（psychometric model）

　　此模式採常模參照（norm-referenced），個人的表現優劣是和標準化樣本所建的常模比較而得。它的主要功能在做團體安置。

## 2. 發展模式（development model）

此模式強調生理健康或身體缺陷的診斷，藉以發現造成目前學習困難或障礙的原因，例如：過敏、氣喘、癲癇、長期疾病、大腦神經損傷等，皆可能干擾學習過程（Trapani, 1990）。

## 3. 心理過程異常模式（process-deficit model）

此模式主要針對學習障礙兒童在訊息處理（information-processing）過程中的異常診斷，如視、聽知覺或語言方面的異常。診斷結果所設計之教育方案也著重在心理過程訓練。有兩種最典型的過程診斷測驗：一為「伊利諾心理語言能力測驗」（Illinois Test of Psycholinguistic Abilities, ITPA），主要診斷學習過程中之接受、組合與表現等過程的異常；另一為「佛氏視知覺發展測驗」（Frostig Developmental Test of Visual Perception, DTVP），主要診斷與閱讀有關的視知覺過程。

## 4. 心理──教育模式（psycho-educational model）

此模式主要在診斷學業技能，包括：智慧、閱讀、寫作、數學、語言技巧、解決問題和學習策略等。在診斷評量過程中宜併用「嘗試教學」（trial teaching）策略，以便設計出個別化的教學策略。

## 5. 生態評量模式（ecological assessment model）

此模式乃基於行為是人與環境互動的結果，主要在分析影響學習困難的整體環境因素，以及人與環境互動的結果，並據以改善環境，解決學習困難。生態評量可包括：物理環境（空間、座位安排、聲光）、家庭環境、學生與他人之互動（同儕、教師、家長及相關人員）、教材呈現方式、學生對環境的主觀感受（溫暖、敵意）等。此外，與生態評量類似的評量有行為評

量（behavioral assessment）模式。

## （三）診斷的策略

　　學習困難的診斷策略可分為正式評量（formal assessment）與非正式評量（informal assessment）兩大類。所謂「正式評量」，是指常模參照的評量，利用正式的標準化團體或個別測驗，諸如智力、成就、適應行為、學業基本技能等，透過同年齡或年級的常模比較，來鑑別學生的學習或適應上的困難（Smith, 1994; Wallace & McLoughlin, 1988）。由於正式評量對於規劃「教什麼」與「如何教」不太有幫助，因此，能針對教學用的非正式評量就逐漸受到重視。

　　所謂「非正式評量」，是指評量程序缺乏結構及標準化，評量的內容及結果直接與教室內的教學有關，最適合於學習困難的診斷與補救教學。非正式評量的方法有很多種（McLoughlin & Lewis, 1990, 1994; Overton, 1992; Smith, 1994; Taylor, 1984），詳細介紹於下。

# 三、非正式評量的方法

## （一）觀察、晤談與問卷量表的使用

　　教師可透過深入、系統、連續的觀察與記錄，並分析學生在學習環境中的行為組型，如教室行為、與同儕、教師之互動行為，有助於學習及行為問題的診斷。其次，透過與教師、家長、同儕，或學生本人之深度晤談，也可發現造成學習困難的一些複雜因素。再者，在觀察或晤談中可配合檢核表、評定量表、問卷、量表等工具的使用，更有助於診斷。

## （二）課程本位評量（curriculum-based assessment）

課程本位評量是直接用課程的內容作為實際的評量題目，以決定學生的學習需求，幫助教師決定「教什麼」與「怎樣教」。課程本位評量之規劃（curriculum-based assessment programming）可分為四個步驟，如圖 6-4 所示（Choate et al., 1992）。

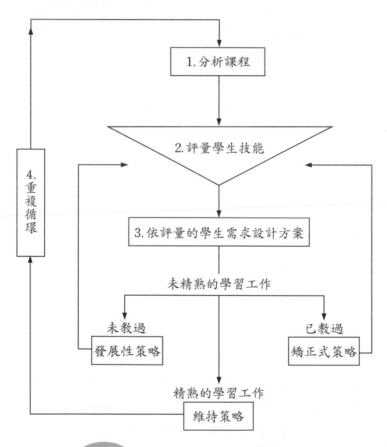

**圖 6-4　課程本位評量之規劃模式**

資料來源：Choate 等人（1992, p. 47）

1. 分析課程，指出學生所需要學習的技能、次技能與工作（tasks）。
2. 使用直接與間接測量方法，評量學生對現行課程內容領域之技能、次技能與工作的精熟度，並分析其學習需求。
3. 設計教學方案配合學生學習需求。方案可包含三階段：(1)對未教過的學習工作採發展性策略，進行一般教學；(2)對教過而未精熟的工作採矯正式策略；(3)對暫時精熟的工作採維持（maintenance）策略，引導應用及練習。
4. 重複步驟1至3的循環。比較學生所學之表現與課程分析的要求項目之差異，然後決定是否增加新學習工作或改變教學方案。

課程本位評量之優點包括：(1)可幫助教師決定「教什麼」及「如何教」；(2)能做更可靠、有效的診斷評量；(3)增進學生的學業成就；(4)可作為學習困難學生是否需轉介的參考；(5)使診斷與課程、教學緊密結合在一起。

## （三）工作分析（task analysis）

工作分析假定學習是有序階的，低階技能先學會，才能學會高階技能，因此，教師必須把一個教學目標分解成具體可測量的細小單元目標，並按其序階由低而高貫串起來，然後依序教學與評量。教師在教學過程中很容易發現學生的學習困難。表 6-1 是兩位數加法的工作分析之例子（Bender, 1992）。

**表 6-1 兩位數加法的工作分析**

| | |
|---|---|
| 1<br>29<br>+ 44<br>———<br>73 | 1. 把個位數欄位之數字加起來（9＋4）<br>2. 把和的第一個數字（3）寫在個位數欄位下。<br>3. 寫下第二個字（1）在下一欄位的上面。<br>4. 把十位數欄位的三個數字加起來（1＋2＋4）。<br>5. 在十位數欄位下寫下答案（7）。 |

## （四）工作樣本分析（work sample analysis）與錯誤分析（error analysis）

工作樣本分析是教師蒐集學生工作的樣本，例如：測驗、作業、作文、作品等，然後分析學生正確和錯誤的反應組型，並依學生的錯誤組型進行補救教學（McLoughlin & Lewis, 1994）。表 6-2 是對小學生的算術所做的錯誤分析之例子。

**表 6-2** 三位小學生的算術之錯誤分析

$$甲生\ \begin{array}{r} 13 \\ +\ 4 \\ \hline 8 \end{array} \qquad 乙生\ 1/2 + 1/5 = 9 \qquad 丙生\ 1/2 + 1/3 = 2/5$$

甲生為概念錯誤，缺乏多位數概念；乙生亦為概念錯誤，缺乏分數概念；丙生則為程序錯誤，缺乏通分概念與不知分數相加的程序。

其次，教師在教學前及教學後可分別比較學生的知識結構中之概念圖（concept map）和專家概念圖的差異，藉以診斷出學生的「錯誤概念」（misconception）及評量教學成效（何英奇，1992）。

再者，學生的錯誤分析也可藉助電腦診斷，例如：國外有一個叫BUGGY的電腦程式，可診斷學生做三位數減法過程中所犯的錯誤（Mayer, 1987）。何英奇（1989）也根據 S-P 表理論發展出一套電腦程式，可對學生的考試結果進行教學診斷，其中的「學生注意係數」更具診斷價值。所謂「學生注意係數」係指學生作答反應特異，教師宜注意之，例如：甲乙二位學生答對題數相同（同分），甲在簡單試題大多答對，在困難試題大多答錯，這是正常反應；而乙則反之，那麼乙的注意係數即比甲高，因其反應特異，故需加以注意。其次，可依「學生注意係數」的大小與成績的高低，將學生區分為「學習有效」、「努力不足」、「粗心」、「學習不穩」或「猜測」等類型，可供個別補救教學之依據。

## （五）診斷性探查（diagnostic probes）與診斷性教學（diagnostic teaching）

　　診斷性探查與診斷性教學是系統的操作教學條件，以決定教導學生某一特殊技能最適當的教學策略。前者係針對單一目標所做的簡短、一次性評量；相反的，後者則針對在一段較長期間內，比較兩種或多種不同的教學技術之不同效果（McLoughlin & Lewis, 1994; Zigmond, Vallecorsa, & Silverman, 1983）。

## （六）標準參照評量（criterion-referenced assessment）

　　標準參照評量是把學生的表現和一個既定的標準相比，而不是和一常模團體相比，藉以了解學生的精熟水準及發現學習困難之處。這個標準可能是教師設定的教學目標或某一課程領域內的細小技能目標（由大單元目標分解而成）（Overton, 1992）。一般而言，教師自編測驗、課程本位評量與工作樣本評量，皆屬於標準參照評量的模式。

## （七）動態評量（dynamic assessment）

　　動態評量認為，傳統的標準化測驗無法評量人的真正潛能，以及診斷出學習困難；其次，動態評量認為，人的認知能力透過仲介學習（mediated learning）是可以改變的。因此，動態評量乃在「評量—教學—再評量」的過程中，介入師生互動的教學，以及在再評量過程中給予必要的協助（暗示或提示），藉以深入精確地評量學生的潛能及診斷學生的學習缺陷。江秋坪、洪碧霞、邱上真（1996）的研究指出，動態評量對國語學習困難資源班學生的初步診斷有幫助。

## （八）檔案評量（portofolio assessment）

　　檔案評量是指蒐集學生在一段時間內的所有各種不同之學習成果，包括：考試、作業、作品、教師對學生的觀察日誌、學生的自評、問卷等資料集結成一個檔案，在學期間及結束時，以量和質的方式評量其成長、自我反省、成就表現及學習困難，並依評量結果安排其後之教學及作業。檔案評量的實施，通常允許學生依其興趣與能力部分自訂作業項目，自由發揮其創造表現。

## （九）實作評量（performance assessment）

　　實作評量是要求學生將知識轉化成具體的行動歷程或成果，力求以實際生活中可能遭遇的事件做為評量作業或活動。其評量型式是非常多元化的，例如：書面報告、作文、演說、操作、實驗、作品展示等。實作評量應包括真實、直接與專業的評定等三項成分。真實強調評量的作業應與實際生活經驗非常接近；直接是指作業本身即為評量結果所欲推測的範圍；專業的評定期望以專業的角度來界定學生的學習成果是否能達到專業標的。實作評量之重點在於評定學生實際生活中的表現及學習歷程，可診斷出學習和實作上的問題，以做為補救教學的依據。

## （十）口語評量（oral assessment）

　　口語評量指教師從學生口語表達的過程中，觀察學生的表達內容、技巧、組織能力來評量學生學習情形。口語評量方式可歸類為「口試」和「問問題」兩大類。「口試」方面常用做總結性評量，例如：演講、辯論、經驗分享、朗讀、表演等；「問問題」常做為形成性評量，例如：對話式形成性評量，把評量嵌入教學歷程，教師有效的運用提問、對話，從學生的回答蒐

集證據，由證據做出適當的教學決策和調整，它除可提供立即增強外，也能讓學生澄清自己迷思概念，診斷學生的學習困難所在。

## 第五節　學習風格與學習策略的診斷工具

### 一、學習風格之診斷

學習風格是指個人進行學習時的偏好方式，可包括認知、情意和生理等三種風格。雖然學生的個別差異是多方面的，但過去只注意到智慧方面的差異，因而無法提供學習困難學生有效的個別化教育方案。晚近，學習風格理論及其診斷工具之開發，增進對學生個別差異的掌握，大大的彌補以往心理與教育測量之不足。其次，可依學習風格之診斷結果，安排教學環境，設計最適合於個別化的教學方案，以進行補救教學。茲介紹幾個重要的診斷工具藉供參考。

### （一）思考方式問卷（The Style of Thinking Questionnaire）

本問卷由 Zenhausern 編製，吳武典、蔡崇建（1986）修訂，主要測量左右大腦分化情形。

### （二）學習方式量表（The Learning Style Inventory）

本量表由 Renzulli 與 Smith 編製，吳武典、蔡崇建（1986）修訂。分量表包括：協同研究、練習與記誦、討論、同儕教學、獨立研究、講述、編序教學、遊戲與模仿等類的學習風格。

## （三）學習風格量表（The Learning Style Inventroy）

本量表由 Dunn 與 Dunn（1978）編製，其測驗內容同時重視個人特質和學校環境的影響，共包括：環境、情緒、社會心理、生理，以及心理等五個特質，這五個特質又可分為二十一個元素：

1. 環境方面：聲音、光線、溫度、環境設計。
2. 情緒方面：動機、毅力、責任感、結構的需求。
3. 社會心理：同儕們合作、獨自工作、同儕配對合作、團隊合作、成人楷模、混合形式。
4. 生理方面：知覺偏好、食物需求、時間偏好、移動需求。
5. 心理方面：整體／分析、左腦／右腦、衝動／沉思。

利用本量表之診斷結果，可以較有效地設計個別化教育方案。國內林生傳（1985）曾修訂本量表，但只包含十四個元素。

# 二、學習策略之診斷

在知識爆發時代，教導學生學習策略，即學習「如何學習」，已成今日教學的核心課題之一。受認知心理學影響，學習困難已由早期的學習習慣、技巧的重視，進而擴充並涵括後設認知與動機等新理論。不少研究發現，低成就學生常缺乏有效學習策略，而且也發現學習策略可經由教導而習得，進而增進學習成就。因此，如何診斷學生缺乏哪些學習策略，並進一步根據診斷結果來加以訓練，誠屬當務之急。茲介紹國內現有的學習策略診斷工具如下。

## （一）學習習慣測驗

本測驗由臺灣師範大學教育研究所（1970）編製，共包含：學習方法、

注意集中力、學習時間分配、對學校功課態度，以及自動學習等五個分測驗。

## （二）包何二氏學習習慣與態度量表

本量表由紀文祥（1965）修訂，共分為：讀書、做作業、寫筆記、撰寫報告及作文、準備及參加考試、其他學習活動與教師關係等分量表。

## （三）學習態度測驗

本測驗由賴保禎（1969）編製，共包含：學習的方法、計畫、習慣、環境、慾望與過程等六項，以及準備考試、考試技巧等共八個分測驗。

## （四）學習方法效率量表

本量表由吳新華（1990）編製，國小四至六年級學生適用。內容包括：學習的計畫、學習的方法、計畫的實行、學習意願、生活習慣、學習習慣、學習環境、上課前的準備、筆記的方法、發問的方法、上課中的態度、應試的方法、答案的利用。

## （五）學習適應量表

本量表由陳英豪、林正文、李坤崇（1991）編製，國小四年級至國中三年級學生適用。內容包括：學習方法、學習習慣、學習態度、學習環境、身心適應。

## （六）學習與讀書策略量表：大學生版及國中生版

本量表由李咏吟等人（李咏吟，1993；李咏吟、張德榮、洪寶蓮，

1992）修訂自 Weinstein 之「Learning and Study Strategies Inventory」。大學生版的內容為：態度、動機、時間管理、焦慮、專心、訊息處理、選擇要點、學習輔助術、自我測驗、考試策略、解決策略、困難策略。國中生版的內容與大學生版很類似。又此量表已電腦化，可以透過電腦協助分析。

## （七）激勵的學習策略量表

本量表由吳靜吉、程炳林（1992）修訂自 Pintrich 等人的「Motivated Strategies for Learning Questionnaire」，適合國中小學生。量表內容分為：

1. 動機量表：包括內在目標導向、外在目標導向、工作價值、學習的控制信念、學習的自我效能、期望成功、測試焦慮等。
2. 認知量表：內含認知策略，包括演練、精緻化、組織、批判思考等策略，以及後設認知策略，包括計畫、監控與規範等策略。
3. 資源經營量表：內含時間與研讀環境經營、努力經營、同儕學習與尋求協助行為等。

## （八）中小學學習及讀書策略量表

本量表由林邦傑（1993）編製，包括：內在酬賞、外在酬賞、教育評價、學習的控制信念、自我效能、考試焦慮、重複溫習、選擇重點、內在連結、外在連結、批判思考、監控策略、調整策略、時間管理、努力與堅持、專心、社會互動等十八個分量表。

上述第6、7、8項量表乃結合行為與認知理論之編製或修訂，而且包含範圍很廣，更具診斷價值。

# 第六節　學習困難學生的個別化教育方案

個別化教育方案（IEP）是針對學習困難學生做深入診斷之後，提出符合其學習需求的教育設計（含安置與補救教學）之書面計畫。為發揮個別化教育方案之功能，個別化教育方面的資料須包括下列諸項（McLoghlin & Lewis, 1990）：

1. 敘述學生目前的教育表現水準。此等資料來自正式和非正式診斷結果，這些資料含括生理、心理、教育，以及家庭、社會方面。
2. 訂定年度目標與短期教學目標。
3. 說明提供學生特定教育措施、相關的服務，以及學生可能接受普通教育方案的程度。如學生接受的是資源教室方式，宜註明科目、節數及時間。相關服務除普通班的教育外，尚包括如物理治療、聽語治療、心理輔導等。
4. 明訂個別化教育方案開始實施及預期結束之日期，例如：「算術四則運算每週三、五下午一小時，自第二週起，持續半年」，以做為資源班教師安排補救教學及評鑑之依據。
5. 訂立年度評鑑計畫，以及評鑑程式和進度，藉以檢討及修正個別化教育方案。

表 6-3 是一個個別化教育方案範例的部分內容。

表6-3　個別化教學方案範例的部分內容

第二部分：　　　　　　　　　　　　　　　　　　學科（領域）：注音符號
學生姓名：王○○　　　　　　　　　　　　　　　　教師姓名：黎○○
目前能力：不會辨讀聲符、韻符、四聲、不會拼讀注音符號、閱讀速度遲緩，有反覆、
　　　　　漏字、跳行、讀過就忘、聽寫困難、筆順錯誤
長期目標：1. 能正確純熟地拼讀59個注音符號
　　　　　2. 能正確流利地朗讀兒歌
　　　　　3. 能閱讀國小低年級程度的課外讀物

| 短期教學目標 | 教法 | 教材 | 起訖日期 | 評　　量 |
|---|---|---|---|---|
| 1. 能讀寫聲符及加入聲調的注音符號（達90%）<br>(1)能認唸 21 個聲符<br>(2)能寫出 21 個聲符<br>(3)能認唸聲符ㄓ、ㄔ、ㄕ、ㄖ、ㄗ、ㄘ、ㄙ<br>(4)能寫出加入聲符的符號<br>(5)能朗讀，以聲符為主的兒歌 | 範讀，給予回饋<br>遊戲<br>個別指導<br>學生操作練習<br>注音符號綜合教學法 | 注音符號字卡<br>快樂學習屋—<br>兒歌讀本<br>聲調卡<br>聲符卡<br>作業單 | 104.2.22.～104.3.3. | 教師自編個別評量表<br>（104.3.3.）<br>通過90% |
| 2. 能讀寫韻符及加入聲調的注音符號（達90%）<br>(1)能認唸 16 個韻符<br>(2)能寫出 16 個韻符<br>(3)能認讀加入聲調的韻符<br>(4)能寫出加入聲調的韻符<br>(5)能朗讀以聲符為主的兒歌 | 範讀，給予回饋<br>遊戲<br>指導法<br>個別指導<br>學生操作練習<br>注音符號綜合教學法 | 注音符號字卡<br>快樂學習屋—<br>兒歌讀本<br>韻符卡<br>聲調卡<br>作業單 | 104.3.3.～104.3.9. | 教師自編個別評量表<br>（104.3.9.）<br>通過100% |
| 以下部分省略 | | | | |

資料來源：刪改自呂翠華（1993，第43頁）

# 第七節　學習困難的診斷方法與系統

教學評量特別重視回饋原則，尤其是當學生學習錯誤或遭遇困難時，亟需做深入診斷，以做為補救教學的依據。本節將介紹：(1)學生試題反應的診斷性評量方法；(2)概念構圖診斷；(3)S-P 表分析的診斷；(4)知識結構診斷；(5)電腦化補救教學網路評量系統；最後提出結語——學習困難之診斷需考慮多元因素及善用多元方法與工具。

## 一、學生試題反應的診斷性評量方法

茲以小學減法為例，說明當學生學習錯誤或困難時，如何進行診斷性評量，例如：某生在九題試題反應結果之四種診斷方法，說明如下（何英奇，1992；Nitko, 1986）：

a. 19-11=8 　　（答對）　b. 16-15=1 　　　（答對）　c. 33-11=22 　　（答對）

d. 522-111=411（答對）　e. 542-430=112（答對）　f. 31-27=16 　　　（答錯）

g. 45-36=11 　　（答錯）　h. 631-427=216（答錯）　i. 452-361=111（答錯）

該生之總分為 5/9 或 56%，百分等級為 20。

## （一）特質剖面圖法

將減法、加法與乘法等三個分測驗的總分相比較，然後畫出剖面圖以比較其優劣。

診斷舉例：將第 a 至 i 題合併計分，然後換算為「常模參照」（norm-referenced）分數。

可能解釋：該生減法很差。

## （二）先備階層合併行為目標法

將這些試題與行為目標結合，然後將這些目標組成先備序階。假如高層目標答錯，測驗結果可以辨識哪些先備目標是已知或未知。

診斷舉例：下列目標是依先備階層排列，每一目標所測之試題如前所述，其題號以括弧示之。

（甲）二位數減法：其數字小於或等於20。【第a、b題】得分 2/2 或 100%分。

（乙）二位數與三位數減法：不需借位。【第c、d、e題】得分 3/3 或 100%分。

（丙）二位數減法：需從十位數借位。【第f、g題】得分 0/2 或 0% 分。

（丁）三位數減法：需從十位數或百位數借位。【第h、i題】得分 0/2 或 0%分。

可能解釋：該生尚未精熟目標（丙）與目標（丁），而先備目標（甲）與目標（乙）已精熟，應從目標（丙）開始教學。

## （三）錯誤分類法

學生的錯誤反應依其類型加以歸類。

診斷舉例：第f、g、h與i題是錯的，因此，需進一步辨認其錯誤類型。

可能解釋：該生不會從十位數借位到個位數，也不會從百位數借位到十位數。

## （四）利用學生知識結構所進行的錯誤過程辨識法

將學生的錯誤與正確反應詳細研究，以便找出其反應的一致性過程。學生計算過程的辨識，可以讓教師了解學生如何掌握問題的概念；其次，學生

計算錯誤的原因也需加以指明。

診斷舉例：將學生從第 a 到 i 題的反應仔細加以探討，看是否能找出一致性計算規則。

可能解釋：學生一致性地使用下列規則：「大的數字減小的數字」，這規則適合第 a 至 e 題，不適合 f 至 i 題。這個不正確的規則乃是在最初解決個位數減法所習得，而干擾到複雜問題解決的學習。

## 二、概念構圖診斷

概念構圖（concept mapping）是由美國心理學家 Novak 於 1984 年所提出，它是由概念與概念間的連線及連接語、概念的例子等組成的一個知識結構網絡。概念圖包括六個部分：概念、分支、水準層次、同一分支下概念間的連接線和連接語、不同分支下概念間的連接線和連接語，以及例子等（王立君，2004；余民寧，1997）。概念構圖反映了學生頭腦中已經形成的認知結構，體現了學生對某一領域知識的理解。從學生所繪製的概念圖中，教師可以了解學生知道了什麼、不知道什麼、產生了哪些迷思概念。以專家的知識而言，水的概念圖如圖 6-5 所示。

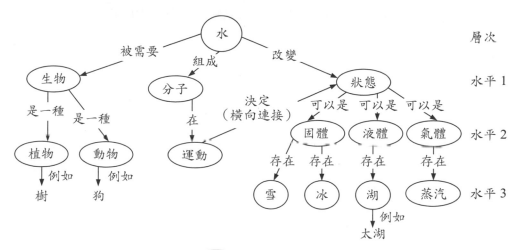

**圖 6-5 水的概念圖**

資料來源：王立君（2004，第 614-618 頁）

　　茲舉一例說明如何分析學生的知識結構，診斷學生的錯誤觀念。Stice 與 Alvarez（1987）以小學一年級學生為對象，分析學生教學前與教學後在「海中食物」的「階層概念構圖」（hierarchical concept mapping）之變化，圖 6-6 是某生教學前後的概念圖，此圖顯示教學前該生之概念很簡略，概念間有錯誤關聯；而在教學後的概念圖顯示，該生的概念已趨於精細複雜（但某些拼字尚有錯誤）。

## 三、S-P 表分析的診斷

　　S-P 表（Student-Problem Chart, S-P Chart）是由日本學者佐藤隆博於 1970 年代所創，是一種將學生的作答反應情形「圖形化」分析的方法，其目的在獲得每位學生的學習診斷資料，以當作學習輔導之參考。S-P 表診斷學生的作答反應組型，嘗試藉由差異係數（disparity index）、同質性係數（homogeneity index）、試題注意係數（item caution index），以及學生注意係數（student caution index）等指標，判斷不尋常之反應組型，並藉此提供診斷訊息。國內不少研究發現 S-P 表具有學習診斷的功能，可做為補救教學之依據（余民寧，1997）。

　　何英奇（1989，1992）與林世華合作設計了一套微電腦化 S-P 表分析程式，具有多項功能：

1. 利用電腦閱卷與分析，節省時間與人力。
2. 幫助教師了解每一個學生的成績在團體中的相對位置。
3. S 曲線的分布與「全班學生平均答對率」可提供教師了解該班學生的程度。
4. 列印每一試題的正確答案與每一位學生的錯誤答案，可提供學生校正答案與教師了解學生的錯誤之處。
5. P 曲線的分布與「試題平均答對%」可提供教師了解該次試題的難易程度。

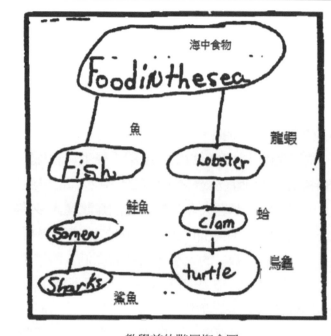

教學前的階層概念圖

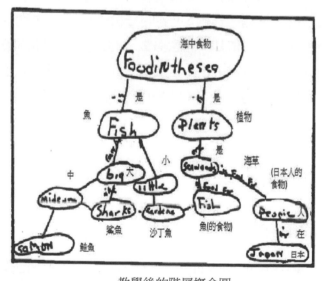

教學後的階層概念圖

圖 6-6 「海中食物」教學前後的概念階層圖變化
資料來源：Stice 與 Alvarez（1987）

6. 依學生在全部試題上通過百分比之高低，由高而低依序列印，例如：以 80 % 為標準，教師可立即確認哪些學生未達標準，俾做補救教學之依據。

7. 依每一試題通過百分比（難度）之高低，由易至難依序列印，教師可立即確認哪些試題是困難的，以及哪些學生在這些試題不會作答，俾做為個別補教教學之依據。

8. 列印每一位學生的「注意係數」。所謂「學生注意係數」，係指學生作答反應特異，教師宜注意之，例如：甲乙二位學生答對題數相同（同分），甲在簡單試題大多答對，在困難試題大多答錯，而乙則反之；那麼，乙的注意係數即比甲高，因其反應特異需加以注意。其次，可依其「注意係數」的大小與成績的高低，將學生區分為「學習有效」、「努力不足」、「粗心」、「學習不穩」或「猜測」等類型，可供個別補救教學之依據。

9. 列印每一試題的「注意係數」。所謂「試題的注意係數」係指試題含有異質（如語意曖昧），而使得程度差的學生答對，程度好的學生思考愈周密反而答錯。透過 S-P 表的分析，可以提供教師改進試題的命題技巧。其次，可依其「注意係數」的大小與試題的難易，將試題分為「適當」、「艱難」、「含異質」和「不當異質」等類型，可供教師改進命題之參考。表 6-4 是 S-P 表分析的結果報表，它提供多種診斷功能。

# 四、知識結構診斷

## （一）認知診斷評量

認知診斷評量（cognitively diagnostic assessment）是將認知科學（cognitive science）與心理計量學（psychometrics）結合，發展出新的診斷評量方法。認知診斷評量嘗試藉由學生模式（student model）、概念網絡（concep-

## 表 6-4　S-P 表分析的結果

| 學生座號 | 測驗分數 (RAW) | (%) | 注意係數 值 | 類別 | 2 | 3 | 1 | 4 | 7 | 9 | 5 | 8 | 6 | 10 | 姓名 |
|---|---|---|---|---|---|---|---|---|---|---|---|---|---|---|---|
| 17 | 9 | 90.00 | 0.00 | II | + | + | + | + | + | + | + | + | + | A | 程小平 |
| 06 | 9 | 90.00 | 0.15 | II | + | + | + | + | + | + | + | + | C | + | 何大明 |
| 09 | 9 | 90.00 | 0.92 | I | + | + | B | + | + | + | + | + | + | + | 林信忠 |
| 19 | 8 | 80.00 | 0.09 | II | + | + | + | + | + | + | + | A | A | + | 陳秀雲 |
| 18 | 7 | 70.00 | 0.00 | II | + | + | + | + | + | + | + | C | A | A | 嚴世偉 |
| 01 | 7 | 70.00 | 0.00 | II | + | + | + | + | + | + | + | C | A | A | 楊玉關 |
| 03 | 7 | 70.00 | 0.30 | I | + | + | B | + | + | + | + | + | A | A | 林義奇 |
| 07 | 6 | 60.00 | 0.19 | II | + | + | B | + | + | + | + | C | A | A | 黃學盛 |
| 11 | 5 | 50.00 | 0.00 | II | + | + | + | + | + | B | A | D | A | A | 張朝石 |
| 08 | 5 | 50.00 | 0.00 | II | + | + | + | + | + | A | C | D | C | D | 歐貞藍 |
| 13 | 4 | 40.00 | 0.00 | III | + | + | + | C | B | A | A | A | A | A | 何漢景 |
| 10 | 4 | 40.00 | 0.00 | III | + | + | + | + | A | A | C | C | A | A | 謝俊如 |
| 20 | 4 | 40.00 | 0.03 | III | + | + | + | B | + | B | C | D | A | A | 許正祝 |
| 14 | 3 | 30.00 | 0.00 | III | + | + | + | A | C | B | A | C | A | B | 林建建 |
| 12 | 3 | 30.00 | 0.82 | IV | B | A | B | C | C | + | C | + | + | A | 李大圍 |
| 02 | 2 | 20.00 | 0.00 | III | + | + | B | C | C | C | A | C | A | A | 黃慧視 |
| 16 | 2 | 20.00 | 0.00 | III | + | C | + | A | A | C | A | C | A | A | 韓敏雄 |
| 15 | 2 | 20.00 | 0.48 | IV | B | A | + | B | C | B | C | A | + | A | 何婉若 |
| 04 | 2 | 20.00 | 0.48 | IV | B | A | + | C | D | B | A | C | + | A | 林信東 |
| 05 | 1 | 10.00 | 0.48 | III | C | A | + | C | A | A | C | D | A | A | 陳瑞成 |
| 答對人數 | | | | | 16 | 15 | 15 | 12 | 11 | 9 | 8 | 5 | 5 | 3 | |
| 答對百分比 | | | | | 80 | 75 | 75 | 60 | 55 | 45 | 40 | 25 | 25 | 15 | |
| 注意係數（值） | | | | | 0.0 | 0.0 | 0.5 | 0.0 | 0.0 | 0.0 | 0.0 | 0.2 | 0.5 | 0.0 | |
| （類別） | | | | | II | II | I | II | II | III | III | III | IV | III | |

差異係數（$D^*$）= 0.29　　　　全體平均答對數 = 49.5%　　　　試題平均難度 = .495

| | MEAN | SD | | MEAN | SD |
|---|---|---|---|---|---|
| 學生： | 4.95 | 2.55 | 試題： | 9.90 | 4.41 |

tual network），以及心理計量屬性（psychometric attribution）等三大方面，來了解生手的認知結構與專家之差異，以便因材施教與進一步的補救教學。近年來，在認知診斷評量領域中，由於圖形評量技術的誕生與改進，試圖將學生們所習得的概念與既有的認知結構以圖形方式表徵出來，以進一步確認學習過程中的概念變化、概念錯誤的發生，以及謀求補救改善之道（余民寧，1997；涂金堂，2003）。

認知診斷評量中最受重視的是路徑搜尋網路分析，它結合了認知領域的語意網絡模式（semantic network model）及計量領域的圖形理論（graph theory）為基礎，利用路徑搜尋量尺化算則，計算節點之間的關係位置，將其表徵為多向度空間，可對學生的知識結構進行認知診斷評量，國內已有不少研究已證實為有效之評量工具（余民寧，1997）。

使用認知診斷評量模式時，須依據測驗目的建立所要評量的認知屬性，再考量屬性的難易度與相似程度組合成試題，並藉由關聯矩陣（incidence matrix），通常以 Q 矩陣表示每個試題對應到的概念。施測者可藉由受試者的試題反應組型與 Q 矩陣，推估受試者具備或缺乏哪些概念，進而據此了解受試者的學習狀況，進行補救教學（劉育隆、曾筱倩、郭伯臣，2006）。

余民寧（2002）發展了一套線上認知診斷評量模式，用來幫助診斷國小數學科低成就學生的知識結構，並發現學習缺陷所在，以謀求適當的補救教學措施。研究發現：(1)知識結構診斷評量程式是一個有用的研究工具；(2)認知診斷評量模式是一個改良式的教學評量模式；(3)線上認知診斷評量模式是一個有潛力的教學評量輔助工具。

游森期、余民寧（2006）以臺北市 286 位國小學生為對象，以「數學科認知診斷成就測驗乙卷」為工具，探討知識結構診斷評量與 S-P 表分析的兩種認知診斷測驗的關聯性。S-P 表分析與路徑搜尋網路分析兩種認知診斷取向的分析結果具有一致性，表示二者具有相似的診斷功能。

## （二）以知識結構為基礎之適性測驗系統

劉育隆等人（2006）建構「以知識結構為基礎之適性測驗」（knowledge structure based adaptive test）系統，簡稱 KSAT。系統主要包含三個子模組：(1)適性測驗出題模組；(2)補救教學分類模組；(3)多媒體補救教學模組。系統主要架構如圖 6-7 所示，希望透過此系統能將學生的評量與補救學習數位化及網路化，藉此達到「因材施測」及「因材施教」。

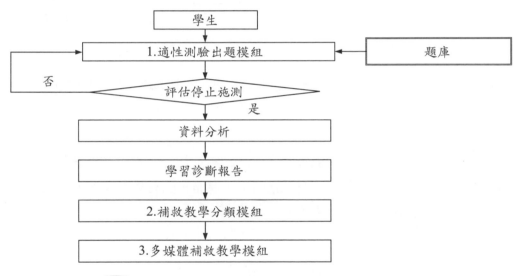

圖 6-7　以知識結構為基礎之適性測驗系統架構圖

資料來源：劉育隆等人（2006，第 20 頁）

學生在 KSAT 系統上之作答反應的試題結構診斷分析及補救教學建議，如圖 6-8 所示。

研究發現，以知識結構為基礎之適性測驗系統有以下特點：(1)能達成節省試題、縮短施測時間及高預測率的功效；(2)以精緻的專家知識結構進行命題，可以診斷學生學習上細微的錯誤概念；(3)透過網路的平臺，可達到隨時

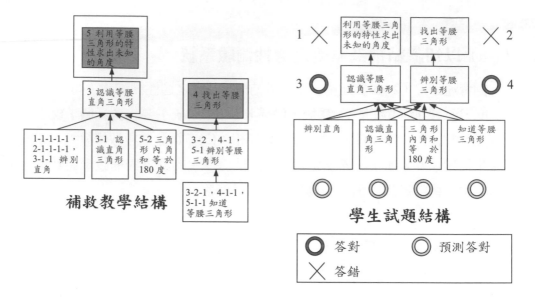

診斷、隨時學習之目標；(4)依據學生不同的錯誤類型，提供該錯誤類型的補救教學計畫，可以讓學生先「因材施測」，進而「因材施教」，並進行有效的補救教學（劉育隆等人，2006）。

## 五、電腦化補救教學網路評量系統

臺灣弱勢學生的學習表現相當低落，因此教育部自 2006 年起，辦理補救教學篩選及補救教學（教育部，2013）。另外，教育部也建置「國民小學及國民中學補救教學方案科技化評量」平臺供教師參考（教育部，2014）（詳見 http://exam.tcte.edu.tw/tbt_html/index.php? mod=news）。

教育部也委託二個大學建置電腦化補救教學網路評量系統，其中臺南大學負責「攜手計畫學生評量系統」（ASAP），於 2011 年試用，測驗結果採常模參照；雲林科技大學於 2012 年建置「國民小學及國民中學補救教學科技

化評量」（PRIORI-tbt），測驗結果採標準參照，提供結果通過或不通過（洪儷瑜，2011）。

　　ASAP 與 PRIORI-tbt 皆是為篩選補救教學及根據學生作答情形診斷學生學習狀況，以做為教師補救教學介入之參考。但前者採適性化測驗，依受測者能力的不同挑選最適合的題目來作答，後者則採傳統測驗理論（王瓊珠，2014）。某學生在補救教學網路評量系統上之診斷評量結果，如圖 6-9 與圖 6-10 所示，教師可根據診斷結果進行補救教學。

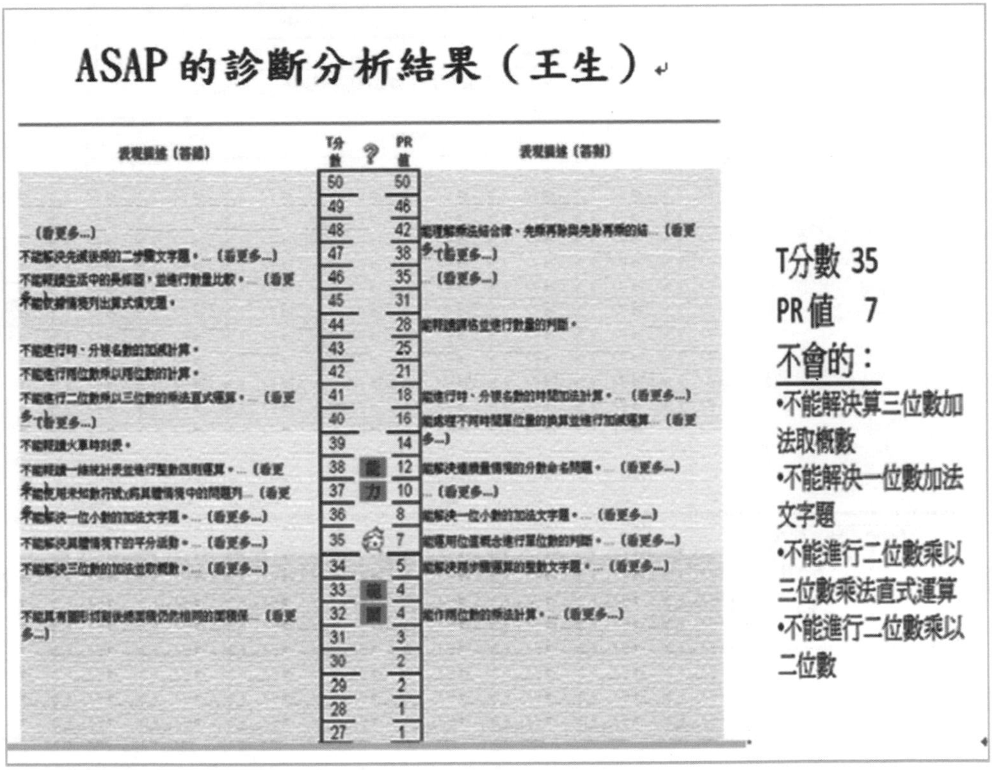

圖 6-9　王生在 ASAP 的診斷分析結果
資料來源：洪儷瑜（2011）

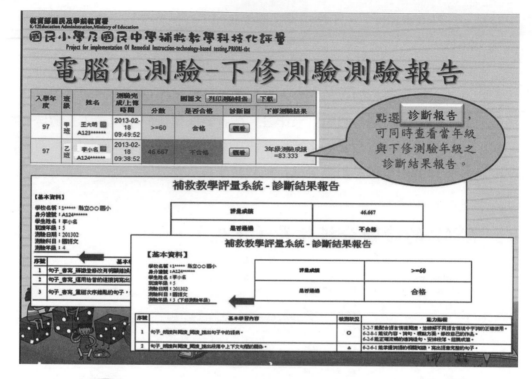

圖 6-10　某生在補救教學科技化評量上之診斷評量報告

資料來源：教育部（2014）

# 第八節　結語：學習困難之診斷需考慮多元因素及善用多元方法與工具

　　本章第二節指出，影響學習困難的原因，可分為家庭、學校、社會，以及個人等四方面，而且各因素間常交互影響，因而錯綜複雜。綜合而言，可歸納為環境不利因素、個人不利因素及二者的交互影響。因此，學習困難原因之診斷不能局限在學科知識方面而已，有賴多元方法與工具之應用，除本章所介紹之各種策略、方法、工具外，對於特殊複雜個案，必要時還需善用心理諮商及其他深層心理與社會的診斷工具，方竟其功。

## 自我評量題目

1. 試述學習困難的定義及其類型。

2. 試述影響學習困難的個人、家庭、學校,以及社會的因素。

3. 試述學習困難的診斷與補救教學流程。

4. 試述學習困難之診斷應注意的事項。

5. 試述學習困難之診斷的層次、模式與策略。

6. 試述學習困難的非正式評量方法。

7. 試述適用於國內之學習風格與學習策略的診斷工具。

8. 何謂個別化教育方案。

9. 試述學習困難的診斷方法與系統。

## 中文部分

王立君（2004）。概念圖：物理教學的有效工具。**物理教育**，614-618。

王瓊珠（2014）。低成就學生的診斷與評量。載於陳淑麗、宣崇慧（主編），**帶好每一個學生：有效的補救教學**（第47～65頁）。臺北市：心理。

江秋坪、洪碧霞、邱上真（1996）。動態評量對國語資源班學童鑑別與協助效益之探討。**測驗年刊**，**43**，115-140。

何英奇（1989）。精熟學習策略配合微電腦化S-P表分析診斷對學生學習效果的實驗研究。**教育心理學報**，**22**，191-214。

何英奇（1992）。教學評量的基本原則。載於國立臺灣師範大學學術研究委員會（編），**教學評量研究**（第3～30頁）。臺北市：五南。

余民寧（1997）。**教育測驗與評量：成就測驗與教學評量**（第二版）。臺北市：心理。

余民寧（2002）。線上認知診斷評量模式之研究：以國小數學科低成就學生為對象（2/2）。取自 http://nccur.lib.nccu.edu.tw/handle/140.119/4644

吳武典、蔡崇建（1986）。國中資優學生的認知方式與學習方式之探討。**特殊教育研究學刊**，**2**，219-203。

吳新華（1990）。**學習方法效率量表**。臺北市：心理。

吳靜吉、程炳林（1992）。激勵的學習策略量表之修訂。**測驗年刊**，**39**，59-78。

呂翠華（1993）。學習障礙兒童的補救教學。臺北市教師研習中心（編），**學習障礙與資源教學**（第34～39頁）。臺北市：臺北市教師研習中心。

李咏吟（1993）。國中生學習與讀書策略量表之修訂報告。**測驗年刊**，**40**，91-116。

李咏吟、張德榮、洪寶蓮（1992）。大學生學習與讀書策略量表之修訂報告。**測驗年刊**，**39**，117-138。

林生傳（1985）。國中學生學習式態之相關因素及其學校教育態度、學業成就的關係。**國立高雄師範學院教育學刊**，**6**，41-94。

林邦傑（1993）。**中小學學習及讀書策略量表的修訂**。教育部輔導工作研究報告。

林麗華（1987）。**精熟學習模式及其在國小數學科教學上之效果的研究**（未出版之碩士論文）。國立臺灣師範大學，臺北市。

洪儷瑜（1995）。**學習障礙者教育**。臺北市：心理。

洪儷瑜（2011）。國中低成就學生的學習診斷與評量。取自 https://eb1.nc.hcc.edu.tw/edu/pub/downfiles.php%3Frecid%3D40511%26fid%3D2+&cd=3&hl=zh-TW&ct=clnk&gl=tw

紀文祥（1965）。**大學及高中學生學習習慣與態度之研究**（未出版之碩士論文）。國立政治大學，臺北市。

涂金堂（2003）。認知診斷評量的探究。**南師學報，37**（2），67-97。

教育部（1994）。**國民中學資源班輔導手冊**。臺北市：教育部。

教育部（2013）。**國民小學及國民中學補救教學資源平臺**。取自 https://:priori.moe.gov.tw/index.php? mod=about

教育部（2014）。**103 年度補救教學科技化評量 9 月份篩選測驗簡報檔**。取自 https://exam.tcte.edu.tw/tbt_html/

教育部特殊兒童普查工作執行小組（1991）。**第二次全國特殊兒童普查工作初查工作手冊**。臺北市：教育部。

陳英豪、林正文、李坤崇（1991）。**學習適應量表**。臺北市：心理。

陳惠珠（1989）。學習輔導實施步驟及其實施原則。**諮商與輔導，45**，17-19。

游森期、余民寧（2006）。知識結構診斷評量與 S-P 表之關聯性研究。**教育與心理研究，29**（1），183-208。

楊坤堂（1993）。低成就學生的診斷與教學。**國小特殊教育，38**，19-19。

臺灣師範大學教育研究所（1970）。**學習習慣測驗**。臺北市：作者。

劉育隆、曾筱倩、郭伯臣（2006）。以知識結構為基礎之適性測驗系統建置。**測驗統計年刊，14**，17-35。

歐源榮（1995）。國中學習困擾與輔導策略。**學生輔導，38**，76-83。

賴保禎（1969）。**學習態度測驗**。臺北市：中國行為科學社。

## 英文部分

Ariel, A. (1992). *Education of children and adolescents with learning disabilities*. New York, NY: Macmillian.

Bender, W. N. (1992). *Learning disabilities: Characteristics, identification and teaching strategies*. Boston, MA: Allyn & Bacon.

Choate, J. S. et al. (1992). *Curriculum-based assessment and programming*. Boston, MA: Allyn & Bacon.

Coleman, M. C. (1986). *Behavior disorders: Theory and practice*. Englewood Cliffs, NJ: Prentice-Hall.

Dunn, R., & Dunn, K. (1978). *Teaching students through their individual learning styles: A practical approach*. Reston, VA: Reston.

Heward, W. L., & Orlansky, M. D. (1992). *Exceptional children* (4th ed.). NY: Macmillan.

Kirk, S. A., Gallagher, J. J., & Anastasiow, N. J. (1993). *Educating exceptional children*. Boston, MA: Houghton Mifflin.

Leadbetter, J., & Leadbetter, P. (1993). *Special children: Meeting the challenge in primary school*. London, UK: Cassell.

Mayer, R. E. (1987). *Educational psychology: A cognitive approach*. Boston, MA: Little, Brown & Co.

McLoughlin, J. A., & Lewis, R. B. (1990). *Assessing special students* (3rd ed.). Columbus, OH: Merill.

McLoughlin, J. A., & Lewis, R. B. (1994). *Assessing special students* (4th ed.). NY: Macmillan.

Montgomery, D. (1990). *Children with learning difficulties*. London, UK: Cassell.

Naparstek, N. (1995). *The learning solution*. New York, NY: Aron Books.

Nitko, C. F. (1986). Design tests that are integrated with instruction. In R. L. Linn (Ed.), *Educational measurement* (pp. 447-474). NY: Macmillan.

Overton, T. (1992). *Assessment in special education*. NY: Macmillan.

Smith, C. R. (1994). *Learning disabilities: The interaction of learner, task and setting*. Boston, MA: Allyn & Bacon.

Stice, C. F., & Alvarez, M. C. (1987). Hierarchical concept mapping in the early grades. *Childhood Education, 64*(2), 86-96.

Taylor, R. L. (1984). *Assessment of exceptional students*. Englewood Cliffs, NJ: Prentice-Hall.

Thomas, R. M. (1989). *The puzzle of learning difficulties: Applying a diagnosis and treatment model*. Springfield, IL: Charles C. Thomas.

Trapani, C. (1990). *Transitional goals for adolescents with learning disabilites*. Boston, MA: Little Brown.

Wallace, G., & Kauffman, J. M. (1986). *Teaching students with learning and behavior problems* (3rd ed.). Columbus, OH: Merrill.

Wallace, G., & McLoughlin, J. A. (1988). *Learning disabilities: Concepts and characteristics.* Englewood Cliffs, NJ: Prentice-Hall.

Zigmond, N., Vallecorsa, A., & Silverman, R. (1983). *Assessment for instructional planning in special education.* Englewood Cliffs, NJ: Prentice-Hall.

CHAPTER **7**

# 教學中的多元評量

張景媛

## 學習目標

詳讀本章後,學習者應能達到下列目標:

1. 了解教學與評量的關係。
2. 知道口語評量的目的、理論基礎與實施方法。
3. 學會實作評量的目的、理論基礎與實施方法。
4. 了解檔案評量的理論基礎、教學設計與實施方法。
5. 學習高層次紙筆評量的教學設計與實施方法。

# 摘要

　　教學與評量是一體的兩面，教學中有評量，評量中有教學。這樣的觀念對教師來說或許有點困擾，因教師常覺得教學中忙於應付教室秩序，怎麼可能進行教學評量活動。如果教師在課堂教學中未進行評量活動，又怎麼知道接下來要進行怎樣的教學才能讓學生學會呢？所以，在設計課程教學時，就應該設計好評量活動。目前各級學校重視多元教學，既然課堂採用多元的教學方法，當然評量也不只有紙筆測驗一種方式。本章介紹多元評量的方法，並舉出實際的例子供參考。多元評量主要的方法有：口語評量、實作評量、檔案評量，以及紙筆評量。口語評量從 Bloom 的認知分類及 Wiliam 與 Thompson 的形成性評量談起，舉例說明數學課堂中對話式形成性評量的方法。實作評量從 Dewey 的經驗學習理論談起，並以服務學習與戶外探索活動為例，說明實作評量實施的方法。檔案評量從多元智能談起，以服務學習檔案製作為例，說明課程設計與檔案評量的方法。最後的紙筆評量，主要是以高層次紙筆評量為例，說明實施的方法。

# 第一節　教學與評量的概念

　　二十一世紀的教學對教師來說是一大考驗，因為整個社會環境改變，科技產品日新月異，學生在這樣的環境下成長，教師不能再以傳統講述式教學來引發學生學習的興趣。因此，多元教學的理念是希望教師能運用各種有效的教學方法與策略，激發學生的學習動機、理解教材的內容、維持學習的興趣，進而主動探究自己感興趣的議題。既然課堂教學的方法有改變，課堂教學的評量方法也要隨著教學策略而有不同的評量方法。也就是說，如何教，就要如何評，教學與評量是相互關聯的。以圖 7-1 教學與評量的太極關係圖為例，教師在課堂教學中就要想到學生是否理解教材內容，教師可以從學生的表情、動作、對話及討論等方面了解學生學習的情形；同樣的，教師在進行各種評量方法時，心中要考量的是學生為什麼出現這樣的錯誤，原因可能有哪些，接下來該如何調整教學策略，讓學生可以了解教材的內容。課堂教學與評量就在這樣的循環中，逐步提升學生學習的成效。

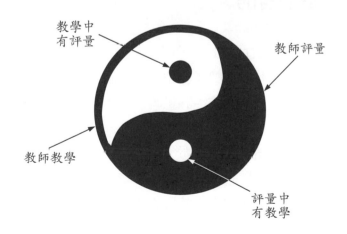

圖 7-1　教學與評量的太極關係圖

在介紹多元評量的方法前，我們先了解多元教學的方法。一般來說，課堂上的教學策略包括：直接教學法、小組合作學習、創意技法、價值澄清、學習共同體、實驗教學、體驗學習、引導思考、問題導向學習、團隊導向學習、探究學習或專題製作等。但，這麼多的教學方法或策略要如何進行評量呢？從教育部九年一貫課程領域綱要中可知，領域教學宜採用多元評量的方法，教師可依據教材內容選取適切的教學策略與評量方法。評量的方法包括：口語評量、實作評量、檔案評量、紙筆測驗，以下分別加以說明。

# 第二節　多元評量的方法：口語評量

在口語評量的部分，傳統的口語評量是教師提出問題，學生要給予標準答案，這就類似考試的方式，只不過改為口頭回答問題而已，目的在了解學生是否記得或理解教師的教學內容。但是，這裡所提到的口語評量，不論是目的或方法都和傳統口語評量有所不同。

## 一、口語評量的目的

口語評量可以是形成性評量，也可以是總結性評量，說明如下：

1. 形成性評量：當教師在課堂上和學生對話討論時，這是一種形成性評量。在進行對話式的形成性評量時，教師的提問與回饋要有技巧，不要讓學生感到害怕，而是讓學生學習表達自己的意見或想法。這種對話式形成性評量的目的，在於了解學生在課堂上學習進展的情形。

2. 總結性評量：如果口語評量是當作總結性評量來使用時，就像是口試或專題完成後的口頭報告，其目的在了解這段期間學生學習的整體成效。

## 二、口語評量的理念與實施方法

### （一）從 Bloom 的認知分類來談

　　早期Bloom的認知領域教育目標分類為：知識、理解、應用、分析、綜合，以及評鑑等六層次。之後，Anderson 與 Krathwohl（2001）修改為：記憶、理解（描述或解釋）、應用、分析、評鑑，以及創作等六層次，如圖7-2所示。

**圖 7-2** 認知領域教育目標分類圖
資料來源：Anderson 與 Krathwohl（2001）

　　從認知領域教育目標分類圖來看，口語評量的內容可以分為三個層次，舉例如下：

　　1.低層次的口語評量：你記得上週老師教三角形的面積怎麼計算嗎？
　　　（記憶）；你說說看三角形有什麼特徵？（描述）。這類口語評量的
　　　問題通常是短答題，問題通常只要求簡單的說明。

2. 中層次的口語評量：我們已學習體積的算法了，請問同學，裝洗衣機的這個大紙箱之體積是多少呢？（應用）；假如一棟十層樓的建築，四樓發生火災，你住在九樓，住戶都往樓上跑，你覺得原因為何？優點或缺點有哪些？（分析）。這類口語評量的問題常是開放性問題，希望學生從生活經驗中切入思考。

3. 高層次的口語評量：在剛才各組的報告中，你最欣賞哪一組的報告？為什麼？（評鑑）；如果這次輪到你上臺報告，你想運用什麼策略讓你的報告能吸引同學的目光，且容易記得重點？（創作）。這類口語評量的問題也是開放性問題，較不容易設計，通常希望學生分析、解釋與看出問題背後的現象或想出新的策略。

## （二）從 Wiliam 與 Thompson 的形成性評量來看

Wiliam 與 Thompson（2008）提出一個有系統的架構，如表 7-1 所示。

表 7-1 形成性評量架構及實施策略

| | 學習者要學習的目標 | 學習者現在的狀況 | 達到目標的方法 |
|---|---|---|---|
| 教師 | 教師讓學生釐清學習的目標及成功的標準。 | 教師運用各種有效的教學活動展現學習的情形。 | 教師要提供學生適切的回饋，以促進學生的學習。 |
| 同儕 | 同學們了解學習的目標及成功的標準。 | 激發學生的互動與討論，彼此成為對方的教學資源。 | |
| 學習者 | 學習者了解學習的目標及成功的標準。 | 激發學生成為主動探究的學習者。 | |

資料來源：引自 Wiliam 與 Thompson（2008）

從表 7-1 形成性評量架構及實施策略中可知，形成性評量考量兩個向度：

1. 形成性評量有三個階段：一是釐清學習的目標與成功的標準；二是學生目前的狀況如何，具有哪些先備經驗；三是運用什麼方法可以達成學習目標，讓學生獲得成功的經驗。

2. 形成性評量不是教師一個人的事情，全班同學及學習者本身都是形成性評量的參與者。就如佐藤學所提倡的學習共同體一樣，在課堂教學中，教師、同儕和學習者本身都負有學習與評量的責任。教師要學習了解學生的困難、引導學生的思考，以及發現學生學習改善的情形等；同儕要學習互相表達自己的想法，提供大家多元的思考環境及從討論中評量自己改變的情形；學習者本身要參與討論，除了提供大家多元的思考環境外，也要主動發現問題，尋求支援，學習面對問題、解決問題，增進自己成功的經驗。

從佐藤學所強調的學習來看，他的理念與社會建構論是一致的，他認為學習是人和自己、他人及社會互動中所建構出來的意義。所以，學習要透過對話（包括：自我對話、與他人的對話）及引導，才能形成內化的意義。Kotsopoulos、Lee 與 Heide（2010）也認為，對話是探索數學認知思考的重要方法；Vanderhye 與 Demers（2007）更舉例說明對話式形成性評量的實施方法，如下：

老師：請看一下我畫在黑板上的三角形，它不是等邊三角形，那麼它是什麼三角形？

瑞莎：銳角三角形。

老師：你怎麼知道？

瑞莎：因為它有一個銳角。

老師：沒錯，不過它同時也有一個鈍角。

瑞莎：它有兩個銳角，只有一個鈍角而已。

漢森：一個三角形不可能有超過一個以上的鈍角，三角形不可能有兩個鈍角。

老師：三角形的內角和為幾度？

強森：360 度？

漢森：180 度。

老師：沒錯，是 180 度。三角形可以有一個以上的鈍角嗎？

（有一小段時間，沒有人回應）

漢森：這不可能的。……

從上述的例子中，我們看到在師生互動與同儕互動中，學生們獲得即時的回饋，聽到各種不同的觀點，進而澄清自己原先的概念。Wiliam（2007）認為，回饋在形成性評量中扮演著重要角色，當學生有機會在對話互動中表達自己的想法，並依據教師的回饋來改進學習時，這對他們的學習助益才是良多。

# 第三節　多元評量的方法：實作評量

在實作評量部分，傳統實作評量是教師說明作法，學生依照規定執行任務，目的在讓學生知道執行的方法及體驗實作的精神。但是，這裡所談的實作評量，是依據實作課程的內涵加以設計而成。以下說明實作評量的目的以及實作評量的理念與實施方法。

## 一、實作評量的目的

實作評量可以是形成性評量，也可以是總結性評量，說明如下：

1. 形成性評量：舉例來說，在成品製作或練習表演的過程中，教師可以評量學生專注的態度、與同儕合作的情形等，這是一種形成性評量。對教師來說，可以即時發現學生實作上的困難，予以適當的協助；對學生來說，可以從同儕互相教導中欣賞每個人的特質，或是發現自己的優缺點。

2. 總結性評量：如果學生完成自己的創作或在整個實作單元結束時，教師依據學生整體的表現予以評量，那就是屬於總結性評量。總結性評量不一定是由教師評量，它可以由同儕互評、學習者自評，甚至可以

由家長進行評量。以家事實踐活動來說，由家長進行評量較為適切；以體驗活動來說，團隊合作的情形就可以運用同儕互評。

# 二、實作評量的理念與實施方法

## （一）經驗學習理論

Dewey 的做中學理念，是指教學要從兒童的經驗出發，在兒童的學習過程中，教師應避免過多的干預，兒童透過省思的歷程，將生活經驗加以思考，建構內化的意義。Dewey 的經驗學習重視的就是讓學生從體驗中學習，教師教、學生學的時代已經過去了。二十一世紀的課程設計是讓學生從實際操作中體驗學習的樂趣，以建構個人的認知網絡。這種實作課程可以使用多元的評量方法，來了解學生學習的成效。

## （二）實作課程與實作評量

實作課程的方式很多，例如：專題製作、表演課程、體驗學習、藝文鑑賞、服務學習、戶外探索等。以下介紹兩種實作課程實施的方法與實作評量的方法。

### 1. 服務學習的實施與評量

近年來，各國重視將服務學習融入各級學校的專業課程，這和早期勞動服務或志工服務的概念有所不同。服務─學習（Service-Learning）是希望各級學校學生從事於與專業領域學習目標有關的服務活動，並提供反思機會去連結他們專業領域的學習（黃玉等人，2008）。Jacoby（1996）提到：「服務學習是一種經驗教育的模式，透過有計畫安排的社區服務活動與結構化設計的反思過程，完成被服務者的目標需求，並促進服務者的學習與發展。所

以，反思（Reflection）與互惠（Reciprocity）是服務學習的兩個中心要素」（引自黃玉等人，2008）。

Fertman、White 與 White（1996）提出服務學習實施流程是採用四階段，包含：準備階段（preparation）、服務階段（service）、反思階段（reflection），以及慶賀階段（celebration）。Roehlkepartain（2009）提出新的模式，包含：調查、準備、行動、反思、表現與慶賀，以及維持等六階段。原則上，服務學習要看學生的狀況決定實施的步驟，年紀小的孩子以四階段的方式較為適合；年紀大的學生採用六階段的方式較能深入探究相關議題。

舉例來說，服務學習的課程設計不是由校長、主任或教師主導，而是在原有的領域教學中，教師透過引導，讓學生探索相關議題後，全班學生共同討論實施的方式。以綜合活動學習領域來看，國中的能力指標「3-4-3 關懷世人與照顧弱勢團體，以強化服務情懷」，就是要綜合活動領域教師引導學生進行服務學習的體驗、省思與實踐，其內涵包括：「3-4-3-1 了解各地弱勢團體所需要的協助，並提出可行的服務方式；3-4-3-2 規劃、執行與完成對於弱勢團體的服務活動，並分享服務的經驗與心得；3-4-3-3 以感恩之心持續關懷與照顧各地需要協助的個人與團體」。所以，在剛開始時，教師會引導學生蒐集各種弱勢團體的資訊，也認識國內外各種社福團體進行的各種服務活動。接著，教師會引導學生訪查社區裡的弱勢團體或個人，了解他們的需求。經過全班共同討論，決定要服務的對象。

服務學習在進行評量時，也是要依據教學目標進行實作評量。如果教學目標有二：一是認識社區中的弱勢團體，並規劃服務活動；二是從服務活動中進行反思，體會助人的意義與價值。則：

針對目標一，教師可能讓各組成員蒐集社區中的弱勢機構，透過小組討論後製作成海報，向同學報告該弱勢機構的狀況。海報評量的方式，可以設計成同儕互評的表格，如表 7-2 所示。

表 7-2　海報製作與報告同儕評量表（自己小組不予評量）

| | 表　現　標　準 | | | | |
|---|---|---|---|---|---|
| | A | B | C | D | E |
| 社會關懷與服務 | 能分析弱勢團體所需要的協助，完成海報製作與分享，規劃執行服務活動，並從服務中體會生命的意義與價值。 | 能分析弱勢團體所需要的協助，完成海報製作與分享，規劃並執行服務活動。 | 能理解弱勢團體的處境與需求，並完成海報製作與分享。 | 能蒐集弱勢團體的各種資訊。 | 未達 D 級。 |

　　針對目標二，教師要了解學生在服務活動中反思的情形，可以透過觀察與服務心得進行實作評量。

　　在整體單元課程進行完畢後，教師可以採用標準參照評量的方式進行整體的實作評量，如表 7-3 所示。

表 7-3　服務學習實作課程實作評量的表現標準

| 項目 ＼ 組別 | 第一組 | 第二組 | 第三組 | 第四組 | 第五組 |
|---|---|---|---|---|---|
| 海報製作適切 | | | | | |
| 報告內容完整 | | | | | |
| 提出討論議題 | | | | | |
| 小組合作情形 | | | | | |
| 小計 | | | | | |
| 評量方式：3 表示最優，2 表示良好，1 表示可再進步，滿分 12 分。 | | | | | |

## 2. 戶外探索的實施與評量

　　戶外探索活動最常見的就是露營活動。一般來說，教師會讓學生分成數個小隊，每個小隊設計並製作隊徽、隊旗等成品，接著操作各種繩結，最後，每位學生要通過繩結的檢驗，確保學生學會各種繩結的打法。原則上，

這是傳統實作課程的實施方式。目前的露營活動，有些教師已經運用探索的方式進行課程設計，例如：學生分組後分析自己小隊成員的特性，選擇適合小隊特性的動物或植物當作隊徽；接著，勘查這次露營的場所及計畫露營時的各項活動，確認露營時需要具備哪些能力，例如：要學習哪幾種繩結，要學會何種生火方式等。在教師的協助下，同儕透過查詢資料、合作學習、小隊討論等方式，學會露營活動的各種技能。以上說明了實作課程的實施方式，那麼要如何評量實作課程的成效呢？教師應考量教學目標後設計適當的實作評量。

如果這個單元有兩個教學目標：一是分析自己小隊成員的特性，製作適合小隊成員的隊徽；二是應用所教的五種繩結，解決戶外活動面臨的問題。則：

**針對目標一**，教師要設計表格讓成員學習分析小隊成員的特性，選擇適合小隊特性的動植物，並說明理由，如表 7-4 所示。

**表 7-4　小隊成員特性分析表**

| | 個性 | 興趣 | 專長 | 隊徽<br>（動物或植物） |
|---|---|---|---|---|
| 小隊成員 1 | | | | |
| 小隊成員 2 | | | | 請說明理由 |
| 小隊成員 3 | | | | |
| 小隊成員 4 | | | | |
| 小隊成員 5 | | | | |

如果小隊成員共同討論後提出製作隊徽的理由並完成隊徽製作，教師就依小隊的表現給予適當的等級，如表 7-5 所示（這是小隊評量）。

表 7-5　**小隊隊徽實作評量表現標準**

| 等級 | 表　現　標　準 | | | | |
|---|---|---|---|---|---|
| | A | B | C | D | E |
| 學習表現 | 小隊成員了解成員的特性，選出代表小隊特性的隊徽，完成製作隊徽的任務，並展現小隊精神。 | 小隊成員了解成員的特性，選出代表小隊特性的隊徽，並完成製作隊徽的任務。 | 小隊成員了解成員的特性，選出的隊徽和成員特性較無關聯性。 | 小隊成員無法了解成員的特性，沒有完成任務。 | 無法作答。 |

　　針對目標二，教師要了解小隊成員是否學會五種繩結，並能在適當的時機使用適當的繩結。此時，教師就讓小隊長先確認每位隊員都已經學會繩結後，讓每位成員抽情境題，例如：繩結情境題「在戶外生活時，如果洗好衣服，身邊有幾條不同材質的繩子，你要如何運用這些繩子將衣服晾起來，又不會破壞自然環境呢？」請小隊成員回答繩結的名稱，並打出正確的結。

　　如果每位成員能依抽到的情境選用適合的繩結完成任務，並能說明運用繩結時應注意的事項，教師就依個人的表現給予適當的等級，如表 7-6 所示（這是個別評量）。

表 7-6　**戶外探索繩結運用實作評量的表現標準**

| 等級 | 表　現　標　準 | | | | |
|---|---|---|---|---|---|
| | A | B | C | D | E |
| 學習表現 | 能說出繩結的名稱，打出正確的繩結，說明理由並能注意不破壞自然環境。 | 能說出繩結的名稱，打出正確的繩結並說明理由。 | 能說出繩結的名稱並打出正確的繩結。 | 只會說出繩結的名稱，但是不會實作。 | 無法作答。 |

## 第四節　多元評量的方法：檔案評量

　　檔案評量在操作上常見的迷思概念，是讓學生在製作學習檔案後，全班挑選出製作最精美的檔案，再參加全校的檔案比賽，這種方式和檔案評量的目的不符。

## 一、檔案評量的目的與種類

　　近年來重視實作評量，實作成品集結後就會形成個人的學習檔案，因此，檔案評量受到大家的重視。檔案評量的目的是以學習者為主體，每位學生在主題課程中所蒐集的資料、規劃的活動、執行的情形，以及事後的省思與心得等，經過有系統的整理與反思所呈現出來的成果。這樣的檔案包括了最初的學習內容、過程中的創思，以及事後的成果展現。

　　李坤崇（1999）將檔案評量分為三種類型：一是成果檔案，是指學習者將自己的學習作品加以整理，在適當的時機展示出來，讓親師生互相觀摩；二是歷程檔案，是指教師在進行主題教學時，學生將事前知識的學習、過程中的創意設計、學習後的實際成果及個人的省思，透過有系統的整理，讓學生了解自己學習的情形，而產生成就感；三是評量檔案，是指教師在進行主題課程時，依據事先訂定的教學目標，設計學習活動與表現標準，學生依據教師事先擬定的任務進行學習活動與資料的蒐集，最後依據個人完成的檔案進行標準化的檔案評量。

# 二、檔案評量的理念與實施方法

## （一）多元智能理論

　　Gardner 提出多元智能理論，他認為智能是在實際生活中遇到問題時，用來解決問題的能力，或是對自己熟悉的事物進行創新的能力。Gardner 的理論帶動了學校教育的改革，學校不再只重視智力測驗的實施，轉而重視開發每個人的多元智能。早期 Gardner 提出七種智能，例如：語文智能、邏輯數學智能、空間智能、肢體動覺智能、音樂智能、人際智能、內省智能等；之後，又加上自然觀察者智能（引自李平譯，2003）。

　　檔案評量的興起受到多元智能的影響，因為檔案評量重視的是學習者從學習過程中發現自己的多元智能，展現自己優勢的能力。

## （二）檔案評量的實施方法

　　在國中實施檔案評量，大多是導師與輔導教師協助學生完成「國民中學推動生涯發展教育工作手冊」。該手冊是教育部推動的生涯輔導工作之一，裡面詳細的規劃行政措施與組織運作、課程規劃與教學活動、生涯檔案建置與運用等。坊間也有許多的學習檔案範本，這些資料大多是做為升學甄試之用。

　　本章舉例說明在課堂教學中實施檔案評量的方法，目的在讓學習者了解自己在這個主題課程中學習與成長的情形。再以之前的服務學習實作評量為例，如果教師要實施長期的服務學習課程，希望學生完整記錄服務學習的歷程與成果時，就可以採用下列步驟進行檔案評量。之前的實作評量內容是檔案評量的內容之一。

### 1.師生共同確認課程進行方式

(1)教師擬定主題課程的教學目標：以綜合活動領域來看，國中的能力指標「3-4-3 關懷世人與照顧弱勢團體，以強化服務情懷」，如果不僅是進行幾節課的服務活動，而是要從服務活動中深入討論相關議題，就可以採用檔案評量的方式進行。訂定的教學目標可能包括：認識弱勢團體、了解無國界志工或無國界醫療組織等機構、發現社區裡的弱勢族群、弱勢族群形成的原因及需求、協助弱勢族群的方法，以及如何培養服務的相關知能等。

(2)師生共同討論課程實施方式：教師先引導學生思考社會中的各種團體，有些團體較為弱勢，有些團體卻是扮演助人的角色，我們如何探討社會中的各種問題呢？最後，學生可能決定先蒐集弱勢團體及服務性團體的資料，再決定如何進行後續的服務活動。

(3)師生共同討論服務學習檔案的內容：師生在提出課程進行的方式後，接著討論如何完成這項任務？蒐集的資料要如何呈現？如何深入了解弱勢團體的需求？如何規劃服務活動？服務前應具備哪些知能？服務學習檔案要包含哪些內容？

(4)師生共同設定檔案評量的表現標準：在整體課程進行中，最主要的有：資料的蒐集與分享、弱勢團體議題探究、服務學習活動的規劃與執行、服務學習成果製作與分享等重要項目。有些項目可採口語評量，有些項目可採實作評量，整合所有的資料就可以進行檔案評量。前面已經說明口語評量與實作評量的方法，現在介紹檔案評量的表現標準，如表 7-7 所示。

表 7-7　服務學習課程檔案評量的表現標準

| 等級 | 表　現　標　準 | | | | |
|------|------|------|------|------|------|
| | A | B | C | D | E |
| 學習表現 | 完成擬定資料的蒐集、整理與分享，規劃適切的服務活動，落實執行，深入了解弱勢族群的困境與未來可行的服務活動。 | 完成擬定資料的蒐集、整理與分享，能規劃適切的服務活動並落實執行。 | 完成師生共同擬定資料的蒐集、整理與分享。 | 只能完成基本資料的呈現。 | 未製作檔案。 |

## 2. 實施歷程

師生共同確認課程進行的方式後，學生先進行服務學習檔案的封面製作，此時可以運用各種創意的方式展現自己服務學習檔案的特色。此外尚可：

(1)蒐集服務學習相關資訊：學生分組進行資料的蒐集，可以上網或從各種書報雜誌等方面蒐集所需要的資訊。

(2)檢視與分享蒐集資料的內涵：學生可以結合資訊課，製作 PPT 和全班同學分享，PPT 可以放置於檔案中。

(3)全班共同決定服務的項目：由於各組資料十分多元，全班宜討論哪一項服務的可行性較高，或是可以學習到較多東西。

(4)聘請督導協助師生了解服務的注意事項：學生選擇某項服務活動後，可以請該機構的督導到校指導學生培養服務的相關知能或注意事項。

(5)提出服務學習的企劃案：在了解弱勢機構的狀況後，各組討論擬服務的時間、地點、路線、活動等計畫，在班上進行報告，其他組同學可以提出改善的建議。企劃案的內容可以放置於檔案中。同儕評量的表格如表 7-8 所示。

表 7-8　服務學習企劃案優缺點分析

| | 優點 | 考慮的問題 | 改進的建議 |
|---|---|---|---|
| 小組一 | | | |
| 小組二 | | | |
| 小組三 | | | |
| 小組四 | | | |
| 小組五 | | | |

(6)服務初體驗：第一次進行服務學習，在過程中進行拍攝時，需要徵詢被服務者的同意。

(7)師生共同省思服務過程中的經驗，並提出改善的計畫：服務後，師生共同討論服務中遇到的問題。教師可以先讓學生填寫學習單，再進行共同討論。學習單的內容主要包含下列問題：

①小組在規劃服務學習時，考慮到哪些因素？希望達成什麼目的？

②在服務學習過程中聽到什麼？看到什麼？感覺到什麼？

③在服務學習中遇到什麼狀況？當時你想如何處理？後來是如何解決的？

④在服務學習過程中，有哪些事情是你在提計畫時沒有想到的？下次如果再去服務，你覺得哪些地方可以再加以調整？為什麼？

學習單完成後，全班同學進行分享與討論，拍攝的照片及學習單可以放在檔案中。

(8)進行再次的服務：經過第一次的服務活動以及事後的省思討論，各組進行第二次的服務活動，在過程中進行拍攝時，還是需要徵詢被服務者的同意。

## 3.省思與評量

(1)省思服務中的收穫及社會福利的相關問題：經過數次的服務與省思後，期末進行服務學習總檢討。學習單的內容包含：

①在參與服務學習活動中，你覺得有哪些事情可以和同學分享？

②在服務學習的過程中，哪些事情需要培養臨機應變的能力？為什麼？

③當你在服務他人時，你的感覺如何？你覺得他們真正需要的是什麼？

④如果有一天，你當選社區的里長或是縣市長，你想如何規劃社會福利制度？這項制度的優點及缺點可能有哪些？

⑤這次的服務學習課程對你個人有何影響？在服務的過程中，你覺得自己哪些方面更成熟或是更會替別人著想呢？未來你想參與什麼樣的服務活動呢？

以上問題僅供參考，教師引導學生思考服務學習的相關議題後，可以將照片及學習單放置於檔案中。

(2)檢視、組織並分享自己服務學習檔案的內容：學生整理自己服務學習的檔案，並和小組成員分享檔案中的重要資料或想法。

(3)完成服務學習檔案進行評量：教師利用親子日，將學生服務學習檔案呈現在教室中，讓家長和同學可以互相觀摩。

從上述服務學習課程的例子中，學生共完成服務學習檔案封面、個人特質展現、列出服務學習的教學目標及表現標準、上網蒐集弱勢機構及服務性團體的資料或 PPT、決定服務機構的相關資訊、督導提供服務時應注意的事項、小組服務企劃書、各次服務照片及省思學習單、服務後相關議題討論學習單等。這些資料經過有系統的整理後，每位學生建立一本屬於個人的服務學習檔案，教師再依據事先師生共同擬定的表現標準進行評量。

D 等級：只能完成基本資料的呈現，教師可以請學生再進行有系統的整理或補充相關資料。

C 等級：完成師生共同擬定資料的蒐集、整理與分享。

B 等級：完成擬定資料的蒐集、整理與分享，能規劃適切的服務活動並落實執行。

A 等級：完成擬定資料的蒐集、整理與分享，規劃適切的服務活動，落實執行，深入了解弱勢族群的困境與未來可行的服務活動。

## 第五節　多元評量的方法：紙筆評量

紙筆評量如活動心得、活動單紀錄或其他文字敘述之評量。

早期的紙筆測驗就是平時考、月考、段考或期末考的紙筆評量，題型大約有是非題、選擇題和簡答題等。許多教師研習活動會教導教師命題的技術，教師們依據 Bloom 認知領域教育目標的六種分類進行選擇題或是非題的命題。但其實，紙筆測驗有許多種的形式，除了考試用的紙筆測驗外，還有省思札記、企劃書的撰寫、資料的蒐集與整理等方式。

以國中綜合活動學習領域的能力指標「2-4-3 規劃合宜的休閒活動，並運用創意豐富生活」舉例，教師的課程設計包括下列幾項教學目標：探索各項休閒活動與自己生活的關係；運用各種資訊規劃適合自己的休閒活動；創新休閒活動的內容與方式來增進生活樂趣；分享進行休閒活動後的樂趣與未來改善的方式。活動的安排簡略介紹如圖 7-2 及表 7-9 所示。上述課程最後進行的高層次紙筆評量，設計的方式如圖 7-3 所示。

圖 7-2　我的戶外休閒生活簡圖

表 7-9　我的戶外休閒生活簡案

| 單元名稱：我的戶外休閒生活 | 能力指標 | 教學目標 | 活動流程（簡化版） | 評量方法 |
|---|---|---|---|---|
| 活動一：休閒與我（2 節課） | 綜 2-4-3 規劃合宜的休閒活動，並運用創意豐富生活。 | 探索各項休閒活動與自己生活的關係。 | 1. **生命經驗**：教師引導學生思考：「自己從小到現在進行過哪些旅遊活動？平時生活中進行哪些休閒活動？」<br>2. **五花八門的休閒活動**：教師歸納學生的休閒或旅遊活動，師生共同將這些活動進行分類。<br>3. **休閒不休閒**：教師和學生共同檢視各類活動是否達到休閒的目的？透過討論，各組擬定出休閒的目的、功能與條件。<br>4. **教師總結**：工作和休閒同樣的重要。 | **口語評量**：能說出自己過去或現在參與過的各種休閒或旅遊活動。 |
| 活動二：休閒企劃書（2 節課） | | 運用各種資訊規劃適合自己的休閒活動。 | 1. **認識自助旅行**：教師介紹自助旅行者在出發前要花許多時間進行旅遊行程的規劃，包含：時間、機票、路線、住宿等。<br>2. **休閒活動的安排**：各組共同討論段考後的休閒活動如何安排，以達到放鬆心情的目的。<br>3. **小組分享休閒活動**：各組提出改善建議。<br>4. **總結活動**：進行適當的休閒活動有益身心健康。 | **實作評量**：能針對休閒的目的（放鬆考試壓力）進行合宜的休閒活動。 |
| 活動三：與家人共遊（2 節課） | | 創新休閒活動的內容與方式來增進生活樂趣。 | 1. **邀請家人參與家鄉旅遊活動**：引導學生思考如何和家人溝通休閒活動事宜，可能遇到的問題有哪些，如何面對這些問題。<br>2. **事前準備有哪些**：教師請同學將上節課學到的旅遊規劃運用到自己的企劃書中。 | **實作評量**：學生能根據自己家中的狀況，規劃合宜的家人休閒活動。 |

表 7-9  我的戶外休閒生活簡案（續）

| 單元名稱：<br>我的戶外<br>休閒生活 | 能力<br>指標 | 教學目標 | 活動流程（簡化版） | 評量方法 |
|---|---|---|---|---|
| | | | 3. 同儕互相學習：每位學生在小組中分享自己的計畫，同學提出建議。<br>4. 教師總結：和家人共同出遊要考慮的因素很多，包括：家人的年紀、用藥的情形等，事前充分準備才能享受休閒的樂趣。 | |
| 該課程相隔一個月後進行休閒活動實施情形的分享，讓學生有一段時間可以和家人討論。 | | | | |
| 活動四：<br>休閒的樂趣<br>（2 節課） | | 分享進行休閒活動後的樂趣與未來改善的方式。 | 1. 小組內的分享：每位學生先在小組內分享休閒活動的情形。<br>2. 全班共同討論：教師請學生分享在休閒活動溝通過程中的問題及調整休閒活動的方式。家人的反應如何。<br>3. 評量活動：教師發下學習單，讓學生表達對休閒活動的認識與規劃時應注意的事項。 | 高層次紙筆評量：能分析自己過去休閒活動的優缺點，體會與家人共同休閒的樂趣或問題，並提出改善策略。 |

## 我的戶外休閒生活學習單

一、經過八節課後,你覺得什麼是休閒生活?其目的為何?

二、過去自己從事的休閒活動,哪些不錯?哪些沒有達到休閒的目的?
　　可以如何改善?

三、在規劃與家人同遊的休閒活動時,曾經遇到哪些狀況?
　　你是如何調整的?家人對於你規劃的休閒活動有何想法和感受?

四、從這次的活動中,你學到什麼?
　　未來還想要從事哪些休閒活動,以增進生活樂趣?

圖 7-3　我的戶外休閒生活學習單

在進行完「我的戶外休閒生活」後，過程中採用了口語評量與實作評量，但是，主要是進行高層次紙筆評量。評量的表現標準，如表7-10所示。

表 7-10　我的戶外休閒活動評量標準

| 等級 | 表　現　標　準 | | | | |
|---|---|---|---|---|---|
| | A | B | C | D | E |
| 學習表現 | 能表達休閒活動的目的與功能，討論放鬆考試壓力的休閒活動，自行規劃與家人同遊的休閒活動，感受休閒的樂趣，並提出改善休閒活動的策略。 | 能表達休閒活動的目的與功能，討論放鬆考試壓力的休閒活動，並自行規劃與家人同遊的休閒活動。 | 能表達休閒活動的目的與功能，並討論放鬆考試壓力的休閒活動。 | 能說出自己曾從事的休閒活動。 | 無法作答。 |

# 第六節　結語

　　本章主要說明教學和評量是息息相關的，所以，在介紹多元評量的方法時，都會先提出教學活動，以配合教學活動選用適合的評量方法。各種多元評量的理論很多，本書著重在實務方面的介紹，讓教師們能從書中的例子學習進行多元評量的方法。

## 自我評量題目

1. 國小二年級的數學題目：下表是速食店價目表，現在一個蘋果派比一杯汽水貴 25 元，一個蘋果派賣幾元？

   教師問學生：題目上是說蘋果派貴還是汽水貴？全體學生想了很久，最後一位小朋友說：汽水貴；一位小朋友說：都很貴。請問你是他們的老師，你會如何運用對話式的口語評量，引導學生思考問題？

   | 薯條 | 炸雞 | 汽水 | 蘋果派 |
   |------|------|------|--------|
   | 42 元 | 69 元 | 34 元 | ？元 |

2. 你讓學生抽戶外生活情境題，例如：「美文現在急需一條 3 公尺長的繩子打包行李，但是目前手邊只有一條 1.5 公尺的童軍繩及一條 2 公尺的尼龍繩，請問你可以教她用_____結去完成這個任務。」你要如何以實作評量的方法了解學生之學習表現？

3. 請以「時間管理」為專題研究的主題，說明製作一個學習檔案可以包含哪些內容？如何訂定檔案評量的表現標準？

4. 請提出某一領域的單元內容，並設計出高層次紙筆評量的題目。

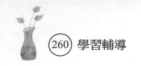

參考文獻

## 中文部分

李　平（譯）（2003）。經營多元智能。臺北市：遠流。

李坤崇（1999）。多元化教學評量。臺北市：心理。

黃　玉等人（2008）。從服務中學習：跨領域服務學習理論與實務。臺北市：洪葉文化。

## 英文部分

Anderson, L. W., & Krathwohl, D. R. (Eds.) (2001). *A taxonomy for learning, teaching, and assessing: A revision of Bloom's Taxonomy of Educational Objectives* (Complete edition). New York, NY: Longman.

Fertman, C. I., White, G. P., & White, L. J. (1996). *Service learning in the middle school: Building a culture of service.* Columbus, OH: National Middle School Association.

Kotsopoulos, D., Lee, J., & Heide, D. (2010). Investigating mathematical cognition using distinctive features of mathematical discourse. *International Journal for Studies in Mathematics Education, 2*(1), 138-162.

Roehlkepartain, E. C. (2009). *Toward a consensus on dimensions of spiritual development.* Manuscript in preparation.

Vanderhye, C. M., & Demers, C. M. Z. (2007). Assessing students' understanding through conversations. *Teaching Children Mathematics, 14*(5), 260-264.

Wiliam, D. (2007). Keeping learning on track: Classroom assessment and the regulation of learning. In K. L. Frank Jr. (Ed.), *Second handbook of research on mathematics teaching and learning* (pp. 1053-1098). Charlotte, NC: Information Age Publication.

Wiliam, D., & Thompson, M. (2008). Tight but loose: A conceptual framework for sealing up school reforms. In E. C. Wylie (Ed.), *Tight but loose: Scaling up professional development in diverse contexts.* Princeton, NJ: Educational Testing Service.

CHAPTER *8*

# 差異化教學與學科學習輔導

張景媛

## 學習目標

詳讀本章後，學習者應能達到下列目標：

1. 探討差異化教學的理念與實例。
2. 了解語文領域學習的歷程與學習策略。
3. 明瞭社會領域學習的特色與學習策略。
4. 理解數學領域學習的歷程與學習策略。
5. 探究自然領域學習的問題與學習策略。

# 摘要

在學科學習的領域中，每位學生具備的多元智能不同，而不同的學科有其特殊的學習歷程與學習策略。本章先探討差異化教學的理念與實例，再從語文領域、社會領域、數學領域，以及自然領域等四方面來加以探討。語文學習最重要的是閱讀與寫作兩項。閱讀的歷程包括解碼、文義理解、推論理解，以及理解監控等四階段。寫作的歷程則為計畫、轉譯和回顧三階段。閱讀主要是輸入的問題，寫作則是輸出的問題，兩者皆與組織統整有密切的關係。社會領域的學習特色是鑑往知來，培養史學的精神與世界大同的地理觀。因此，社會領域的學習策略相當的多變，從參觀研究、批判思考、捷思訓練到理解推理，無所不包，主要就是讓學習者能活用所學的知識在生活中。在數學的學習中，最重視解題的能力，數學的解題歷程與解題策略構成了數學學習主要的內容。自然科學的學習，主要問題在於個人受其迷思概念（misconception）的影響，使學習的首要任務在發現自己的迷思概念，經由基模精鍊的歷程，進而建構出正確的科學知識，並能創新發明，改善人類的生活。本章只簡單介紹學科學習輔導的理論及相關策略，主要目的是希望老師們自己能將理論應用到教學中，讓孩子們都能快樂地學習。

　　以往談教學方法，常是以一般的方法或策略來涵蓋所有的科目，當然任何一種科目的教學都有其共同的方法，例如：教學要先引起學生的學習動機、吸引學生的注意力、講解要清楚、要配合板書或是教具、要讓學生有練習的機會、教師要對學生的表現給予回饋、要注意班級氣氛及師生關係等。目前，在教學研究方面特別強調學習者特性及各個學科有其特性存在，教學除了研究一般的方法與策略外，還要注意學科教學知識（pedagogical content knowledge, PCK），也就是針對不同的學科，有不同的方法與策略來幫助不同特質的學生更有效地學習。以下先探討差異化教學的理念，再從語文領域、社會領域、數學領域，以及自然領域等四方面來探討學習輔導的課題。

## 第一節　差異化教學

　　教育是要把每個孩子帶起來，但是，從多元智能的觀念來看，每個孩子的智能並不相同，教師在課堂教學中，如何將每個孩子帶起來呢？在美國的學校中，學生因受不同文化背景、家庭經濟、認知發展或學習風格等的影響，學生學習的差異很大。如果我們不重視差異化教學，大家都使用同樣的教材、同樣的教法及同樣的評量方法，弱勢的學生學不到東西，優勢的學生無法自主學習，這是學校教育希望達到的教育目標嗎？

　　多元智能是哈佛大學教育研究所教授 Gardner 所提出來的，他認為每個人的智能光譜是不一樣的，所以，教學應該是運用學生的優勢智能去學習其他面向的智能。因為每個人都有缺陷，如果把焦點放在改善自己的缺陷上，學習就會變成是相當痛苦的一件事；但是，當我們發揮自己的長處時，學習變成是一件快樂的事。這樣的觀念需要教師和家長的價值觀有所改變，不要再以考試分數來衡量孩子的能力。在二十一世紀的學校教育中，問題解決能力、創新教學、團隊合作，以及問出好問題，反而是學生要培養的核心能力（張瀞文，2015）。

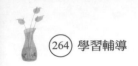

## 一、差異化教學的理念

差異化教學是指針對同一個班級，不同程度、不同學習需求、不同學習方法，以及不同學習興趣的學生，提供適合他們學習的教學策略。差異化教學是一種信念而不是一種模式或方法，它可以從課程內容、教學歷程，以及學生評量等三項要素上考慮如何進行差異化教學。原則上，它不是特殊教育實施的個別化教育計畫，也不是固定模式的教學方法，更不是調整教室座位而已的教學策略。它是需要教師主動關心學生學習的情形，重視過程中師生對話的情形，從師生對話中發現學生學習困難的地方，再運用適合的方式釐清學生的問題，所以，差異化教學重視對話式形成性評量的歷程。教學是以學生為中心，教學歷程與評量歷程同時進行。

陳美芳（2012）提出的差異化教學有六項指標，除了教材、教法、評量三項主要指標外，還有分組、時間，以及資源與支援。分組指的是課堂中座位的安排與合作學習的策略；時間指的是課堂中與課堂外的時間都可以運用；資源與支援是指教師可尋求學校行政、成立教師社群或資訊科技等多元資源，讓差異化教學進行順暢。

簡單來說，教師不是把教材講完就算教學完畢，教師要視學生狀況安排適當的教材，透過和學生的對話省思，讓學生建構個人的認知網絡，再以適合學生的方式評量學生的學習情形，了解自己教學的效果。現在許多學校都請代課的新老師進行教學觀摩，資深老師常常不敢上臺演示教學，這是錯誤的想法，因為新進的代課老師準備了豐富的教材，也帶學生進行有趣的活動，過程中卻和學生無法進行自然的互動與對話。相反的，資深老師也許不太會設計創新的活動，但是，當一個活動設計出來後，資深老師反而會和學生以聊天的方式互動。所以，教師團隊的形成是很重要的，有新的創意設計，也需要有經驗的老師引導學生學習。

圖 8-1 說明的是多層次的學習輔導。RTI（Response to Intervention）介入

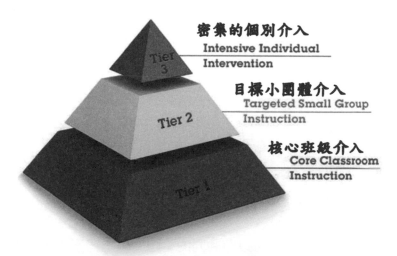

RTI (Response To Intervention)
**3 Tiers of Support**

 圖 8-1　多層次的學習輔導

是一種教育過程，目的是在幫助不同程度的學生一開始即獲得適當的幫助。實施 RTI 的學校會為不同層級學生規劃不同的學習方案及支援。課堂差異化教學主要是在全班授課時進行，補救教學比較是課外目標小團體的介入，特殊班則是屬於密集的個別介入。但是，這並不表示補救教學與特殊班級就不用差異化教學，任何教學都要考量差異化的問題，才能使用適當的教材、教法及評量。第一層次全班差異化教學時，教師可針對單元內的困難概念進行診斷，了解學生的迷思概念，再運用對話式形成性評量進行釐清。第二層次差異化小組補救教學，主要是進行單元前基礎能力的補救，這些學生的主要問題是有學習能力而無學習動機。第三層次資源班差異化教學，學生有學習障礙，所以要調整單元內容，可以簡化或自編教材，這些學生的主要問題是學習能力欠缺且學習動機不強，教學以生活基本能力為主。

　　國外研究差異化教學，結果發現差異化教學可以有正向的班級氣氛，可以提高學生的創造力、學習動機及自信心，班上成績落後的學生有較好的學

習成效（Chen, 2007; Fountain, 2007），這些研究結果讓教師們燃起教學的熱忱。

## 二、差異化教學舉例

以下以國文課、英文課、數學課為例，說明差異化教學可進行的方式。

## （一）國文課進行差異化教學

以閱讀教學為例，學生可以有共同的主題，但是，學生可以選擇適合自己的讀本進行閱讀。將相同讀本的學生聚集在一起，教師會依據該讀本內容提出討論的問題，最後，全班分享自己閱讀的心得，對共同的主題能從不同的角度進行分享。以這樣的方法進行閱讀學習，是在教材與教學歷程中進行差異化教學。Kendeou 與 van den Broek（2005）研究發現，閱讀技巧較好的學生比較能在閱讀中自動產生知識基礎的推論，而技巧較差的學生則只有在「適當的文本」支持下可以產生推論，也常會產生錯誤的推論。Reichenberg（2008）研究認為，策略性閱讀能幫助文章的理解與學習表現。Johnson、Barnes 與 Desrocher（2008）認為，師生以對話討論情境，能適時溝通學習目標，提供學生多元練習的機會；老師也可透過監控歷程，了解學生進步的情形。

以大家熟知的繪本《花婆婆》為例，要教導學生「關懷服務」的主題，閱讀技巧好的學生也許閱讀的是無國界醫生之文章，教師根據學生的生活經驗進行問題討論，並推論文章的內容或隱含的概念；而閱讀技巧差的學生，可以閱讀繪本《花婆婆》，教師從提問討論中讓學生理解故事的意涵，並推論文章中的角色對所經歷的事件產生的感受。同樣「關懷服務」的主題，學生閱讀文章的難易程度不同，與個人生活經驗不同，但是，同樣都是訓練學生閱讀推理的能力。這種方式是運用不同的教材與不同的提問進行的差異化教學。

## （二）英文課進行差異化教學

以 101 學年基北桃差異化教學示例彙編中的例子來說，英語分級測驗分為三種考卷：

1. 佳句默寫：我是國中英文老師。＿＿＿＿＿＿＿＿＿＿＿＿

2. 生字填空＋英文認字：I'm an English teacher in a ＿＿＿、＿＿＿、＿＿＿.
（　　　）　　　　　　國中

3. 英文認字：I'm an English teacher in a junior high school.
（　　　）　（　　　　　　　　）

從上面三種題型的卷子中，第一種卷子是學生自行將中文翻成英文；第二種卷子需要學生認出單字或將字詞翻成英文；第三種卷子只需要認出英文並寫出中文即可。這三種卷子的難易程度顯而易見，這個例子顯示教師在進行評量時採用差異化的評量策略。

## （三）數學課進行差異化教學

數學差異化教學以「開放性問題」與「平行任務」為例，說明如下。

### 1. 開放性問題例子

此例是請學生舉出兩個負分數並比較其大小；封閉性問題是說「比較負二分之一與負三分之二的大小」。從題目中發現：開放性問題比封閉性問題能讓更多學生參與。

### 2. 平行任務例子

此例是請學生將以下的式子由小到大進行排列，並說服你的同學這樣的排列方式是正確的。兩種任務的難度不同，學生可選擇任務一或任務二進行

解題。

任務一：4n, 3n, 10n, 3n＋1, 5n＋2, −n

任務二：$\frac{n}{2}$, 3n, n², 3n＋1, 10−n

　　任務二的變數有分數、係數與變數平方，難度比任務一要高，程度佳的學生可以從任務二開始著手。有些學生在解題時，可能只考慮到正數的情形，有些學生可能綜合運用推理、視覺表徵與代入法進行大小排列。教師可以應用形成性評量策略，「激發學生成為彼此的教學資源」（Wiliam & Thompson, 2008），要求學生向同儕說明其排列方式的合理性，並鼓勵同儕之間針對大小排列的合理性提出質疑、提出反例或要求進一步的解釋。

　　對於只考慮到正數情形的學生，教師可以問學生：

「當 n ＝ 0 時，你會改變排列順序嗎？為什麼？」

接著提問：

「當 n ＝−1 時，你會改變順序嗎？為什麼？」

　　教師提問是幫助他們思考與探索變數 n 的可能情形與排列方式；對於程度不錯的學生，教師可以問：「無論 n 值為何，你如何確定 3n 必定小於 3n ＋1？」在教學過程中進行差異化的提問與回饋，提供所有學生學習的機會，這個方式主要是教材上的差異與學習歷程中問題討論採用的差異化方式（上述為國家教育研究院鄭章華老師提供的例子）。

# 第二節　語文領域的學習輔導

　　在語文方面的學習，主要可以分成兩大部分來討論：一是閱讀理解方面；二是寫作方面。以下分別從這兩個部分來加以說明。

# 一、閱讀理解的學習歷程

閱讀理解是語文科主要的教學目的，閱讀包含兩個層面：一是「學習閱讀」（learning to read）；另一個是「經閱讀而學習」（reading to learn）。這兩者的意思有所不同，學習閱讀談的是如何認識字、字義、詞、詞義，以及如何看懂一篇文章；經閱讀而學習則是指運用先前知識去理解文章中的意義，並從閱讀中獲得知識的歷程（林清山，1990）。本章主要在說明如何學習閱讀。

閱讀一篇文章包含解碼（decoding）、文義理解（literal comprehension）、推論理解（inferential comprehension），以及理解監控（comprehension monitoring）等四個階段。以下分別加以說明。

## （一）解碼

閱讀的第一件工作在解碼，也就是認得所閱讀的字並理解其義。在這個步驟中，學習者先將文章中的字形輸入感官接收器中，再於長期記憶中檢索這個字的字音與字義。

## （二）文義理解

在解碼的歷程中是將文章中的字加以分析與理解，而文義理解的歷程則是將搜尋到的字詞加以連結成有意義的句子。

## （三）推論理解

當閱讀者從解碼到文義理解時，已大致了解文章所談的內容，但是要對閱讀的文章有更深層的理解，則須靠推論理解的歷程。推論理解包含：統

整、摘要和精緻化三個部分。統整是指閱讀者在閱讀字詞時會將文中的概念組織起來，而形成有意義的心理表徵。摘要是指閱讀者在閱讀完一篇文章後會對整篇文章產生一個鉅觀的知識結構，也就是形成一個大綱，這個大綱包含文章中的主要概念。而精緻化則是將文章中的新訊息和個人舊經驗相結合，使個人產生全新感受。

## （四）理解監控

在上述三個階段中，學習者已經對文章的內容有了深刻的了解，而理解監控的階段主要是讓學習者反省是否達到預定的目標。因此，這個階段包含：設定目標（goal setting）、選擇策略（strategy selection）、檢核目標（goal checking），以及補救（remediation）。有技巧的閱讀者自始至終都在監控自己閱讀的歷程，他會設定閱讀的目標，選擇習慣而有效的閱讀策略來達成閱讀目標，並時時檢核是否達到既定的目標。如果尚未達成，則會修正閱讀策略，以確保目標能夠順利地達成。

# 二、閱讀理解的學習策略

在上述閱讀的歷程中，學習者為了達到閱讀的目的，會運用相關的閱讀理解策略。也就是說，閱讀時如果運用適當的策略，可以提升我們閱讀的能力，並能從閱讀中獲益。許多學者針對閱讀歷程上的問題設計了閱讀理解方案（林建平，1994；林清山，1990），以下分別說明。

## （一）SQ3R

SQ3R 是 Robinson（1964）所提出來的一種閱讀策略，包含：瀏覽（survey）、質疑（question）、精讀（read）、背誦（recite），以及溫習（review）。這種閱讀方法是將文章快速地閱讀一遍，並將所遇到的問題提出

來。然後再仔細閱讀，針對問題加以思考與解答。等到對整篇文章都了解之後，就以前面所提出的問題來進行自問自答的工作。隔一段時日後，要再加以溫習，讓記憶能保持得比較長久。

## （二）REAP

Eanet（1978）提出了REAP閱讀策略，強調的是讓學習者重述文章的內容，其步驟包含：閱讀（read）、編碼（code）、註解（annotate），以及審思（ponder）。當開始閱讀時，學習者應注意閱讀之後要將文章內容用自己的話重述一次，用自己的話將文章加以摘要，並對文章內容與摘要加以思考，以獲得概念與心得。

## （三）文章結構分析

Cook與Mayer（1988）認為，教導學習者閱讀應著重文章結構的分析。這個學習策略包括三步驟：辨認文章結構、確認文章中所表達的概念，以及將文章結構中的觀念加以結合。

## （四）自問式策略

King（1989）所提出的自問式閱讀理解策略，運用的是學習者的後設認知（metacognition）能力。他以直接教學模式來教導大學生自問自答的技巧，這種方式是要學習者想出各種問題，包括事實的與推測的問題，並利用從閱讀文章中獲得的概念，來解答自己所提出來的有關問題。透過這種自問式策略可以了解自己對文章理解了多少。

## （五）文章閱讀策略

Pressley 與 Gillies（1985）指出，閱讀文章可依不同的階段採用不同的

策略。在解碼階段，可用查字典、詢問同學、依上下文猜字、忽略該字等策略來閱讀。在文義理解階段，可用劃線、分析語句結構、作摘要、自我問答等策略。在推論理解階段，可運用舊經驗來分析新訊息、批判文章的結構或內容的一致性、做新的推論等。在理解監控階段，則可運用自我評鑑、自我修正等策略。

# 三、寫作的學習歷程

寫作的歷程與閱讀理解的認知歷程相反，閱讀理解是將外在的訊息分解，進入人的大腦中去辨識其意義，並統整整篇文章的意義；而寫作則是運用個人內在原有的知識，將這些知識重新組織，再透過語彙表達出來。因此，寫作歷程有其特性存在，即運用學生的原有知識來創造出新的句子與文章的意義。基於此一原因，寫作教學的重點在激發學生的想像力與創造力，同時強調如何將自己的想法用句子清楚地表達出來。

Hayes 與 Flower（1980）將寫作歷程分為三大部分：計畫（planning）、轉譯（translating），以及回顧（reviewing）。

## （一）計畫

開始寫作時必定會對主題加以計畫，計畫的目的在進行構思，將長期記憶中與主題有關的內容檢索出來；接著進行組織的工作，也就是將檢索出來的內容進行編排，讓文章看起來比較順暢；最後檢視文章的內容是否符合主旨。

## （二）轉譯

轉譯的歷程是指將前面計畫好的內容，以讀者可接受的符號來呈現。這個歷程的工作非常複雜，包括：原先設定的目標、擬定好的計畫、內容的組

織、用字遣詞、標點符號，以及文法規則等都需要慎重考慮，期望以最適當的方式來呈現這篇文章。

## （三）回顧

經過計畫與轉譯的歷程後，一篇文章已經大致完成了，接著要進行的是回顧的歷程。回顧是在評估整篇文章，包括內容是否完整，是否符合原先計畫的內容，字句是否順暢，起承轉合是否合乎理想等。

由上述的寫作歷程來看，一個好的寫作者與初學寫作者間有著極大的差異。好的寫作者能掌握寫作的三大歷程，開始時會先擬計畫、內容豐富、富有創意、組織能力強、使用較優美的詞句、轉譯速度較快、有清晰完整的思路、花較多的時間來修改文章、能檢查出較多的錯誤等。至於初學寫作者的特色是未擬計畫，可能只花少許的時間在計畫上，寫作的內容貧乏、想到哪裡寫到哪裡、組織能力弱、文法或標點符號運用不熟練、缺乏整體性與完整性、較少時間在修改內容、較不易發現自己的錯誤等。

## 四、寫作的學習策略

寫作的學習策略很多，我們可從寫作的歷程來分析，將學習策略分為五階段（陳鳳如，1993）：

1. 寫作前階段：重點是在指定閱讀資料及蒐集相關資料，上課時討論主題內容，並分享優美詞句。
2. 寫作起草階段：提供安靜的環境供學生思考，初學者不必太強調標點符號，以免影響學生創造思考能力的發揮。
3. 寫作中同儕修改階段：同學互相欣賞，並提供個人的意見供學習者參考。

4. 寫作中自行修正階段：學習者採用同學的建議及個人的看法，針對文章加以修正。

5. 寫作後分享成果的階段：教師引導學生欣賞他人的作品，發現別人的文章中有哪些地方值得我們學習。

除了依寫作歷程來分析外，也可視學習策略的不同而加以分類，說明如下。

# （一）聽故事及寫故事

這是採教師說故事的方式，讓學習者將內容記錄下來的策略。但是記錄故事內容不是將故事一字不漏地寫下來，而是要學習者將聽到的故事用自己的話寫出來，內容可以依照自己的用詞來加以潤飾。這個策略同時可以練習分段及標點符號的運用。

# （二）剪報並寫心得

將報章雜誌中好的文章剪下來，並將優美的詞句劃出來，或是針對文章內容寫出心得、感想或仿作一篇文章。

# （三）成語訓練

練習說成語是訓練寫作的一個好的策略，它能使文章更有深度。練習時，教師可以先決定範圍，例如：今天專門說吉祥話，然後再將所說的成語造成句子，或將數個成語串連起來寫篇文章。

# （四）創意思考訓練

文章是否具有創意，通常可以做為評分的標準。為了使文章富有創意，學者認為，對初學寫作者不要太強調文章的規制、標點符號的運用、文法結

構的錯誤等，以免影響寫作者的思考方向。以下介紹幾種常用於寫作訓練的創意思考學習策略（陳鳳如，1993）：

1. 角色想像：讓學習者想像自己是一種動物或另一種人物，然後以他們的想法、觀念來寫文章，例如：「我是一隻小猴子，我一出生就⋯⋯。」

2. 強迫組合：讓全班同學先提出許多東西，這些東西都互不相關，然後讓學生將兩個不相關的東西組合起來，也可增加難度，將三個不相關的東西組合起來，例如：「星星、火車、拖把」這三個互不相關的東西組合起來，可能會成為「黑夜裡，我坐著火車向前奔馳，望著天空中的星星，感覺自己正騎著拖把飛向無邊無際的太空中」。

3. 比擬：教師可以激勵學生運用想像力去比喻各種事物，例如：「白雲——像一枝枝棉花糖似的」、「天空——像千面女郎一樣變化不定」。

4. 圖片推理：利用一張圖片就可以訓練學生的想像力與推理能力。教師可以運用問答技巧來增進學習者的思考能力，例如：「這張圖中的事是什麼時候發生的？」「在哪裡發生的？」「裡面有些什麼人？」「這件事是如何發生的？」「結果怎麼樣？」經由討論，可以讓學習者寫下整個事件的經過與結果。

5. 文章改寫：教師可以教導學生運用不同的文體將文章加以改寫，例如：「松下問童子」是一首五言絕句詩，學生可以將內容以白話文或戲劇的方式重新再寫一次。

6. 創新發明：教師可提示一些方向，讓學生運用想像力來發明一些新產品，例如：家裡的吸塵器使用起來不太方便，如何才能發明方便使用的吸塵器。

7. 問題解決：教師可以提出一個問題情境，讓學生思考如何解決這個困境，例如：「小明長得十分瘦小，同學常會欺侮他，他該如何處理這個困境呢？」

# 第三節　社會領域的學習輔導

社會領域包含的範圍很廣，從歷史到地理，從古至今，從過去到未來，上自天文，下至地理，社會領域真可謂是無所不包的科學。過去對社會領域的印象就是去死記一些零碎的知識，主要目的是為了應付考試，考完後就全忘光了。而今日的社會領域強調的是生活化的知識，學習社會領域是要鑑往知來，將社會領域的知識運用在日常生活中。

## 一、社會領域的學習特色

社會領域主要包括歷史與地理的學習。歷史教育主要在教導學習者了解歷史的演進，從中記取經驗與教訓，避免再犯同樣的錯誤。因此，在進行歷史的教學時，應是史事與時事配合，訓練學生批判思考的能力與探究比較的精神。在進行歷史教學中最常見的問題就是學習者有錯誤的學習態度，以為歷史故事都看過了，只要背一下重點就可以應付考試，所以上課不必聽講；過於依賴參考書也是一個不當的學習方法，因為照參考書背重點而不求甚解，學到的不是歷史教訓而是一些死的知識；還有就是不敢發問或討論，歷史教育的目的在訓練學習者批判思考能力，如果不發問、不討論，如何澄清問題與運用知識呢？至於史實與稗官野史分辨不清則是學生的通病。

在地理科的學習內容上，包括：自然地理（如氣圈、陸圈、水圈、生物圈）、人文地理（如經濟、政治、交通、都市、人口等），以及區域地理（依地理特性加以劃分者）等三方面。地理教育兼具自然科學與人文科學兩方面的特性，所以教導地理除了讓學習者了解一些基本知識外，更重要的是要培養學習者具有地理研究的精神與涵養。不論是本國地理或外國地理，對我們都是同樣重要。因為資訊發達的今日，地球就是一個大家庭，教導學生

地理知識與觀念，不應有族群偏見存在，認為臺灣人只需要認識臺灣就可以了，不必了解其他地方的事物。在地理教育上最常見的問題是把地理當國文來教，照本宣科，逐句解釋，然後背誦記憶。此外，地理科的命題方式多半為選擇題，因此，助長學習者死記地名、物產，而不重視整體地理知識的運用。

# 二、社會領域的學習策略

從早期歷史與地理的教學上，我們發現社會領域學習有其特色存在，也有許多的問題需要改進。以下提供一些社會領域的學習策略供學習者參考。

## （一）參觀教學

例如：歷史科可以參觀博物館、藝術館、文物中心或名勝古蹟等地，教師事前與同學共同擬定計畫，訂定參觀的內容、目的、工作項目等，以免學生不知從何看起或走馬看花，摸不清頭緒。參觀時必須記錄觀察重點，回到學校後，教師可以在上課時與同學討論參觀的心得或回答學生的問題。地理科則可以進行地形方面的觀察與研究。然而，最好的方式則是將歷史與地理合併起來，談到歷史事件時，同時了解當時的地理位置等。

## （二）批判思考訓練

從事社會領域的研究必須抱持懷疑的態度，時時進行反省的工作，例如：對中國人種的起源，有西來說、南來說、東來說，以及本土說等不同的看法，因為沒有一個定論，很適合透過辯論來質疑各種說法或澄清一些觀念。

## （三）組織架構訓練

在學習歷史時，可以用網路建造的方式來整理歷史中的重要大事，培養學習者提綱挈領的能力，這樣也有助於學習者的記憶。但是這種組織架構的訓練與參考書中內容摘要的功用不同，許多人認為既然列出來的表格大同小異，不如直接背誦參考書的大綱就好了。這種學習的效果相差很遠，因為組織架構的訓練是教導學習者運用組織的能力，透過組織的歷程能對內容有更深刻的思考，這與直接背誦參考書中的大綱而獲得零碎死記的知識，實在大不相同。

## （四）問答法

問答法除了要注意問答技巧外，還要將問題加以分類，例如：「石器時代的人用什麼做為工具？」這是屬於不佳的題目；「原始人為何以石頭做為工具？」這是屬於中等的問題；「北京人的智慧展現在哪些地方？」這種題目就是最佳題目。但是，在提問題時也必須考慮學生的狀況，使學習者都能發揮思考能力也能獲得成就感的問題，才算是最佳的題目。此外，引導學生主動提問，並蒐集資料、解決疑惑，是最好的學習策略。

## （五）圖表法

它是社會科常用的一種學習策略，能使學習者對歷史的發展有連貫性的了解，對地形的了解有整體的概念。但是在圖表的呈現上，常因圖表過於複雜，未能配合學生讀圖能力的發展給予適當的訓練，以致效果不彰。因此，讓學生學習製作簡單圖表是改善社會領域學習困難的方法之一。

## （六）記憶術

　　不論社會領域如何強調知識的理解與運用，某些基本知識有時不可避免地還是需要記憶，學習者如能學到記憶的策略，可以省下不少的時間來進行思考的學習，例如：中國歷史朝代可以採用詩歌的方式來記憶：「夏代商代與西周，春秋戰國亂悠悠，秦漢三國晉統一，南朝北朝是對頭，隋唐五代又十國，宋元明清帝王休」。

## （七）理解推理

　　這是社會領域教學的主要目標，不光是學得知識，更要能運用知識，例如：工廠區位的選擇，其原則是每一座工廠都必須致力於減低生產成本，那麼對於不同的工業，它們選擇工廠區位的取向便有所不同。教導這個部分時，可以讓學生模擬情境，討論在什麼地點或條件下，適合從事某種工作。

## （八）擴散性思考

　　讓學習者將自己的思考範圍擴大，從中導引出較具意義的知識，例如：自由聯想樹木的功能，由原先做家具的單一思考向度開始，擴展到可以造紙、防止大氣層中的臭氣層消失等。學生提出許多的想法後，可以加以歸納、分析，做出結論。

## （九）高層思考

　　訓練學生探究問題的能力，可以讓學生帶一袋垃圾到學校來，然後根據垃圾中的線索，推論一家人的生活方式與過程。這種方法可以讓學生了解歷史學家、人類學家研究早期人類生活的方法，從活動中培養思考的技巧與推理能力。

## （十）未來想像

陳嘉偉（2014）將未來想像的方法運用在地理教學上，設計了「2030 中國新興產業」的課程，結果學生的地理學習動機顯著提升，地理成就測驗也高於對照組學生，在「未來想像傾向量表」上，情感價值、超越現實、鑒往知來，以及情節建構等向度有顯著提升。學生的作品中提到，為了改善空氣污染及減少石油的消耗，未來會開採清潔且無污染的可燃冰當作汽車的燃料，發展出可燃冰汽車產業。從學生的想像中發現學生的潛力無窮。

## 第四節　數學領域的學習輔導

數學學習是個人認知發展中的一個重要歷程，每個人都要對數學有最基本的概念，以便應用到日常生活中。然而，過去的數學教育卻將數學當做一門深奧的學問來教，使學生即使學會數學也不知如何運用在日常生活之中。當然，有許多的學生就對數學產生了恐懼與排斥，不喜歡運用思考來解決數學問題。以下，我們要討論的就是如何讓學生有效地學習數學，並且喜愛思考數學。

## 一、數學領域的學習歷程

數學學習首重解題，Mayer（1987）認為數學解題的四個成分是：問題轉譯、問題整合、解題計畫和監控，以及解題執行等四項，說明如下。

## （一）問題轉譯

問題轉譯是指學習者要將問題中的句子轉譯成具有某種「內在表徵」

（internal representation）的語句，因此，學習者對問題要有基本的語言知識
與事實知識。所謂語言知識是指了解文字上的意義，舉一個例子來看：「有
一個長方形的房間，長是 9 公尺，寬是 6 公尺。現在要貼每邊 30 公分的正方
形地磚，共要幾塊地磚？如果地磚一塊是 50 元，買地磚共要花多少錢？」在
這道題中，語言知識是指讀者可以了解什麼是地磚，而事實知識則是指讀者
了解問題所陳述的內容，如正方形的地磚每邊是 30 公分。

## （二）問題整合

問題整合是指將問題的每一個陳述意義化之後，連貫起來成為一個具有
一致性的問題表徵，也就是對問題有整體的了解。進行問題整合必須具有基
模知識，例如：要算面積時，正方形面積是「邊長的平方」，長方形面積是
「長乘以寬」，以及求房間需要多少地磚時，必須先知道每塊地磚的尺寸
等。

## （三）解題計畫和監控

在解題計畫和監控中，學習者必須運用到策略知識來達成解題的目的。
也就是說，學習者要能將問題分解成次目標，並運用適當的方法一步步進行
解題。以上題為例，學習者必須先算出一間房間要幾塊地磚，再用一塊地磚
的錢乘以地磚總數，就可以解出答案來。但是一間房間有幾塊地磚還需再加
以分解，先算出長的一邊要幾塊地磚，寬的一邊需要幾塊地磚，長的一邊與
寬的一邊的地磚如何處理等問題。再來需要考慮的是單位是否一致，是否恰
好除盡等，這時運用的就是學習者的策略知識。

## （四）解題執行

進行解題執行時，就已經到了解題的最後一步，也就是要進行運算，以

求出正確的答案來。這時運算式子需要運用程序性知識，例如：學習者要計算 900 公分除以 30 公分得到的商是多少？

在數學解題歷程中，學生較感困擾的多半在「問題整合」和「解題計畫和監控」兩個部分。這兩部分運用的是基模知識與策略知識，因此，如能加強學習者數學的基模知識與策略知識，對其數學解題能力的提升有很大的助益。

## 二、數學領域的學習策略

有關學習者學習策略的研究，Biggs（1993）指出有兩個主要的理論：一是訊息處理理論（information processing, IP）；一是學生學習取向（students' approaches to learning, SAL）。這兩者的基本假定不同，訊息處理理論假設學習發生在個體之內，而學生學習取向則強調學習發生在教學情境中。Biggs 認為，學生的學習最好是在一個開放系統的教學／學習情境中，他強調訊息處理理論與學生學習取向兩者的優點都要兼顧。教師的教學應是一種千變萬化的藝術工作，沒有一定的模式能加以規範，教師必須運用其專業知識以應付這種高難度的教學工作。

Cobb、Yackel、Wood 與 McNeal（1992）提出兩個觀念：「為了解而教數學」（to teach mathematics for understanding）及「以理解來學數學」（to learn mathematics with understanding）。也就是說，過去一直強調改善數學教師的教學方法，要求教師將數學「教」好，而目前則是強調教師應讓學生發揮思考能力。因此，教師的教學由過去主動的「教」數學知識，變成現在學生主動地來「學」數學概念。數學不再是學生努力完成教師所給予的作業，以符合教師的期望，而是學生主動去探索數學領域，去研究數學奧秘的有趣活動。以下介紹幾種數學學習的方法與策略，供大家參考。

# （一）小組討論

過去的數學學習都是由教師講解，學生只要認真聽教師講課就可以了，而現在的數學學習鼓勵學習者用自己的話來描述題目。Hart（1993）在研究中發現，學習者在解數學題時會產生一些阻礙，他們對文字題的敘述會有不適應的情形產生。學生有自己獨特的思考與敘述方式，這可能是學習者對教師的講解難以理解的原因之一。由於不了解教師的意思，也可能會導致學習者誤解題意或誤解教師的教學內容。為了解決語文上的問題，Hart 建議要增進學習者解題能力，可以透過小組討論來改善語言造成的問題。學習者在小組內發表自己的想法與思考方向，經由說服同儕而共同解決問題的歷程，使學習者獲得更完整而清楚的數學概念。

# （二）學習促進取向的學習策略

Gow 與 Kember（1993）曾比較兩種學習方式：一是學習促進取向（learning facilitation）；一是知識傳遞取向（knowledge transmission）。學習促進取向就是將學習視為是一種使學生發展問題解決技巧及批判思考技巧的歷程，而知識傳遞取向則是將學習視為是知識的獲得。研究發現，採用知識傳遞取向而獲得高分的學生，並未形成自動自發的學習傾向；而採學習促進取向並得高分的學生，其學習動機受到增強，因而較會主動參與學習。在數學學習上，若未能形成主動探索數學概念的習慣，對數學的學習較無法維持長久的興趣。

# （三）園徑策略

園徑策略（garden path strategy）是 Frazier 與 Raynier（1982）所提出來的，他們認為學生在面對數學題時，會先對問題做一個假設。當選定的假設

能夠在整個問題情境中建立起一致而有效的解釋時，學生就會繼續做下去。如果原先的假設在整個問題情境中的某個部分出現狀況，無法有效地達到解題的目的時，學生就會警覺到問題的存在，因而重新修正假設，再繼續進行解題的工作。在園徑策略中，教師不要害怕學生做錯，也不要在學生做錯時立即教導正確的解題方法。Lo、Whearley 與 Smith（1994）研究發現，學習之所以吸引人的地方，就在於讓學生有機會自己努力將學習經驗變得有意義。如果每件工作都由教師安排，學生只需照著模仿，這種學習將使學生的學習動機喪失殆盡。在園徑策略中，教師的工作即在使學生維持動機去面對問題，不斷地激勵學生去面對挑戰。

## （四）練習命類

Winograd（1993）主張讓學生來編寫數學題目，因為學生在命題中會發展出三種策略：一是確認所要編寫的主題為何；二是先使用一般的方式組織有關的訊息；三是發展出一種使問題更具有深度的命題技巧。這種讓學生寫出題目的教學策略能使學生真正了解問題、知道問題是如何產生的，以及知道解決問題的策略是什麼。當學生開始練習命題時，教師可以適時地引導學生進入主題，教師也可以由生活中的實例來示範如何出題，讓學生在命題的過程中，學到何種題目才符合實際情況或合乎邏輯思考的原則。

## （五）簡化問題

簡化問題的目的在使學生從題目中找出真正重要的句子，並釐清題目中哪些句子與解題有關，哪些句子則與解題無關。舉例來說：

題目：有一天阿諾對洛基說：「你這毛頭小子，6 年前我的年齡是你的 3 倍，隨著歲月增加，現在可能不只 3 倍囉。」洛基說：「你的數學真差，到明年你的年齡只剩下我的 2 倍而已，有朝一日，我還能迎頭趕上呢！」請問阿諾及洛基現在各幾

歲？

在上面的題目中，最主要的句子有哪些？請學生分組討論後提出答案。（答案是：6 年前阿諾的年齡是洛基的 3 倍；到明年阿諾的年齡是洛基的 2 倍；問阿諾及洛基現在各幾歲。）

## （六）重述問題

重述問題的目的在使學生將呆板的、混亂的題目生活化和條理化，主要在幫助學生建構心理表徵。當學生將問題形成心理表徵後，才有可能運用策略來解決問題。舉例來說：

題目：某甲有 A 和 B 兩個錢筒，已知兩錢筒的錢不一樣多，但是每天都只各丟一元進去。今天 A 筒的錢是 120 元，幾天前，A 筒的錢是 B 筒的 2 倍，且兩筒的錢共有 150 元。請問今天 B 筒的錢是多少元？幾天前兩筒的錢共有 150 元？

在上面的題目中，可以運用簡化問題與重述問題兩種策略來將問題形成心理表徵。經分組討論後，學生可能提出的結果是：每天兩筒各丟進一元，幾天前 A 筒的錢是 B 筒的 2 倍，且兩筒共有 150 元，所以 150 元可分成三份，A 筒占兩份，所以是 100 元，B 筒占一份，所以是 50 元；今天 A 筒 120 元，幾天前是 100 元，可見過了 20 天。

## （七）建立次目標

建立次目標的目的在將整個問題分解成小單位的問題，以便於達成解題的目的。分解問題有各種不同的方法，以 Mayer（1987）的分類方式可以分成語言知識、基模知識、策略知識，以及程序性知識等四方面。以下舉例加以說明。

題目：小明幾天前買了一堆蘋果和柳丁，每天各吃一顆，今天蘋果
　　　的數目恰為柳丁的二倍，且蘋果和柳丁共有 60 顆。已知蘋果
　　　原有 50 顆，請問柳丁原有幾顆？今天離買水果的日子有幾
　　　天？

從上面的題目來看，如果要建立次目標，可以分四方面來問問題。

## 1. 語言知識

(1)蘋果和柳丁每天各吃幾顆？

(2)現在剩下的蘋果數和柳丁數有什麼關係存在？

(3)現在的蘋果和柳丁共有幾顆？

## 2. 基模知識

(1)你知道買水果時是蘋果多還是柳丁多？為什麼？

(2)如果買水果時蘋果和柳丁數相差 10 顆，現在還是相差 10 顆嗎？為什麼？

(3)今天蘋果的數目是柳丁的 2 倍，原先蘋果的數目也是柳丁的 2 倍嗎？為什麼？

## 3. 策略知識

(1)這個題目你想如何做假設？

(2)如果原有柳丁 X 個，現在柳丁幾顆應如何表示？

(3)現在蘋果數是柳丁的 2 倍，這要如何表示？

## 4. 程序性知識

這個部分是由學生將剛才討論的次目標加以組合，並計算出答案。

# （八）繪圖法

繪圖法強調的是，讓學生學會如何將題意透過圖形來加以理解，建立心理表徵，以便運用策略來解出答案。舉例來說：

題目：張老師對王同學說：「我在你這年齡時，你只有 1 歲，等你到你現在年齡的 3 倍少 3 歲時，我就 52 歲。」請問張老師及王同學現在各幾歲？

在這道題目中，要想出策略來解題，最好是透過繪圖的方法。由條件一（張老師在王同學現在的年紀時，王同學才 1 歲）來看，可繪成下面的圖形：

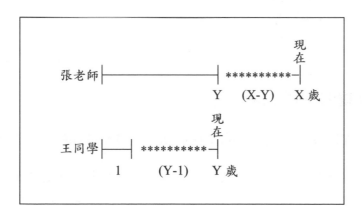

設張老師現在 X 歲，王同學現在 Y 歲。

再由條件二（王同學到現在年齡的 3 倍少 3 歲時，張老師就 52 歲）來看，則可繪出下面的圖形：

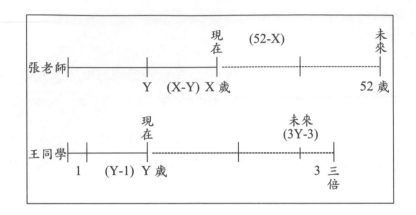

　　由條件一和條件二的圖形可以想出的策略是二人年齡差是相等的，因此，可以列出下面的式子：

$$\lceil\ (X-Y)=(Y-1)$$
$$\lfloor\ (3Y-3)-Y=(52-X)$$

## （九）舉實例加以說明

　　舉實例加以說明的主要目的，在於讓學生發現問題所在。舉例來看：

　　題目：有一個二位數，其數字和為 6，把個位數和十位數對調，所
　　　　　得的新數較原數的 2 倍少 6，問此二位數是多少？

　　當學生初學未知數時，常假設個位數是 X，十位數是 Y，因此，二位數就是 YX，而對調後的新數就是 XY。這種觀念就可以用實例來澄清，讓學生知道 26 是 20＋6 的意思，而 YX 是 Y 乘以 X 的意思。要表達這個二位數必須用 10Y＋X 來表示，而新數就是 10X＋Y 了。在運用實例來說明時，先讓學生分組討論，讓學生尋找問題所在，再共同討論，最後由教師做歸納統整。其目的主要在使學生修正自己原先的迷思概念（misconception），重新建立正確的概念。

## （十）估算的策略

估算是一種驗算答案是否有誤的方法。舉例來說：

題目：英英和明明到文具店買相同的鉛筆和原子筆。英英買鉛筆 5
　　　枝和原子筆 2 枝，付款 27 元；明明買鉛筆 2 枝和原子筆 3
　　　枝，付款 24 元。問鉛筆和原子筆每枝多少元？

以上題為例，如果學生在考試時沒有時間一一驗算，而算出來的答案若
為鉛筆一枝 6 元，原子筆一枝 3 元時，學生就應該有所警覺，因為通常鉛筆
比原子筆便宜。

## （十一）對話式形成性評量

在數學學習中，還有許多的策略是運用建構理論的精神，例如：歸納式
論證、表列法、用口語描述幾何圖形、設計圖形或題目等。這些策略的運用
都是要學生自己來思考，教師只從旁引導或鼓勵。當學生能獨立完成工作或
解決問題時，才有可能激發他的內在動機，持續努力下去，並建立自信心與
滿足感。Wiliam 與 Thompson（2008）曾清楚的提出在課堂教學過程中，教
師要釐清學習的目標與成功的標準為何？學生目前的狀況如何？他們具有哪
些先備經驗？要運用什麼方法可以達成學習目標？Kotsopoulos、Lee 與 Heide
（2010）也認為，對話是探索數學認知思考的重要方法。從腦與學習的角度
來看，當我們和對方聊天時，我們會從談話中的前後文加以判斷，再從大腦
中的先前經驗進行討論，這樣才是經過思考而來的有意義之學習。

## （十二）運用動態幾何軟體進行教學

鍾承良（2014）運用動態幾何軟體（The Geometer's Sketchpad，簡稱

GSP），或稱幾何畫板來進行國三幾何證明題的教學，結果學生在數學學習態度與學習成就上都有提升。Harel 與 Sowder（2007）認為，將動態幾何軟體引入數學課堂教學，可以促進學生邏輯思考的發展，因為幾何畫板的核心特色是擁有操作與立即同步回饋的功能，它可以進行平移、旋轉、對稱，以及縮放的功能，讓學生易於理解幾何概念。

# 第五節　自然領域的學習輔導

　　在二十世紀結束，大家興奮地迎接二十一世紀的到來時，我們應體認到二十一世紀中最大的突破不是科技的進步，而是更多人能體認到「生而為人的意義」。因此，未來我們教育的趨向必是以人為中心，尊重個人的價值觀和獨特性，充分發揮學生的學習潛能，使學生都能充分地發展自我。在自然領域的學習上，也是以此趨向為依歸，在學習者與自然科學間尋求一個平衡點，使每個學習者都能成為「科學家」。這裡的科學家不一定要有偉大的發明，只要學習者能將所學應用到日常生活中，並時時思考問題，改善生活中的一些細小事情，這就是所謂的「科學家」。

## 一、自然領域的學習歷程研究

　　在自然科學的研究中，有些特殊的現象是其他學科較少發生的，例如：我們對於自然現象會有一些直覺的想法，這些是我們從平日生活中所形成的一種先入為主的觀念；這些觀念有些正好是對的，有些則是與事實不符的想法。當學生帶著預設的想法進入教室時，教師必須了解學生有哪些想法，才能針對學生的問題加以修正與澄清。所謂專家與生手的差別，就在於專家是以大單位的認知結構在思考問題，並能解決困難；生手則是以小單位的認知結構去思考問題，且受直覺的影響，以致於無法解決問題。以下就先探討直

觀物理現象，並針對迷思概念與建構論加以說明。

## （一）直觀物理現象

人類不了解物理現象，但是從古至今，人類都具有一種直觀物理現象，對每一件事都會以先入為主的觀念來處理，例如：當我們手上拿著一粒球並快速向前跑時，若將手上的球放開，球會往哪裡落下？像這種問題，我們通常會憑直覺說是向前、向後或垂直落下。若從牛頓運動定律的觀點來解釋，球會向前移動。你答對了嗎？沒有關係，因為大多數的學習者會認為球是會垂直落下的。Mayer（1987）認為，就是因為這種直觀物理現象的存在，使得自然領域的學習產生其他科目較少發生的迷思概念之問題，這也使得自然科學的學習較富有挑戰性，能夠滿足部分學習者好奇探索的慾望。

## （二）迷思概念與建構理論

迷思概念（misconception）受到重視，主要是因受到認知心理學「質的研究」之影響，學者們開始探討學習者在接受教師的教學前所持有的特殊想法。有些學者稱之為另有架構（alternative framework），也有些學者稱為迷思概念或先入概念（preconception）。就因為學習者在學習自然領域時，常會發生訊息接收上的錯誤，或為順應自己的先入概念而將新的訊息加以扭曲的情形，所以研究自然領域的學者們提出建構論的觀念。建構論（constructi-vism）是與傳統教學不同的一種學習方式。傳統教學強調的是教師講、學生聽，教師只是單向地將知識傳授給學生；而建構論注重學習者知識建構的歷程。在建構論的觀點中，學生是學習中的主角，而非只是被動的聽講者。同時，教師的教材與教法要依據學習者的程度而定，教學沒有一定的方法與規則，重要的就是讓學習者在問題情境中，透過討論、提問、實驗等方法，自我建構出正確的科學知識。

## 二、自然領域的學習策略

在自然領域的學習中，探究的精神、批判思考的能力都是很重要的。以下介紹幾種自然領域的學習策略。

## （一）探究學習

探究學習是 Suchman（1960）所倡導的，他的基本假設是認為，人們在困惑的情境中自然就會去探索、分析、思考、提出新的看法並進行驗證，最後形成新的概念。從小到大，學校直接教導學生的是去記住許多正確的知識，卻很少教導學生去思考問題的來龍去脈，使學生在面對一個陌生的情境時，常不知如何著手；實際上，知道如何去學習知識比知道答案更重要。科學家在探索未知的領域時，就是要會去發現問題而非只是學習已知的結果。Suchman 基於科學家在解決問題所利用的策略而發展出探究模式。探究的步驟一般來說有下列七項：選擇問題、介紹探究流程並提出問題、蒐集資料、發展理論和驗證、陳述規則和解釋理論，以及分析歷程和評鑑。

## （二）導進組體

Ausubel（1968）提倡有意義的學習，並提出導進組體的概念。導進組體（advance organizer）是指在學習之前，先呈現某些資料，讓學習者對所要學習的材料有基本的認識，並以此為基礎來組織新的訊息。導進組體的目的在使學習者能以有意義的方式來接收新訊息，包含說明式組體與比較式組體。說明式組體（expository organizers）是在學習新教材之前，先接受有關新教材的基本知識，引起學習者對新教材的初步印象。而比較式組體（comparative organizers）則是將與新教材有關的或相對的不同教材提供給學生，讓學生了解兩者間的異同，以便學習新教材時能進行分析討論，加深學習新教材

的意義。導進組體運用在自然領域上，可以使學習者將新訊息與舊經驗相結合，加強學習者認知結構的重組，並有助於學習者的記憶。

## （三）基模訓練

基模訓練（schema training）是 Cook（1982）發展出來，以幫助學習者學習科學文章的一種文章結構分析之方法。基模訓練包含五種結構的分析：概括（generalization）、列舉（enumeration）、序列（sequence）、分類（classification），以及比較／對照（compare/contrast）。Cook 的基模訓練是特別針對化學、生物、物理等自然領域的文章來加以分析的。所謂概括是指學習者了解所閱讀文章的主要概念，能用自己的話來解釋主要概念；列舉是指學習者能記住每個次主題或個別的事實；序列則是能夠說出文章中主要概念所進行的步驟，或步驟間的差異；分類是將材料加以歸類，能了解各組間的不同；比較／對照則是指學習者能討論事物間的相似性與相異性。

## （四）比喻的學習

所謂「比喻的學習」，是指將抽象概念的學習以學生熟悉的方式來加以敘述，使學習者經由具體情境的描述遷移到抽象概念的學習上。舉例來說，在生物課中教導學生染色體的概念時，這種概念在未運用電腦模擬教學的情形下是很難描述的。如果教師以比喻的方式，先問學生細胞的構造如何？（包含細胞膜、細胞質和細胞核），再問學生細胞核內有什麼？（染色體），黑板上有幾個染色體？（兩個），為什麼是一對染色體？（因為相同），那麼這兩隻襪子是一對嗎？（不是，它們的顏色不同），人體內的染色體都是成雙成對的，就像抽屜裡的襪子弄亂了還是可以找出相同的襪子。諸如此類的比喻可使學生理解抽象的概念。

## （五）遊戲活動的學習

洪曉揚（2014）運用撲克牌的心臟病遊戲進行人體血液循環的單元活動，結果學生對生物科學的學習態度與學習成就都有所提升。遊戲教學的核心包含：科學概念的學習、動手操作的歷程、提高學習興趣，以及小組合作學習等。

## （六）POE 教學模式

White 與 Gunstone（1992）提出自然領域 POE 教學法：P 是預測（Prediction），O 是觀察（Observation），E 是解釋（Explanation）。鄒玉鈿（2011）的實驗內容取自於學生實際生活周遭的事物，並含有讓學生驚奇的元素。以「金屬與非金屬的氧化」為例，教學流程如圖 8-2 所示。

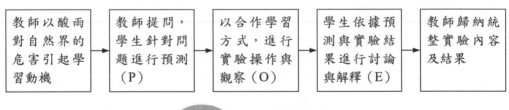

圖 8-2　POE 教學模式

## （七）五 E 學習環

Driver 與 Oldham（1986）先提出五階段概念改變教學模式，後來再發展出五 E 學習環教學模式，此即 E1（Engagement）投入，E2（Exploration）探究，E3（Explanation）解釋，E4（Elaboration）精緻化，E5（Evaluation）評估。這個模式的進行方式與 POE 教學模式有點類似，對培養學生的親和、參

與、合作、平等,以及與人相處等方面都有所幫助。

## (八)網路平臺的運用

Rao(2007)認為,創新教學不能忽視科技的影響力,教師可應用豐富的網路資源進行教學,也可以發展新的教學工具提供大家使用。創新教學可以引發學生的學習動機,促進高層次的認知發展。在網路平臺上可以找到許多自然科學或大腦功能等影片,能有效提供視覺和聽覺等多元環境的刺激,對長期記憶有所幫助,也因為具體影像的呈現,對學生搜尋腦中相關資訊時也有所幫助。

在本章中提到語文、社會、數學、自然四領域知識的特性與學習策略。但是,學習的方法與策略很多,我們除了要了解這些方法與策略外,還要多加思考與演練,發現學習者的學習方法與技巧上的缺失,找出最適合的方法來幫助學習者有效地學習。

## 自我評量題目

1. 試以自己的專業科目為例，擬定一個差異化教學計畫。

2. 試分析自己寫作時的優、缺點有哪些？如何改進自己寫作上的問題？

3. 社會領域學習的目的是什麼？如何在社會領域中培養學生高層次思考能力？

4. 你覺得現在的數學教學和過去的經驗有何不同？如果要你教一道數學題，你會怎麼教？你要考量的因素有哪些？

5. 自然領域對學習者而言存有什麼特殊現象？要如何修正原先混淆的想法？

# 參考文獻

## 中文部分

林建平（1994）。整合學習策略與動機的訓練方案對國小閱讀理解困難兒童的輔導效果（未出版之博士論文）。國立臺灣師範大學，臺北市。

林清山（1990）。**教育心理學**。臺北市：遠流。

洪曉揚（2014）。**創新補救教學對國中生物科學習表現影響之研究：以人體血液循環系統為例**（未出版之碩士論文）。慈濟大學，花蓮縣。

張景媛（1994）。**國中生數學學習歷程統整模式的驗證及應用：學生建構數學概念的分析及數學文字題學生策略的研究**（未出版之博士論文）。國立臺灣師範大學，臺北市。

張瀞文（2015）。從多元智能幫助孩子適性發展。**親子天下，66**，136-140。

陳美芳（2012）。**差異化教學策略**。2014 年 3 月 9 日，取自 http://www.cere.ntnu.edu.tw/news/? mode=data&id=341

陳嘉偉（2014）。**2030 中國新興產業：中國地理通論主題統整課程對國中生地理學習表現之影響**（未出版之碩士論文）。慈濟大學，花蓮縣。

陳鳳如（1993）。活動式寫作教學法對國小兒童寫作表現與寫作歷程之實驗效果研究（未出版之碩士論文）。國立臺灣師範大學，臺北市。

鄒玉鈿（2011）。**「探究式創意實驗教學」對八年級學生自然領域學習表現之影響**（未出版之碩士論文）。慈濟大學，花蓮縣。

鍾承良（2014）。**動態幾何軟體教學對國中生幾何證明題學習成效之影響**（未出版之碩士論文）。慈濟大學，花蓮縣。

## 英文部分

Ausubel, D. P. (1968). *Educational psychology: A cognitive view*. NY: Holt, Rienhart & Winston.

Biggs, J. B. (1993). From theory to practice: A cognitive systems approach. *Higher Education Research Development, 12*, 73-85.

Chen, Y. (2007). *Exploring the assessment aspect of differentiated instruction: College EFL learners perspectives on tiered performance tasks*. Unpublished Ph.D. dissertation, University of New Orleans, LA. Retrieved from Dissertations & Theses: A & I. (Publication No. AAT 3292290)

Cobb, P., Yackel, E., Wood, T., & McNeal, B. (1992). Characteristics of classroom mathematics traditions: An Interaction analysis. *American Educational Research Journal, 22*, 573-604.

Cook, L. K. (1982). *The effects of text structure on the comprehension of scientific prose*. Unpublished Ph.D. dissertation, University of California, Santa Barbara, CA.

Cook, L. K., & Mayer, R. E. (1988). Teaching readers about the structure of scientific text. *Journal of Educational Psychology, 80*(4), 448-456.

Driver, R., & Oldham, V. (1986). A constructivist approach to curriculum development in science. *Studies in Science Education, 13*, 105-122.

Eanet, M. (1978). An investigation of the REAP reading/study procedure: Its rationale and efficacy. In P. E. Pearson & Hansen (Eds.), *Reading: Disciplined inquiry in process and practice*. Clemson, SC: National Reading Conference.

Fountain, H. (2007). *Using art to differentiate instruction: An analysis of its effect on creativity and the learning environment*. Unpublished Ph.D. dissertation, Purdue University, IN. Retrieved from Dissertations & Theses: A & I. (Publication No. AAT 3278670)

Frazier, L., & Raynier, K. (1982). Making and correcting errors during sentence comprehension. *Cognitive Psychology, 14*, 178-210.

Gow, L., & Kember, D. (1993). Conceptions of teaching and their relationship to student learning. *British Journal of Educational Psychology, 63*, 20-33.

Harel, G., & Sowder, L. (2007). Toward comprehensive perspectives of the learning and teaching of prllf. In K. L. Frank Jr. (Ed.), *Second handbook of research on mathematics teaching and learning*. Charlotte, NC: Information Age.

Hart, L. C. (1993). Some factors that impede of enhance performance in mathematical problem solving. *Journal for Research in Mathematics Education, 24*, 167-171.

Hayes, J. R., & Flower, L. S. (1980). Identifying the organization of writing processes. In L. W. Gregg & E. R. Steinberg (Eds.), *Cognitive processes in writing*. Hillsdale, NJ: Lawrence Erlbaum Associates.

Johnson, A. M., Barnes, M. A., & Desrocher, A. (2008). Reading comprehension: Developmental processes, individual differences, and intervention. *Canadian Psychology, 49*, 125-132.

Kendeou, P., & van den Broek, P. (2005). The effects of readers misconceptions on comprehension of scientific text. *Journal of Educational Psychology, 97*(2), 235-245.

King, A. (1989). Effects of self-questioning training on college students comprehension of lectures. *Contemporary Educational Psychology, 14*, 366-381.

Kotsopoulos, D., Lee, J., & Heide., D. (2010). Investigating mathematical cognition using distinctive features of mathematical discourse. *International Journal for Studies in Mathematics Education, 2*(1), 138-162.

Lo, J. J., Whearley, G. H., & Smith, A. C. (1994). The participation, beliefs, and development of arithmetic meaning of a third-grade student in mathematics class discussions. *Journal for Research in Mathematics Education, 25*, 30-49.

Mayer, R. E. (1987). *Educational psychology*. Boston, MA: Brown and Company.

Pressley, D. L., & Gillies, L. A. (1985). Children flexible use of strategies during reading. In M. Pressley & J. R. Levin (Eds.), *Cognitive strategy research educational application*. NY: Springer-Verlag.

Rao, Z. (2007). Training in brainstorming and developing writing skills. *ELT Journal, 61*(2), 100-106.

Reichenberg, M. (2008). Making students talk about expository texts. *Scandinavian Journal of Educational Research, 52*, 17-39.

Robinson, F. P. (1964). *Effective study*. NY: Harper & Row.

Suchman, J. R. (1960). Inquiry training in the elementary school. *Science Teacher, 27*, 42-47.

Tomlinson, C. A. (2014). *The differentiated classroom: Responding to the needs of all learners* (2nd ed.). Alexandria, VA: ASCD.

White, R., & Gunstone, R. F. (1992). Prediction-observation-explanation. In R. White & R. Gunstone (Eds.), *Probing understanding* (pp. 44-64). London, UK: Routledge.

Wiliam, D., & Thompson, M. (2008). Tight but loose: A conceptual framework for sealing up school reforms. In E. C. Wylie (Ed.), *Tight but loose: Scaling up professional development in diverse contexts*. Princeton, NJ: Educational Testing Service.

Winograd, K. (1993). Selected writing behaviors of fifth grade as they composed original mathematics story problems. *Research in the Teaching of English, 27*, 369-394.

CHAPTER **9**

# 學業低成就學生的
# 補救教學

張景媛、何英奇

## 學習目標

詳讀本章後,學習者應能達到下列目標:

1. 了解學業低成就學生的特性。
2. 明白訊息處理論對學習的影響。
3. 探討後設認知對學習的影響。
4. 理解補救教學的理念、精神與模式。
5. 運用訊息處理論與後設認知理論進行補救教學。

# 摘要

　　低成就學生在學習時的一些表現，常與其應有的水準不一致，這個現象引起學者的好奇。經研究後發現，低成就學生會表現出生活無目標、注意力不集中或自我概念較差等特質。而從理論上來看，訊息處理論與後設認知理論都提到了許多影響學習的重要因素，例如：人類接收訊息後，如果不加以處理，訊息停留在短期記憶的時間只有十幾秒鐘，之後，訊息就會消失。這種現象提醒我們的是，教學不是將訊息傳遞給學生就好了，教學是要讓學生進行思考的活動。在思考中，學生運用其認知能力來進行各項整合工作，以達到使舊經驗與新訊息統整的目的。有些學生在課堂教學中會遇到困難，這時就要即時的予以補救教學，運用適合學習者特性的方式引導學生學習。此外，學業低成就學生的學習策略可以從情意方面、認知方面，以及動作技能方面來加以探討。在情意方面的建議是激發學習的動機、增強學生的信心、具有成功的經驗、運用自我提升基模等方法；在認知方面的建議是運用認知引導策略、增進後設認知能力、採用合作學習的方法、著重學習上的創意等；在動作技能方面強調的是反覆練習以達自動化境界、實際操作以了解程序性知識、實驗研究以增進邏輯思考能力等。

在人類發展的歷程中，我們發現嬰兒一出生就有強烈的好奇、探索的心，在嬰兒逐漸成長的過程中，我們也可以感受到他有強烈的求知慾。那麼到底是什麼原因造成學生在學校中無法獲得學習的樂趣？最主要的因素是學校傳統的教育方式，採用齊頭式的教學，因而無法顧及學生的個別差異，使學生在學習過程中屢遭挫折與打擊，導致學生好奇探索的求知心被挫折打擊所掩蓋了。這個問題不是我國特有的現象，而是整個世界中的學校教育所共同存在的問題。在一個國家的發展建設中，學校教育有其存在的必要性，因為它可以確保每個人都有受教育的機會。然而不可諱言的，學校教育也受到許多的限制。針對學校教育可能衍生的問題，教育學者們近年來也提出許多適合學校班級教學使用的方法與策略。如果教師能花心思去設計各種教學活動，學校的學習將會成為學生每天所熱切盼望的一件事。以下乃針對學業低成就學生的特性、訊息處理論對學習的影響、後設認知對學習的影響、補救教學的理念與模式，以及學業低成就學生的補救教學，分別加以說明。

# 第一節　學業低成就學生的特性

## 一、何謂學業低成就學生

學校教育進行之初並無所謂低成就學生，所有的學生都一視同仁的施予良好的教育。經過一段時間的學校教育後，有些學生能夠在教師的安排下順利學習，有些學生卻對學習產生了抗拒或無法跟上進度。這種情形有些是智力因素造成的，有些則是非智力因素造成的。對於這些智力發展無礙，學習表現卻欠佳的學生，通常就被稱為學業低成就學生。也就是說，有些學生的學業表現與其智力發展不相符合。這些學生共同的現象是：生活沒有目標、不願花許多時間來溫習功課、注意力不集中、粗心大意、不喜歡做功課、基礎落後太多、沒有讀書的技巧、對課業學習沒有興趣等。但是，這些學生在其他方面的表現有時卻又顯得十分的機智、靈活、有創新的想法等特質。也

有些學生因為長期處於學習狀況不佳的情境之中，因而表現出自卑、退縮、逃避、推卸責任，以及反社會行為的傾向。Taylor（1990）的研究將低成就學生區分為三種情況：他認為有四分之三的低成就學生是屬於積極性的（aggressive），表現出來的行為是能言善道，有時也會是班上的丑角；第二種低成就者則是相反的情形，表現出退縮（withdrawn）的行為，對學習毫無興趣，不積極參與活動；第三種低成就者是前兩種的混合，在工作上的表現有時好，有時差。

## 二、學業低成就學生的篩選方法

在研究低成就學生的特性上，學者們會將學生的學業成就與其智力應得的學業成績分數來做比較，當學業成就低於應得的學業成績分數時，我們就可能說該生是屬於低成就學生。但是，這種估計的方法並不十分正確，一般研究上則是以百分等級或迴歸預測公式來加以篩選。

### （一）百分等級

運用百分等級來作為篩選低成就學生的方法，首先必須了解何謂百分等級。百分等級（percentile rank）是屬於相對地位量數（measures of relative position）中的一種，通常以 PR 來代表。百分等級是表示一個人所得到的分數在團體中所占的地位，例如：一個學生在數學測驗上得到48分，其百分等級是45，表示該生的數學表現在團體中勝過45%的人，輸給55%的人。因此，如果該生智力測驗的數學得分在團體中的百分等級是70，而其數學成就在團體中的百分等級是45，顯然該生並沒有充分發揮其智力。這種智力不差而學業表現不佳的學生，就可以歸類為低成就學生。

# （二）迴歸預測公式

　　採用迴歸預測的方式也可以篩選出低成就學生。所謂迴歸（regression）預測的方式就是運用雙變數資料來研究預測的問題。如果今年高三有一位學生的學業成績為 480，那麼根據去年高三學生的學業成績與聯考成績，就可以估計今年這位考生的聯考成績大約會落在哪個分數範圍內，這就是運用迴歸公式來預測聯考分數。這種方法用在篩選低成就學生時，其步驟為：

1. 實施智力測驗，得到全體得分的平均數與標準差。
2. 實施成就測驗，得到全體得分的平均數與標準差，並求智力測驗與成就測驗得分間的相關係數。
3. 依據上述資料計算估計標準誤。
4. 根據某生智力分數及上述資料，代入迴歸預測公式中，求得目前某生的預測成就分數。
5. 將目前某生的預測成就分數與實際成就分數來比較，若實際成就分數低於預測成就分數 1.96 個估計標準誤時，就表示某生是屬於學業低成就學生。有的研究不是以 1.96 個估計標準誤為標準，可視研究目的加以改變。

　　由上述的說明，我們可以了解到學業低成就學生實際上是具有學習能力，但是未能將應有的潛能發揮出來。造成這種現象的原因很多，包括：教師教學時訊息處理的問題、學生學習時後設認知的問題，以及家庭中重要他人支持與否的問題等。以下就針對教師教學時訊息處理的問題，以及學生學習時後設認知的問題加以說明。

# 第二節　訊息處理論對學習的影響

## 一、何謂訊息處理論

　　在學生學習過程中，認知學習是指學生在受教情境中收受教師所發出的訊息，並將這些收到的訊息加以處理的歷程。這是以認知的觀點來研究人類學習的歷程，Neisser（1976）提出訊息處理修正模式，如圖 9-1 所示。

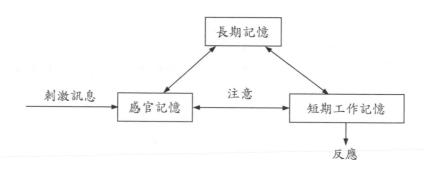

圖 9-1　訊息處理修正模式

資料來源：Neisser（1976）

　　在圖 9-1 中，它用三角形的方式排列，可以避免早期標準理論中，先出現某個階段，然後才有下一個階段的缺失。在這修正模式中，可以幫助我們和電腦運作的方式劃清界限，因為電腦運作中絕大部分是序列處理的，而人腦不盡如此。

## 二、訊息處理論在教學上的運用

　　由上述的訊息處理模式中，我們想到了什麼？是否想到在教學過程中，

何種教學方法才能顧及訊息傳遞時所具有的特殊現象？針對這個問題，我們可以將學習歷程中，學生應具有的學習行為和教師可採用的教學行為列表加以說明，如表 9-1 所示。

表 9-1 訊息處理模式在學生學習行為與教師教學行為上的應用

| 學生的學習行為 | 教師的教學策略 |
|---|---|
| 1. 選擇注意 | 突顯主要概念、顯示教材價值、設計探索活動…… |
| 2. 提取原有知識 | 順向教學、提示既有知識、由生活事例引發…… |
| 3. 組織新訊息 | 導進組體、網路建造、概念模比…… |
| 4. 結合舊經驗與新訊息 | 導向思考、問題解決、蘇格拉底式對話 |
| 5. 記憶有關訊息 | 串節策略、組織策略、精緻化策略…… |
| 6. 建立適當的期望水準 | 抱負水準、設定目標、自我效能…… |
| 7. 學習認知策略 | 自我監控、自我評估、自我修正、策略使用…… |

由表 9-1 可知，學生在學習時至少須經過選擇注意、提取原有知識、組織新訊息、結合舊經驗與新訊息、記憶有關訊息、建立適當的期望水準，以及學習認知策略等七方面的歷程。如果我們希望學生的學習能產生效果，就要考慮在訊息處理的歷程中，如何促使學生進行有效的學習行為。因此，教師在訊息處理的歷程中，可以採用各種教學策略來幫助學生的學習，例如：為了要使學生能集中注意在教師的教學行為上，教師應顯示教材的價值、突顯教材的主要概念、設計各種活動讓學生從思考中獲得概念等方面著手；其次，要使學生能提取原有知識來幫助學習，教師可以由過去教過的既有知識開始說明，舉一些學生生活中經驗過的事物來引導學生思考；如果要使學生學會組織新的教材，可以教學生運用導進組體、網路建造、概念模比等方法來處理新教材；而要學生將舊經驗與新訊息加以整合時，可以引導學生使用問題解決的方法，或使用蘇格拉底式對話來進行教導；而當學生學習某些需要記憶的教材時，教師可以教導學生一些記憶的技巧，例如：串節策略、組織策略、精緻化策略等；至於協助學生建立適當的期望水準，以及學習認知

策略兩方面,則是靠教師在平日教學過程中運用適當的時機來鼓勵學生的表現,讓學生形成良好的抱負水準與學習目標,並從學習過程中獲得有效學習的方法、技巧與策略。

## 三、訊息處理論對學習的影響

由上述可知,訊息處理論使教師了解學生在學習歷程中可能產生的問題,並依此設計符合學生學習的各種策略與方法。我們由此試著分析低成就學生為何在學習歷程中會產生困難,可能的原因有幾點,說明如下。

### (一)注意力未能集中

低成就學生如果在訊息傳遞的第一步──「選擇注意」上就出了問題,自然就無法學得任何知識。但是,當別人能夠聽到教師所教的內容,為何低成就學生無法接收到這些訊息呢?這原因很多,有些是因為學生有過動的傾向,以致於無法集中注意力;有些則是學生覺得學習這些知識沒有價值,因而不願注意聽教師的教學;還有的原因可能是學生覺得教材很難,自己能力是無法學會的,所以自動放棄學習;當然,還有的學生是好逸惡勞,不想花太多的時間來學習較難的科目。這些因素都會影響學生的注意力,也直接影響學生的學習效果。

### (二)新訊息未能與舊經驗連結

有些學生很努力地學習,也想得到好成績,但是常發現會有事倍功半的情形發生。究其原因,低成就學生在學習時常針對新學習的教材反覆研讀,而未能將新的教材與過去學習過的先備知識產生連結。這種現象究竟是教師教學時未能予以適當的引導,或是學生在統整組織上的能力有所欠缺,還沒有一個定論。但是,教師要採用建構式教學來促使學生思考問題,則是無庸

置疑的,因為思考即是將新訊息和舊經驗在做比對的工作。

## (三)欠缺讀書技巧

　　低成就學生往往花許多力氣而得不到好的效果,這種現象有部分是因為欠缺讀書技巧。過去我們一直要求學生努力學習,但是從未教導學生學習的方法與技巧,而完全由學生自行摸索與嘗試。讀書的技巧很多,例如:時間的安排、閱讀技巧、記憶術或考試技巧等方法。而低成就學生或許未能從嘗試中獲得必要的讀書技巧,以致於學習成就未達應有的水準。

## (四)未能獲得適當的支持

　　在低成就學生中,有些學生從小學開始就沒有親人能予以額外的指導。當這些學生在學校學習上遇到困難時,在無人給予支持的情況下,自然降低學習的動機。長久下來,就算學生想努力學習,也因基礎太差而跟不上同班同學。

## (五)產生不當的自我效能

　　在低成就學生中,有些認為自己本來就不是很聰明,所以學不會;而有些卻認為自己是很聰明的,只是不想學而已,如果用心去學,一定會得一百分。這種現象可以說都是因為具有不當的自我效能。一個具有正確自我效能的學生應是對自己有正向的期望,並能朝自己的理想去努力。

## (六)未能從學習中產生認知策略

　　在認知學習的歷程中,許多學生能自行產生許多學習策略。這種不斷自我調整的學習歷程,就是所謂的「後設認知」或「執行控制」的能力。但是,這種能力不是從教師所教導的知識中所獲得的,而是在學習歷程中,個

人自然產生的一種高層次之認知能力。然而，低成就學生似乎並未從學習中獲得此種提升學習效果的能力。這是因為他沒有用心學習，或是欠缺自動產生認知策略的能力，值得進一步研究。但是，教導低成就學生認知策略則是可以立即進行的方法之一。

## （七）挫折容忍力較低

有些低成就學生在過去的學習中一直非常順利，但是，在進入國小高年級或進入國中後，就產生很大的改變，成績一落千丈。這種現象可能的原因是教材難度改變，使學生受到嚴重的挫折感，因而有不適應的情形產生。針對學生會有無法容忍挫折的情形，我們應該有技巧地培養學生挫折容忍力，以增強學生面對挫折與困難的能力。

# 第三節　後設認知對學習的影響

# 一、何謂後設認知

由上節中提到形成低成就學生的原因之一，是學生未能從學習中產生認知策略，也就是說，學生的後設認知能力上有欠缺之處。何謂「後設認知」（metacognition）？Flavell（1979）認為，後設認知就是「認知的認知」（cognition about cognition）。認知包含有知覺、理解、記憶等，而後設認知則是指後設記憶、後設知覺、後設理解等能力。Baird 與 White（1982）認為，後設認知包含對自己學習活動的自我評鑑及對自己能力的評估。Gage 與 Berliner（1984）提出後設認知應包含六個方面：(1)了解主題──知道某一學習主題的意義；(2)估算時間──能估算學習某一主題所需的時間；(3)找出方法──想出解決某一問題的方法；(4)預估結果──能事先評估自己的學習結果；(5)調整學習──知道如何改變自己的學習方法，才能產生有效的學習；

(6)偵測錯誤——能找出自己學習時所犯的錯誤。Phye 與 Andre（1986）則認為，後設認知主要包括自我覺知的注意和自我控制的歷程兩大課題。

上述各學者對於後設認知的看法各有其強調的重點，例如：Baird 與 White（1982）是側重對自己的評估；Gage 與 Berliner（1984）是重視解決問題的能力；Phye 與 Andre（1986）則是著眼於自我覺察和自我控制。這些看法各有其優點，但是對於後設認知能力是如何形成，教師是如何了解學生的思考方式並逐步教導學生建構概念，以及學生是如何監控自己的學習並調整自己的學習方法，則未有完整的說明。

Brown（1987）認為，後設認知包含「認知的知識」（knowledge about cognition）和「認知的調整」（regulation of cognition）。認知的知識是屬於個體較為穩定，能由學習者加以陳述的部分；認知的調整則是個體較不穩定，如策劃、嘗試、預測結果及修正等動態的部分。此外，Brown 由後設認知的發展過程來分析指出，後設認知的四個主要根源是：口語陳述、執行控制、自我調整，以及他人調整。以下分別說明其意義。

## （一）口語陳述（verbal reports）

Brown（1987）認為，透過口語陳述可以反映一個人的思考方式。尤其是當一個人在解決問題時，若能知道他是用何種策略來解題，將更有助於了解他的認知歷程。口語陳述大約可以分成三種：(1)預測的口語陳述（在未解答前即說出將如何做）；(2)同時的口語陳述（一面解題，一面說出是如何做）；(3)事後的口語陳述（在解答完後才說出是如何做）。不論運用何種方法，只要學生能說出自己的想法，就能多少了解到學習者的認知歷程。

## （二）執行控制（executive control）

執行控制是訊息處理模式中重要的一環，它好比是一個中央處理器，可以解釋人類知覺到的訊息，可以決定如何對外界的刺激做出反應，並且可以

對自己的行為能力加以監控、評價和修正。Brown（1987）認為，執行控制應該包含下列幾種能力：(1)可以預測執行系統的能力；(2)能知道執行系統中擁有哪些方法；(3)能辨識問題的性質；(4)能適當地計畫問題解決策略；(5)能監控所用的策略是否適當；(6)能評估活動的成敗。因此，執行控制的運用對學生的學習有很大的影響。

## （三）自我調整（self-regulation）

早先在後設認知的研究中並未包含自我調整的功能，目前，學者已能接受自我調整是後設認知的一部分。Brown（1987）認為，Piaget（1976）所提出的三種自我調整類型最適合納入後設認知中，這三種類型是：自發的（autonomous）、主動的（active），以及意識的（conscious）。自發的自我調整是指學習者會不斷地修正自己的行動；主動的自我調整則比較類似嘗試錯誤；而意識的自我調整是指心理可以形成假設並加以驗證。Piaget 認為，一個人要能自我調整，必須到形式運思期才有可能，因為學習者這時能做抽象思考，所以才能自行發現、測試及修正。但是，我們從經驗中得知，幼兒是透過不斷的嘗試與修正才獲得概念。因此，後設認知不只是形式運思期才具有的能力，而應是在學習歷程中逐漸形成的一種高層次之認知能力。

## （四）他人調整（other regulation）

Brown（1987）的他人調整觀念主要來自 Vygotsky（1978）的內化理論（theory of internalization）。Vygotsky 認為，人類所有的心理歷程在初始時都是社會的，例如：兒童心理歷程的形成是起源於和成人的互動，然後逐漸內化到自己的心理歷程中。依照Vygotsky的觀點，認知控制的發展是非常重要的一種社會化歷程，兒童經由觀看成人如何解決問題，然後才逐漸地由自己來試著解決問題；因此，兒童內化的歷程分為三個階段：(1)首先是由成人的示範，並教導兒童進行活動；(2)兒童逐漸參與解決問題的活動，當兒童犯

錯時,成人從旁加以指導與修正;(3)由兒童獨自承擔活動的進行,成人只是以支持的方式來鼓勵兒童進行問題解決。這種由他人調整來引導學生學習的方式非常適合低成就學生的學習。

## 二、後設認知對學習的影響

對於後設認知有初步的認識後,我們比較一般學生與低成就學生在後設認知能力上是否有所不同,以下依 Brown(1987)所提的後設認知的四個根源來加以比較。

## (一)從口語陳述來分析

一般學生常會從學習中發現問題,並將問題表達出來;而低成就學生則較少發問,這是因為他不知如何問問題,或者他們根本不了解問題在哪裡。這是一個值得探究的問題,當學生能主動發現問題並提出問題時,就可以加快自己學習進展的速度,並減少教師教學上的困擾。但是,如果是由於學生不會表達自己的問題時,就必須靠教師運用思考性語言,主動地發現學生學習上的困難問題。

## (二)從執行控制來分析

一般學生在教師進行教學時,會運用執行控制的機制來幫助自己的學習,例如:愛打瞌睡的學生會估計自己什麼時候會昏睡,因此預做準備。他們可能先喝一杯咖啡提神,也可能在想睡的時候吃顆酸梅等。但是,低成就學生往往一而再、再而三地出現同樣的問題,卻沒有改善的方法。這種現象是否顯示低成就學生未能有效運用其執行控制機制,目前還未有定論。

## （三）從自我調整來分析

　　一般學生對於課堂中的學習，會先設定目標、自我監控、自我評鑑，以及自我修正。他們能從學習的歷程中，不斷獲得經驗，也不斷改進學習的方法與策略。而低成就學生在自我調整能力方面，則未能建立適當的目標，不明白自己學習上的困難在哪裡，無法提出改善學業表現的具體作法。同時，他們對於這種假設、計畫、嘗試、驗證或修正等一連串的學習歷程，並無法以統整的邏輯思考來進行分析，而只能對一些瑣碎的知識加以記憶，以致於達不到理想的學習效果。

## （四）從他人調整來分析

　　學習是兒童與成人在互動中所產生的結果，學習效果要好，必須依靠成人的支持與協助。一般學生即使小時候表現不佳，但因有父母長期的支持與鼓勵，終於激發孩子努力達成目標的鬥志。而低成就學生也許在小時候表現還不錯，到了某個階段，他們在學習上遇到困難時，並沒有成人的支持和鼓勵，或許還受到父母的斥責、同學的嘲笑，導致學生厭惡學習，最後失去了學習的動力。

　　由上述的分析來看，能否有效運用後設認知能力來幫助學習，是學習有效與否的重要因素之一。但是，學生的後設認知能力是否可以經由教學而增進呢？這個問題很難回答。原則上，後設認知能力若能經由個人學習歷程中所獲得的經驗而自然形成時，個人的學習能力就會持續增進。但是，當學生的學習表現不佳，為了增進其學業表現，教導學生認知策略與技巧，也是無可厚非的事。不過，教導學生有效的學習策略後，仍應鼓勵學生在適當的時機自行產生策略，這才是學習的最終目標。

# 第四節　補救教學的理念與模式

## 一、補救教學的概念

　　補救教學是指教師為了達到教學目標，而對學習明顯落後的學生進行的學習輔導。補救教學要先了解學生學習困難的情形，思考可運用的策略與方法，支持學童克服學習困難（余采玲，2011）。洪儷瑜（2014）指出，補救教學要有所成效的重要關鍵在於教師要能因應學童的學習程度、困難、智能優弱勢，適時調整課程、教材、教學、作業，以及評量方式。同時，在教學過程中，持續不斷觀察學童的反應，以及從評量學童的學習成果，決定下一步的教學決策。這樣的教學方法與傳統教師講述的教學方法有很大的不同，教師在課前要了解學生對教材可能產生的困擾，規劃合宜的教學活動；在課堂教學中，教師要透過對話討論，引導學生思考問題，表達意見，提出各種不同的想法，師生共同針對問題進行探索，此時是教學與評量並存的階段，教師在課堂中蒐集學生學習的情形，以便釐清學生可能的迷思概念；在課堂後，教師要從評量中思考學生學習進展的情形，哪些學生需要進行補救教學，以達成學習的目標。

## 二、學校補救教學計畫

　　臺灣過去曾進行各種補救教學方案，例如：教育部（1996）提出教育優先區的政策，補救教學的對象為原住民、低收入戶、隔代教養、單親家庭等學生；教育部（2006）提出攜手計畫課後扶助補助要點，補救教學的對象與上述相類似，但是，篩選學生要經過學校輔導會議認定有需要之學習成就低落的弱勢學生；到現在，教育部（2013）則提出「教育部國民及學前教育署

補助直轄市、縣（市）政府辦理補救教學作業要點」，補救教學的對象為參加線上評量測驗，其國語文、數學或英文之標準化測驗的結果有一科屬學習低成就者，且為原住民、身心障礙人士子女、大陸及港澳配偶子女、低收入戶、隔代教養等學生。

補救教學幾經變革，但是，成效卻無法展現。究其原因，教學方法始終不變，未能了解學生問題是主要的因素。Vanderhye 與 Demers（2007）認為，針對學生專注力時間不長、上課容易分心等問題，教師可以準備一個溫暖安全的學習環境，並透過遊戲活動，讓學生在對話與討論中學習。唐淑華（2013）也指出，教學不能只是要求學生記憶或背誦教材，應該提出能刺激學童做深度思考的高層次問題，才能改善不同優勢智能學生的學習表現。

## 三、補救教學的實施原則

國內外許多學者提出各種提升學生學習成效的方法與策略，以下舉例說明。

### （一）診斷學生學習困難的原因

在進行補救教學時，先要進行篩選工作，在篩選學生時就可以掌握學生學習的狀況，依此狀況規劃合宜的教學活動。以三角形的定義來說，如果學生將下圖視為銳角三角形，教師就知道學生對三角形的定義尚未清楚。

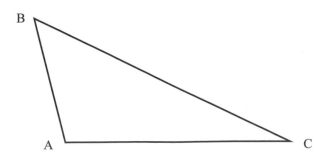

## （二）安排適性且多元的教學活動

教師可以提出不同的三角形讓學生進行口語描述或加以歸類，並說明歸類的理由；也可以讓學生用三根不同長短的筷子自己排出各種三角形，並加以分類。

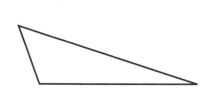  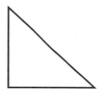

## （三）鼓勵學生表達心中的想法

Tobias（2013）認為，教師透過課堂討論與對話，了解學童心中的想法，無論該想法是否正確，都可以在安全氛圍的環境中思考與調整心中的想法（Heritage, 2007; Popham, 2008; Vanderhye & Demers, 2007），例如：

教師：這是什麼三角形？

瑞莎：銳角三角形。

教師：你怎麼知道？

瑞莎：因為它有一個銳角。

教師：沒錯，不過它同時也有一個鈍角。

瑞莎：它有兩個銳角，只有一個鈍角而已。

漢森：一個三角形不可能有超過一個以上的鈍角，三角形不可能有兩個鈍角。

教師：三角形的內角和為幾度？

強森：360 度？

漢森：180 度。

教師：沒錯，是 180 度。三角形可以有一個以上的鈍角嗎？

（有小一段時間，沒有人回應）

漢森：這不可能的。

皮爾斯：如果有的話，就變成正方形了。

## （四）善用提問技巧

提問可以幫助教師掌握學童心中的想法，有助於教師了解學生的學習落差之所在（Crockett, Chen, Namikawa, & Zilimu, 2009; Vanderhye & Demers, 2007）。在上面的例子中，教師先引導學生說出心中的想法，這一定是在一個安全的環境中進行，學生不會互相嘲諷，只是說出自己的想法。接著，在想法遇到瓶頸時（「一個三角形不可能有超過一個以上的鈍角，三角形不可能有兩個鈍角」），教師能察覺問題所在，並提出新的思考方向（「三角形的內角和為幾度」），讓學生轉個彎來思考問題。

## （五）提高學生成功的機會

在學生從不會到會的過程當中，教師要立即給予回饋，增強學生學習的信心及加強正確概念的保留。

## （六）對話式的深度學習

許多教師認為學習困難學生無法進行對話式的深度學習，所以講述式較適合補救教學的學生。教師可能將深度學習看成是資優班學生較適合的探究式學習，但其實深度學習是讓學習困難學生培養意志力，讓學生知道每個人都會遇到困難，而失敗不應該是終點，它應該是學習的起點。教師需要喚起學生的好奇心，問題就在於喚起好奇心的策略與方法。

## 四、學習困難的補救教學

當學生遭遇學習困難而無法由班級授課教師改善時，即需進一步進行補

**圖 9-2** 補救教學循環過程圖

資料來源：Lener（1989, p. 102）

救教學。由於補救教學必須以診斷為依據，因此乃有所謂「診斷處方教學」
或「臨床教學」的名稱。補救教學是一種「診斷→處方→教學→評鑑→修正
診斷」的連續循環歷程（Lener, 1989），如圖 9-2 所示。以下將探討補救教
學的模式、方案類型，以及策略。

## （一）補救教學的模式

### 1. 資源教室

　　資源教室方案是部分時間的支援性教育措施，提供教室、課程與資源班
教師給普通班有顯著學習困難的學生，以進行補救教學。資源教室的實施方
式可分為三類：(1)抽離式：將原來在普通班某科目有學習困難的學生，在原
班科目時間內，抽離到資源教室輔導；(2)外加式：有困難的學生利用課餘、
自習、週會、聯課活動、早自習時間到資源教室接受輔導；(3)抽離、外加二
者併用：教師依學生實際需要，對適應困難的學生採抽離式，適應不太差的
學生採外加式，此種方式除重視個別差異外，又能兼顧能力分組。

　　資源教室需有足夠空間提供個別指導及分組活動，除了一般教學空間
外，可另隔出幾個學習區，每個學習區可設置幾個個別化工作站（working
station）及學習中心，如閱讀、數學、視聽、美勞等中心。資源教室亦需提

供豐富的教學資源，包括人力（資源班教師、助理、義工）及物力（教學設備、器材、教材）。資源班教師與普通班教師依個別學生需要，共同設計個別化教學方案，進行個別化小組補救教學。當學生的學習困難解決後，即回歸普通班。換言之，資源教室方案具有支援性、個別性、統整性，以及暫時性等四個特色（教育部，1984）。

## 2. 學習站或學習中心

如同資源教室一樣，普通班教室也可利用各教室的自然環境，隔出學習區，每區放置各種個別化學習站及學習中心，例如：語文、數學、視聽、美勞等學習站，每個學習站或中心備有各種教材適合個別學生的需要與進度，以便於補救教學（李咏吟等人，1993；Ariel, 1992）。

學習站的實施方式採個別、自發性學習方式，教師可同時輔導若干學習站的學習。此外，在上正規課時，也可依學生程度作不同分組，將低成就學生安置在學習站，採用不同的教材與進度，由教師或同儕小老師進行補救教學（李咏吟等人，1993）。國外的開放教室（open classroom）也具相同性質，就是把教室劃分成若干學習資源區，供學生選擇適合自己的學習材料，自由學習（Gibson & Chandler, 1988）。

## 3. 學習實驗室

學習實驗室類似專科教室，根源於編序教學理念，針對某單一科目，促進教學個別化，最典型的就是語言實驗室。實驗室以媒體為導向，內有各種視聽媒體設備，以及套裝學習材料供學生學習。此外，學習實驗室也可針對學習困難學生進行各種教學實驗，以做為擬定最佳教學方案的參考。

## 4. 套裝學習

套裝學習（learning package）的教材是針對特殊能力或技能而設計。學

生可利用套裝學習材料，採自我導向學習方式，按自己的學習速度進行循序漸進的學習，而教師只是從旁協助。套裝學習教材之編製須利用工作分析法，分析教材與學生特性，以編序教學方式呈現，方能適應不同學習困難學生之需求。套裝式教材如果以電腦化方式編寫供學生自學，可稱為「電腦輔助學習」（computer-assisted learning），更能發揮個別補救教學之效果。目前有中文編輯系統（Chinese Authoring System）或 powerpoint，可協助不懂電腦程式語言的教師，很容易就能編寫多媒體電腦輔助學習教材（陳照雄、戴建耘，1989）。

### 5. 電腦輔助教學

電腦輔助教學（computer-assisted instruction, CAI）是利用電腦來呈現教材及控制教學進度與環境之教學模式。由於智慧型多媒體電腦輔助教學與電腦網路教學之發展，使 CAI 更能發揮個別化診斷與個別化補救教學之功能。美國的調查指出有 88% 的學校，其學習與行為障礙班皆已使用 CAI（Trapani, 1990）。CAI 有很多特色，包括：增進學習動機、增進自我導向學習、增加學習時間（提供立即回饋、按自己進度學習）、診斷與補救基本學業技能缺陷、提供高層技巧的教學（如解決問題、學習策略）等。

## （二）教學方案類型

根據美國的全國性調查指出，為學習障礙中學生所提供的補救教學課程或方案共有七種（Bender, 1992; Gearheart & Gearheart, 1989; Trapani, 1990），敘述如下，可供國內設計學習困難之補救教學的參考。

### 1. 基本技巧方案（basic skill program）

此方案針對基本學業技巧（如閱讀、語言及數學等方面）的缺陷，提供發展性或補救性教學。

## 2. 私導性方案（tutorial program）

　　私導性方案係指學生於學習正規課程時，因學習時間不足或遭遇困難，而利用額外時間所進行的個別性或團體性補救教學。最常見的方式是利用資源教室，把學習困難學生利用抽離、外加，或二者併用方式，由資源班教師或同儕小老師進行補救教學。

## 3. 功能性課程（functional curriculum）

　　此課程強調提供一般學校所容易忽略，但對學生的日常生活與對未來求生很重要的知識技能，如求職、應試、生活自理等知能的準備。

## 4. 工作研習方案（work-study program）

　　此方案強調在校教導與工作或生涯相關的實際技能，通常半天會在工廠實習，半天在校學習相關教材。

## 5. 學習策略方案（learning-strategies program）

　　此方案與正規課程內容不同，主要在教導學生讀書方法與技巧，包括一般認知策略與後設認知策略的學習，並希望學生將它應用在實際的科目上。早期的學習方法中最有名的為「SQ3R 法」，透過瀏覽（Survey）、發問（Question）、閱讀（Read）、背誦（Recite），以及復習（Review）的程序，可以有效學習。類似的方法如：「PQRST法」，包括預覽（Preview）、發問（Question）、閱讀（Read）、自述（State），以及自我測驗（Test）。「PQ4R 法」，最適用在數學學習，由教師主導學習，包括預覽、發問、閱讀、反省（Reflect）、重寫（Rewrite），以及復習。其他的學習策略可參見「激勵學習策略量表」、「中小學學習及讀書策略量表」的內容，透過診斷，並進一步設計方案教導各種學習策略。

## 6.補償性方案（compensatory program）

此方案的學習目標與一般課程相同，但針對學習困難學生的差異（如學習風格不同），改變教學情境，配合學生最適合的學習管道，例如：某生因害怕競爭而產生學習焦慮，教師可採同儕合作學習方式，以增進學習效果。

## 7.諮詢方案（consultation program）

此方案是由學習障礙專家擔任學習顧問（consultant），並與普通班、資源班教師合作，共同設計課程及教學策略，然後由教師做補救教學，以協助學習困難學生。

# （三）補救教學的策略

學習困難學生的類型不一，所需之補救教學策略也不同。以下將介紹四大類型的策略，包括：過程訓練模式（process training model）、行為學派（behavioralism）、認知學派（cognitive approach），以及人際互動模式。

## 1.過程訓練模式

過程訓練模式是針對學習障礙兒童的訊息處理過程缺陷，所發展出來的補救教學。這類模式可分為：(1)學習管道模式：根據神經心理學所發展出來的教學，Fernald的視聽觸動教學法（Visual-Auditory-Kinetic-Tactile, VAKT）主張用多重感官來教學認字；(2)心理語言學教學模式：Kirk依心理語言學理論設計「伊利諾心理語言能力測驗」，可以診斷出四十四種語文溝通能力的障礙，並依其缺陷能力做補救教學；(3)知動訓練模式：基於腦神經學基礎發展出來的教學，強調訊息處理歷程成分之缺陷的訓練，例如：Ayres 的「感覺統合」（sensory integration）知動訓練法，即在診斷缺陷並加強缺陷的訓

練（洪儷瑜，1995）。

上述過程訓練模式的三種補救教學策略，對於學習障礙兒童的效果，並未得到研究的證實，因而受到懷疑（洪儷瑜，1995；Bender, 1992）。因此，學障資源班教師在選擇此種模式的教學時宜再深思。

## 2. 行為學派

利用行為學派的學習原理進行補救教學，主要有三種策略，其效果得到很多研究支持（Bender, 1992），說明如下。

### (1)代幣制（token economy）

代幣制是行為改變技術的應用，旨在提高次級增強原理於教學上的實用效果，因而設計代幣（如積分卡、榮譽券）作為增強物。其使用方式是先由教師與學生簽訂行為契約（behavioral contract），內容包括學習的具體目標與評分標準、得積分卡方法與標準兌獎系統等的擬定。學生之學習或行為表現良好時，即獲得積分卡，累積若干積分卡後可兌換其所喜愛的某種權利或獎品。

### (2)直接教學（direct instruction）

直接教學係利用學習原理直接對基本的學業技能，如閱讀、書寫、數學等學科，進行補救教學。其主要步驟為：①先作教學目標分析，利用「工作分析法」將大單元目標分解成許多細小具體的行為目標，依序串連起來，並陳述教學與評量方法；②向學生陳述目標；③復習先前單元；④呈現新單元；⑤進行探索發問，評估學生了解程度，並做必要校正；⑥提供獨自練習；⑦評量學生表現，提供回饋；⑧提供分散練習與復習（Bender, 1992; Slavin, 1994）。

### (3)精準教學（precision teaching）

利用行為分析來進行系統的教學，透過每日精確地測量學生的學習表現，分析教學的效果，並依結果決定是否須立即改變教學法。其步驟為：①

界定行為目標；②每天記錄學生表現；③圖示學生表現；④記錄使用的教學方法；⑤分析資料，決定學生的進步是否達滿意程度，如不滿意則需改變教學（Williams, 1991）。每日的評估是使用約五分鐘長度的教師自編探索測驗（probes），它是依教學目標而編製的。教師在教學中適時增強學生，以提高教學效果。精準教學被證實對學習困難的兒童有幫助（Williams, 1991）。

## 3. 認知學派

　　認知學派的發展依先後可分為訊息處理模式（information processing model）、後設認知學派（metacognitive model），以及晚近的建構論（constructivism）等三種。認知學派的學習理論以教師為主，採元素分析的教學方式不滿意。它強調學生為學習的主體，以及教導學生學習如何學習、管理自己的行為，以及類化行為。後設認知更強調學習是一個自我監控的歷程，包括：自我計畫、自我檢核、自我校正、自我評價，以及自我增強的認知成分。建構論提出「認知學徒制」（cognitive apprenticeship）的教學模式，強調安排真實化學習環境，透過小組合作學習，引導學生主動參與學習。以下就「認知行為改變」與「學習策略訓練」在補救教學上之應用，說明如下。

### (1)認知行為改變（cognitive behavior modification, CBM）

　　認知行為是由D. Meichenbaum結合行為學派與認知學派的學習原則所發展出來。其基本假定為，人的行為受到內在語言的影響，因而其目標在教導學生使用正向的內在語言敘述，透過數個步驟的練習，以建立學習行為。Meichenbaum 之自我教導方案的步驟為：①認知示範：成人一面做、一面說出自己的工作歷程；②外顯的自我引導：兒童照著成人的模式做相同工作；③低聲自我教導：兒童做工作時，自己輕誦剛才的教導；④內隱自我教導：兒童做工作時，透過內在語言引導完成工作（Slavin, 1994）。

　　研究發現，認知行為改變或自我教導訓練對減低考試焦慮（袁以雯，1982；張珏、曾嫦嫦、葉莉薇，1989）和補救學業技能都有成效（Shapiro, 1989）。

(2)學習策略訓練

　　學習策略訓練旨在教導學生「學習如何學」。由於學習困難學生往往欠缺學習策略，透過學習策略，可以減少學習困難，增進學習成就。綜合學者的觀點，學習策略可分為：①認知策略；②後設認知學習；③動機策略；④支援學習（McCombs, 1988; McKeachie, Pintrich, Lin, & Smith, 1986）。認知策略包括複誦、精緻化、組織等策略；後設認知策略包括計畫、監控、調整等策略；動機策略包括成就動機、成就歸因與自我效能等訓練策略；支援策略包括時間管理、研讀環境管理、焦慮減低策略與求助。

　　不少學者針對學生不同的需求與學習目的，選擇前述不同的學習策略，規劃成各式的訓練課程或方案，例如：Deshler與Schumaker的「學習策略課程」教導學生學習記筆記、摘述重點、記憶術等策略；Palincsar的「交互教學」（reciprocal teaching）則在教導低成就學生使用閱讀方面的後設認知策略。其方法為師生輪流對於所閱讀的課文內容與策略使用，進行對話，共同建構文本的意義，以增進閱讀理解。首先由教師使用示範發問、摘述重點、澄清疑慮，以及預測下文等四種策略，然後由學生輪流當「小老師」練習使用此四種策略（Slavin, 1994）。

　　國內也曾有不少研究以大、中、小學生為對象，針對學習困難學生設計團體式學習技巧方案進行補救教學，值得參考（李咏吟，1990；林素妃，1992；孫中瑜，1990；曾素梅，1992；董力華，1992）。


4. 人際互動模式

(1)同儕教導（peer tuitoring）

　　同儕教導是由學生擔任「小老師」，去教導與其同齡或不同年齡的同學，以增進學習、人格或生活的適應。同儕教導的實施必須事先妥善規劃，包括：老師與導生之配對原則、小老師教學前訓練、教材選擇、教學單元結構、教學監督與評鑑等。同儕教導的優點為：重視個別差異（通常為一對

一）；經濟有效，國外研究發展同儕教導對受教生的學習與態度皆有積極的效果；其次，同儕教導者也因為教別人而增進自己的自尊感與成就（Bender, 1992; Slavin, 1994）。

(2)合作學習（cooperative learning）

合作學習係讓學生在小組中一起工作，互相幫助地學習（Slavin, 1994）。合作小組的特色是：①強調團體間競爭，不鼓勵個別間競爭；②強調小組獎勵，成員間互相幫助；③強調個人績效，成員唯有表現良好方能達成團體目標；④增進合作技巧，包括人際溝通、互助與做決定的能力。國外研究發現，合作學習對學生的學業成就、自尊感及對學校態度等，具有積極效果（Bender, 1992; Shapiro, 1989; Slavin, 1994）。

## 第五節　學業低成就學生的補救教學

由上述所提的訊息處理論、後設認知理論，以及補救教學的理念與原則，可以依此來設計適合低成就學生學習的一些方法與策略，讓低成就學生能夠克服心理上的障礙，有信心地去學習。以下分別從國文、英文，以及數學三科目來加以說明。

## 一、國文科的補救教學

以花蓮縣某國中原住民學校的補救教學為例，盧淑娟（2014）參與團隊，共同設計原住民學生適用的國文教材。以下以其中一個單元「探訪太魯閣族」為例，說明設計與實施情形。

單元名稱：探訪太魯閣族

教學對象：資源班學生，生活經驗豐富，注意力短暫，長期記憶不
　　　　　佳，閱讀理解能力差，抽象思考能力較弱等。

課程特色：

　1. 設計學習者本位的課程內容。

　2. 引發學生注意力，但一個活動的時間不宜太久。

　3. 每堂課有不同教學策略。

　4. 營造互動的學習環境。

　5. 使用多元評量的方法。

　6. 善用學生優勢智能。

　7. 課堂活動與生活經驗結合。

教學流程：

| （一）部落傳唱 | （二）家鄉的歌 | （三）祖靈的庇佑 |
| --- | --- | --- |
| 5. 運用影片欣賞，介紹太魯閣族的起源與文化<br>6. 根據影片內容進行提問討論 | 1. 太魯閣族傳統歌謠賞析<br>2. 太魯閣族教師協同教學與成長經驗分享 | 3. 以合作學習的方式摘要自編的閱讀教材<br>4. 創作太魯閣族的文宣海報 |

學生課堂學習表現：

　1. 部落傳唱：教師引導學生思考問題。舉例如下：

　　(1)請學生先分享自己聽過族人講過哪些太魯閣族祖先遷移的故
　　　事？

　　　學生：聽過紋面的故事，也知道彩虹橋的故事。

　　(2)影片欣賞後，請學生討論太魯閣族的勇士一定要學會哪些技
　　　能？為什麼要學這些技能？

　　　學生：女生要會織布、男生要會打獵，才能紋面。也就是每
　　　個人都要學會技能或展現勇氣。

　　(3)太魯閣族的婚禮中有哪些特別的儀式？

學生：太魯閣族去提親的時候，都會假裝很兇的樣子。

說明：學生回答都很簡短，需要老師不斷地引導延伸內容。

2. 家鄉的歌：太魯閣族老師先播放 Suyang Alang Truku（美麗的家鄉），一起哼唱再發下學習單，唸讀中文歌詞：

(1)我沿著懸崖邊的羊腸小徑

(2)看見清晨的陽光照耀著部落

(3)我沿著山谷　聽著蟲鳴鳥叫　看著鮮花遍布

(4)彷彿仙境般的可愛

(5)路經寒意襲人的西寶　繞過春光明媚的洛紹

(6)令人膽顫的鐵線橋　令人懷念的部落家屋

(7)山高谷深的美麗家鄉

(8)依然清晰的印在我的腦海

(9)我沿著蜿蜒的小山路

(10)細細回味童年時光的足跡

說明：歌詞標上數字，讓學生容易找到老師講解的句子。一面講解歌詞，一面回想自己早上出門到學校的景象。自己的感受和歌詞的意境相同或不同的地方有哪些？學生感受到山上的路都很窄，旁邊就是懸崖，他們覺得太魯閣族人就是要當一個勇敢的人。他們也喜歡大家一起唱唱跳跳，很有活力。

接著，學生朗讀中文歌詞，要唸出有感情的句子。朗讀後完成學習單。舉例如下：

(1)我沿著＿＿＿＿＿＿＿邊的羊腸小徑

(2)我沿著山谷　聽著＿＿＿＿＿＿　看著鮮花遍布

(3)路經＿＿＿＿＿＿的西寶　繞過＿＿＿＿＿＿的洛紹

3. 祖靈的庇佑：學生以合作學習的方式摘要教師自編的閱讀教材，再創作太魯閣族的文宣海報。

學生：我們的祖先以前是吃小米的，現在都吃白飯了。我們能
有東西吃，一切都是祖靈的恩賜，我們族人都很尊重祖靈的。
我們要去種小米的時候都不能講話，因為不能讓小鳥聽到，如
果小鳥聽到了，就會來吃我們種的小米。

　　這個單元結束後，老師發現影片能喚起學生的記憶，效果不錯，雖然小
時候有看過，但是現在看的想法與用字都和之前不同。因為學生的注意力不
易集中太久，所以，老師有時運用歌曲唱跳，有時運用字卡練習，有時使用
角色扮演等，採取多元活化的方式進行補救教學。教師的感覺是朗讀歌詞的
效果最好，學生用抑揚頓挫的語調將歌詞的意境表達出來，也容易記得歌詞
中的句子。學業低成就學生原則上是具有學習能力，但是未能將應有的潛能
發揮出來。雖然這些學生是資源班的學生，但是他們是有學習國語文能力
的，只要運用適合的方法，他們還是可以具備基本語文能力。

# 二、英文科的補救教學

　　Cobb（2008）認為，語文學習在聽說教學上一定要反覆出現六次以上，
讓學生養成語言習慣，因此，使用對話（dialogues）或遊戲活動反覆練習是
必要的方式。Lee 與 Oxford（2008）將語文學習歸納出直接教學策略與間接
教學策略，其中的記憶策略、認知策略與補償策略是屬於直接教學策略，後
設認知策略、情意策略與社會策略是屬於間接教學策略。

　　若要對國中英語落後的學生進行補救教學，原則上應該要先加強 KK 音
標的學習，因為這些孩子不會從聽音中分辨音節。吳妍慧（2010）設計的英
語創意教學策略舉例如下：

1. K 的異想世界：如果要分辨[a]和[ʌ]的差別，就可以請學生想像綁馬
尾的女生被同學拉了頭髮，大聲叫出：「啊！好痛喔！」而[ʌ]的發
音就像烏鴉飛過去的叫聲。
2. 撲克 King：異質分組，請學生將手上的音標卡中之子音和母音任意

組合，唸出組合後的音。唸得正確即可將手中的音標卡釋出，手中最先沒有卡的人獲勝。勝者要協助尚未完成的學生完成任務。

劉學蕙（2013）教學生學習英文十分有效，在 101 學年度桃園縣英語教學觀摩中，劉老師運用許多教學策略，又能建立良好的班級秩序，這對補救教學學生來說是理想的補救策略。舉例來說：

1. 說出已知的水果名稱：運用投影片呈現水果相關的圖卡，讓學生自由說出與圖片相關的水果字詞，並問學生：「Where can you see fruits？」，讓學生自由回答（例如：supermarket、market、fruit store 等）。

2. 聽讀練習：利用 A4 圖卡帶出單字，第一次老師先唸，學生專心聽；第二次老師唸，學生跟著唸，並把圖卡一一貼在黑板上。

3. 小組圖卡排序（小組聽力活動）：每組發給圖卡一套，（小組）每人兩張，老師把三個單字唸三次後，小組成員要「合作」把老師唸的圖卡按照順序排好。出題數次，直到每組學生差不多熟練為止。老師則做課間巡視。

4. 個人圖卡排序（個人聽力活動）：每人發給圖卡一套，老師把三個單字唸三次後，每個學生要「獨自」把老師唸的圖卡按照順序排好。出題數次，直到每個學生差不多熟練為止。

5. 拼讀練習（全班認讀練習活動）：把裁切好的「單字字群」貼在黑板上，讓自願的學生出來組合單字，並帶入拼讀觀念。組合好後，老師把單字帶讀一次，並用拍手或是響板帶讀。

以上僅列舉劉老師的幾種教學策略，這些策略對補救教學學生來說，清楚明確，能逐步練習聽說能力，從合作學習到個別學習，活動時常更換，不會有厭煩的感覺，落後的學生有同組學生的協助等，這些都有助於補救教學學生提升學習成效。

# 三、數學科的補救教學

林麗莉（2011）的研究是以對話式形成性評量進行三年級分數教學，對話情形舉例說明如下：等值分數概念（連續量）的對話歷程分析。

> ◎題目：一瓶可樂可倒十杯，爸爸喝五杯，哥哥喝二分之一瓶，
> 　　請問誰喝的比較多？

老師：二分之一什麼？【回憶】

學童：二分之一杯。

老師：二分之一杯嗎？

學童：不對。

老師：所以是這樣嗎？（老師畫了小小一杯再隔一半）

學童：不是。

老師：你們剛剛不是說二分之一杯？【修正】

學童：二分之一瓶。

老師：二分之一瓶是什麼？【回憶】

學童：二分之一瓶？

老師：好，所以我們現在來看，十分之五杯，這樣是不是叫一杯
　　　（老師畫了小小一杯），十分之五杯是不是把這一杯分成十
　　　份？【短答】

學童1：對！

學童2：不對！

學童3：分成五份。

老師：對呀，十分之五就是這樣分呀！

學童1：不對！

學童2：要有十杯，爸爸喝掉五杯。

老師：啊，你們剛不是說十分之五杯？十杯裡面爸爸喝五杯，好。

老師：你看題目說爸爸喝五杯，哥哥才喝二分之一瓶喔！

學童（複）：兩人喝了一樣多。

學童（複）：因為（學童各說各的）……

老師：為什麼一樣多？【推理】

學童（複）：一樣多。

學童（複）：都是一半。

老師：啊，為什麼？來【推理】。

學童（小勇）：因為十除以二等於五。

老師：十除二等於五杯。

老師：那請問小勇，哥哥喝幾杯？【回憶】

學童（小勇）：二分之一杯。

老師：哥哥喝二分之一杯嗎？

學童：二分之一瓶。

老師：哥哥應該喝怎樣，哥哥喝多少（有學童舉手要回答），小
　　　勇，哥哥應該喝多少？【回憶】

學童（小勇）：二分之一瓶。

老師：二分之一瓶。那有一樣嗎？五杯跟二分之一瓶不一樣耶！

學童：一樣啦！

老師：怎麼會一樣？【推理】

學童：因為一瓶可樂的二分之一就可以倒滿五杯。

老師：喔，一瓶可樂的二分之一瓶可以倒滿五杯。

老師：哥哥喝幾杯？【推理】

學童（小憲）：五杯。

老師：你怎麼知道哥哥他喝五杯（有學童舉手要回答）？小齡【推理】。

學童（小齡）：因為一瓶可以裝滿十杯，可是哥哥喝了二分之一瓶
　　　　就代表說爸爸喝了五杯，就是十杯先倒滿十個杯子，爸爸喝
　　　　了五杯，爸爸先給他五個杯子，然後就剩下五個杯子給哥
　　　　哥，就知道哥哥和爸爸平分瓶中的可樂。

此題目同時包含離散量與連續量兩個概念，學童錯誤的情形多半是無法將大單位和小單位做適時轉換。運用高層次提問中的推理提問，讓學童能夠經過思考提出說明，例如：老師請問學童怎麼知道哥哥喝了五杯？而學童就可以因為教師明確的追問，進行概念認知的再整理。有些學童說明到一半時，發現自己對於解題的說明和剛才的解題紀錄不相同，因此進行修改。

# 四、各科補救教學的考量因素

補救教學的考量因素很多，以下歸納認知、情意，以及技能三方面舉例說明。

## （一）在情意方面

在上述的理論，如訊息處理論與後設認知理論中，談到的大多是屬於認知的層面，但這並不表示情意因素對學習不會產生影響；相反的，由認知理論的探討，讓我們更深刻地了解學習首先要具備的條件是有高度的動機與意願。自從認知心理學興起後，學者非常強調認知在學習上的重要性，也設計了許多的方法與策略來增強學生的認知能力，但是卻發現效果沒有預期的好。這時，大家回頭檢討其中的原因，會發現學生光有好的策略，但若沒有意願去使用這些策略，學習仍然不會產生效果。因此，情意因素對學習的影響更甚於認知因素。以下提出幾項建議供參考。

### 1. 激發學習的動機

前面提到，嬰兒一出生就有好奇、探索的心，那麼為什麼進入學校後就失去了這種探究的精神呢？這是一種心理現象，當我們對某件事物感到好奇時，就會想盡辦法了解它；但是，如果我們對某事並不感覺它有什麼趣味或有什麼價值時，我們就不會想去注意它；假如有人硬逼我們去看、去聽，我

們自然會對這件事產生反感。通常學校裡所教的東西都是大人決定要孩子學習的，這讓孩子有被逼迫的感覺，即使孩子原先對教材有濃厚的興趣，也因這種心理作用而失去了學習動機。因此，九年一貫新課程的教學強調，應讓學習者感受到教材的意義和價值，激發學習者探究新知的驅力，才能使後面的認知學習產生效果。激勵學習動機有很多方法，只要用心去發掘，就可以適時適切地提升學習者的動機，例如父母可以對孩子說：「我們今晚一起去看月全蝕。」教師對學生說：「你們知道北斗七星在哪裡嗎？」這些話對孩子來說，都會引起他們對所要學習的內容產生好奇或興趣。

## 2. 增強學生的信心

當學生有了學習動機、開始去專心學習之後，我們要即時給予支持，讓學生能在學習內容上持續努力，並且具有克服困難的勇氣和毅力。任何有效果的事絕不是短時間的加強就可以達成，必須經過長期的養成訓練，克服無數的難關之後，才能達到理想的目標，這期間必須要靠父母、師長、學生本身的努力與配合。增強信心就能提升學習效果，這也是一種心理作用。當學習者認為自己無法學會時，後設認知能力就無從發揮；但當學習者對自己產生信心，認為可以達成任務時，就會盡全力去想策略，最後就能得到美好的成果。增強學生的信心也有很多方法，但是要能誠心誠意地讚美學生，才能產生好的效果。

## 3. 具有成功的經驗

學習者在進入學習階段時，剛開始對教材不熟悉的狀況下，常會犯些小錯誤，這些小小的挫折在成人看起來沒什麼，但對學生來說卻是一次次的打擊，很可能破壞了先前建立起來的動機與信心。所以在學生剛開始學習時，要注意讓學生有成功的經驗，讓學生感受到學習後美好的感覺，包括知識的增進與情感的融合。這個策略對學習者會產生持續努力的心理作用，因此是學習歷程中不可輕忽的一項重要工作。

## 4. 運用自我提升基模的方法

　　當學習者在學習過程中獲得許多的鼓勵時，學習者的自我效能會逐漸增強。一個有經驗的教師會使用自我提升基模（ego enhancement schema）的方法來增強學習者的信心，因為有經驗的教師較能釐清自己的想法，其教育信念與教學行為能趨於一致，而且臨場隨機反應都能顧及學生的感受，對學生的學習動機與情緒也掌握得比較好。在這種好的學習氣氛下，學生可以建立起良好的自我效能，認為自己有能力達成學習目標。

# （二）在認知方面

　　在具有學習動機與意願的前提下，學習者開始進入認知學習歷程。在認知學習時，學習者必定會遇到學習上的障礙，這時就要靠策略與方法來解決問題。以下提供幾點建議供參考。

## 1. 運用認知引導策略

　　在學習時，學生習慣性地從教師那裡獲得知識後加以記憶；而遇到難題時，直覺的反應就是教師沒有教過。這種學習方式並不是真正地學會某方面的知識，充其量只能說是記得某些事情而已。運用認知引導的策略是要學習者自己問自己有關的知識，以實際了解自己懂得多少，例如：臺灣在 1974 年推動十大建設，這十大建設是：臺中港、蘇澳港、中正國際機場、北迴鐵路、中山高速公路、鐵路電氣化、大煉鋼廠、大造船廠、核能發電廠，以及石油化學工業。然而，記得十大建設的名稱並沒有多大的意義，應該要了解推動十大建設的原因與目的，以及十大建設對臺灣經濟發展產生的影響。所以，運用認知引導策略來提示學生學習時所應注意的方向，是成功學習的第一步。

## 2. 具備後設認知能力

　　前面提到，後設認知是指學習者對自己認知歷程的了解與監控。我們不只希望學習者了解自己學習上的問題，還希望學習者能自我評估學習的情形，並想出修正的方法與策略，使自己的學習表現能不斷地向上發展，例如：發現自己上課老愛打瞌睡時，就想出最適合自己的方法來克服愛睡的毛病；發現自己在某一科目的學習上比較困難時，就想出方法來改善這種困境。Weinstein（1988）曾設計一套十三個單元的訓練課程——「學習策略訓練課程」，以改善學習者的學習動機與策略。課程內容包括：時間管理、問題解決、集中注意、傾聽、選擇重要概念、閱讀理解，以及考試技巧等，這些都是運用後設認知能力來幫助學習者增進學習表現的方法。

## 3. 採取合作學習的方法

　　過去傳統的教學常是一排一排坐好聽教師講解課文。從訊息處理論或後設認知理論來看，這樣的教學似乎是最沒有效率的學習方法。合作學習就是針對這種灌輸式的學習方法，設計符合雙向溝通及啟發式教學的方法，讓學習者透過口語互動來思考問題，建構正確的概念。進行合作學習要注意五大要素：學習者積極的相互依存、雙方採增長性的互動、每個學生具有個別的責任、小組內重視人際關係技巧，以及遵守團體歷程中的規範。合作學習的方式較競爭式或個別學習的方式更適合低成就學生的學習，因為它是一種高挑戰性而低威脅性的學習方法，低成就學生可以無所畏懼地自由學習，在同儕支持下共同完成任務。

## 4. 重視學生創意的想法

　　低成就學生或許在制式的學習成就上表現不佳，但是在某些方面有時又會有突發奇想的效果。我們應該重視低成就學生思考上的創意，在學習歷程

中時時發現他們具創意的部分，並隨時增強他們的信心，讓他們了解他們所擁有的創意是學習中不可輕忽的一種能力，如能善加運用這種創意在課業學習上，也能改善目前學習欠佳的情形。Gardner 強調，運用優勢能力來學習各種事物的效果比較好。

## （三）在動作技能方面

當學習者能具有學習動機與學習策略後，在學習歷程中，他們已學到基本的知識與技巧。但是在學習歷程中，有些技巧需要達到熟練的境界才算真正學會。因此，動作技能方面的訓練也是學習歷程中重要的一環。

### 1. 運用各種活動反覆練習，達到自動化境界

在認知學習中，自動化是一項重要的學習指標。當學習者在學習新訊息時，開始會需要投注較多的注意力在新訊息上，而且反應較慢、容易出錯。在這種情形下，學習者同時能注意的事物必將減少，例如：四則運算或是分數的通分，就算學習者已經了解運算的規則，但若未能達到自動化的地步，算一道題也要花費好幾分鐘的時間，甚至還會算錯時，這樣就會降低學習者好不容易建立起來的信心與動機。為了維持學習的動機，以及將目前新訊息熟練後做為未來學習更新知識的基礎，在動作技能方面一定要強調反覆練習到自動化的境界。而反覆練習並不表示一定是枯燥乏味的，許多的競賽與遊戲就可以使原先枯燥的事物變得有趣，同時又能達到反覆練習的目的。

### 2. 實際操作，以了解程序性知識

在知識學習的領域中，有些知識用口語陳述許多次，還不如實際帶學生走一趟或演練一次來得有效。因為學生從具體的活動中可以了解程序性知識，也可以親身體驗臨場的感覺。然而，實際操作並不表示一定可以深刻地了解所教的內容，能否從實際操作中獲益，必須視學生是否用心去體會這件

事物,例如:修理水電、學習烹飪或是到育幼院和院童共度週末等活動,都可以從中獲得許多有意義的知識與經驗。

## 3. 實驗研究,促進高層次思考

認知學習的目的在運用知識到日常生活事物中,而學習中的實驗研究則是增進學習者發現問題、探究問題的能力與技巧。尤其實驗研究強調的是以一連串高層次思考的活動來達到問題解決的目的。因此,從事實驗研究可以增進學習者面對生活中困難問題的能力,以及統整所學在解決問題的能力上。

以上先分別說明國文、英文及數學補救教學的例子,再從情意、認知及動作技能三方面來談如何增進學業低成就學生的學習表現。在幫助學業低成就學生時,教師與父母用心觀察孩子認知的發展與情緒的發展是很重要的一件事。唯有真正了解孩子的發展狀況,才能採用適當的方法來提升他們的學習動機與學習成效。

## 自我評量題目

1. 學業低成就學生有哪些特性？你遇過哪些例子？
2. 我們在傳遞訊息時會發生什麼問題？在什麼情況下，學生較無法理解你的意思？如何減少訊息傳遞上的錯誤？
3. 日常生活中哪些行為是運用後設認知的能力來引導我們的行動？
4. 如何激勵學習者學習的動機與意願，並能維持長期的學習興趣？
5. 以自己專長的科目設計一個補救教學的活動。

參考文獻

## 中文部分

余采玲（2011）。「對話式形成性評量」應用在國中一年級數學補救教學成效之研究：以一元一次方程式為例（未出版之碩士論文）。慈濟大學，花蓮縣。

吳妍慧（2010）。創意英語課堂教學對國中生英語學習表現影響之研究（未出版之碩士論文）。國立臺灣師範大學，臺北市。

李咏吟（1990）。改進國中低成就學生學習技巧之團體輔導模式。彰化師大輔導學報，**13**，53-73。

李咏吟、邱上真、柯華葳、杜正治、林本喬、陳慶福……董力華（1993）。**學習輔導：應用性學習心理學**。臺北市：心理。

林素妃（1992）。增進學習技巧的團體輔導對學習適應欠佳兒童的影響效果研究（未出版之碩士論文）。國立彰化師範大學，彰化市。

林麗莉（2011）。「對話式形成性評量」對國小三年級學童數學習表現之影響：以分數概念教學歷程為例（未出版之碩士論文）。慈濟大學，花蓮縣。

洪儷瑜（1995）。**學習障礙者教育**。臺北市：心理。

洪儷瑜（2014）。補救教學概論。載於陳淑麗、宣崇慧（主編），**帶好每一個學生：有效的補救教學**（第3～8頁）。臺北市：心理。

唐淑華（2013）。帶著希望的羽翼飛翔：談補救教學在十二年國教的定位與方向。**教育人力與專業發展**，**30**（1），1-12。

孫中瑜（1990）。**學習輔導方案對國小低成就兒童輔導效果之研究**（未出版之碩士論文）。國立臺灣師範大學，臺北市。

袁以雯（1982）。**國中學生考試焦慮的處理：認知行為矯治法的實例研究**（未出版之碩士論文）。國立臺灣大學，臺北市。

張珏、曾嫦嫦、葉莉薇（1989）。認知行為矯治法：兒童考試焦慮之輔導。**輔導月刊**，**25**，18-26。

教育部（1984）。**國民中學資源班輔導手冊**。臺北市：作者。

教育部（1996）。**教育部八十六年度推動教育優先區計畫**。臺北市：作者。

教育部（2006）。**教育部國民小學及國民中學補救教學實施方案**。臺北市：作者。

教育部（2013）。教育部國民及學前教育署補助直轄市、縣（市）政府辦理補救教學作業要點。臺北市：作者。

陳照雄、戴建耘（1989）。**CAS 中文編集系統：入門與應用**。臺北市：松崗。

曾素梅（1992）。**學習技巧訓練對臺灣師大一年級僑生的輔導效果之研究**（未出版之碩士論文）。國立臺灣師範大學，臺北市。

董力華（1992）。**處理考試焦慮與學習技巧對高考試焦慮高二學生的輔導效果研究**（未出版之碩士論文）。國立彰化師範大學，彰化市。

劉學蕙（2013）。101 學年度桃園縣英語教學觀摩教案。

盧淑娟（2014）。**原住民國中資源班國語文領域活化教學之行動研究**（未出版之碩士論文）。慈濟大學，花蓮縣。

## 英文部分

Ariel, A. (1992). *Education of children and adolescents with learning disabilities*. NY: Macmillan.

Baird, J. R., & White, R. T. (1982). Promoting self-control of learning. *Instructional Science, 11*, 227-247.

Bender, W. L. (1992). *Learning disability*. Boston, MA: Allyn & Bacon.

Brown, A. L. (1987). Metacognition, executive control, self-regulation, and other more mysterious echanisms. In F. E. Weinert & R. H. Kluwe (Eds), *Metacognition, motivation, and understanding*. London, UK: Lawrence Erlbaum Associates.

Cobb, T. (2008). Commentary: Response to Mcquillan and Krashen (2008). *Language Learning & Technology, 12*(1), 109-114.

Crockett, M. D., Chen, C., Namikawa, T., & Zilimu, J. (2009). Exploring discourse-based assessment practice and its role in mathematics professional development. *Professional Development in Education, 35*(4), 677-680.

Flavell, J. H. (1979). Metacognition and cognitive monitoring: A new area of cognitive-developmental inquiry. *American Psychologist, 34*, 906-911.

Gage, N. L., & Berliner, D. C. (1984). *Educational psychology*. London, UK: Houghton Mifflin Company.

Gearheart, B. R., & Gearheart, C. J. (1989). *Learning disabilities: Educational strategies*. Columbus, OH: Merrill.

Gibson, J. T., & Chandler, L. A. (1988). *Educational psychilogy*. Boston, MA: Allyn & Bacon.

Heritage, M. (2007). Formative assessment: What do teachers need to know and do? *Phi Delta Kappan, 89*(2), 140-145.

Lee, K. R., & Oxford, R. L. (2008). Understanding EFL learner's strategy use and strategy awareness. *The Asian EFL Journal, 10*(1), 7-32.

Lener, J. (1989). *Learning disabilities* (5th ed.). Princeton, NJ: Houghton Mifflin.

McCombs, B. L. (1988). Motivational skills training: Combining metacognitive, cognitive, and affective learning strategies. In C. E. Weinstein, E. T. Goetz, & P. A. Alexander (Eds.), *Learning and study strategies: Issues in assessment, instruction, and evaluation.* New York, NY: Academic Press.

McKeachie, W. J., Pintrich, P. R., Lin, Y. G., & Smith, D. A. (1986). *Teaching and learning in the college classroom: A review of the research literature.* Ann Arbor, MI: University of Michigan.

Neisser, U. (1976). *Cognitive and reality*. San Francisco, CA: Freeman.

Phye, G. D., & Andre, T. (1986). *Cognitive classroom learning: Understanding, thinking, and problem solving.* New York, NY: Academic Press.

Piaget, J. (1976). *The grasp of consciousness: Action and concept in the young child.* Cambridge, MA: Harvard University Press.

Popham, W. J. (2008). *Transformative assessment*. Alexandria, VA: ASCD.

Shapiro, E. S. (1989). *Academic skills problems: Direct assessment and intervention.* NY: Guilford Press.

Slavin, R. E. (1994). *Educational psychology* (4th ed.). Boston, MA: Allyn & Bacon.

Taylor (1990). Behavioral subtypes of low-achieving children: Differences in school adjustment. *Journal of Applied Development Psychology, 11*, 487-498.

Tobias, J. M. (2013). Prospective elementary teachers' development of fraction language for defining the whole. *Journal of Mathematics Teacher Education, 16*(2), 85-103.

Trapani, C. (1990). *Transition goals for adolescents with learning disabilities.* Boston, MA: College-Hill.

Vanderhye, C. M., & Demers, C. M. Z. (2007). Assessing students' understanding through con-

versations. *Teaching Children Mathematics, 14*(5), 260-264.

Vygotsky, L. S. (1978). *Mind in society: The development of higher psychological process.* Cambridge, MA: Harvard University Press.

Weinstein, C. S. (1988). Preservice teachers' expectations about the first year of teaching. *Teaching & Teacher Education, 4*, 31-40.

Williams, P. (1991). *The special education handbook.* Philadelphia, PA: Open Univesity Press.

# CHAPTER *10*

# 成人學習的輔導

周文欽

## 學習目標

詳讀本章後,學習者應能達到下列目標:

1. 了解成人學習的背景與意義。

2. 了解自我導向學習的涵義。

3. 運用自我導向學習於學習情境中。

4. 說出成人學習活動的種類。

5. 說出成人學習活動的機構。

6. 了解成人學習者的心理特徵。

7. 了解成人學習的輔導原則。

8. 運用成人學習的輔導原則於實際情境中。

9. 知道空大學生的學習輔導方法。

# 摘要

　　成人學習的發展，主要源之於終身教育與成人教育學。成人教育學是指協助成人學習的藝術與科學；成人學習是指，成人在離開學校一段時間之後，或在工作之餘所從事的學習活動。成人學習的主要特色，稱之為自我導向學習。

　　成人學習活動可分成二大類：有組織性的學習活動與無組織性的學習活動，前者又可分成學位課程學習活動與非學位課程學習活動。非學位課程學習活動包括：生活實用、應考、休閒、學分和在職進修等課程的學習活動，以及進修補習教育學習活動。成人學習活動的機構，主要有：空中大學、社區大學、樂齡大學，以及 Coursera 等。

　　成人學習者主要有三種心理特徵：(1)成人有其特殊的發展任務；(2)成人的智力未必是衰退的；(3)成人學習者扮演多重角色。

　　成人學習輔導的原則有：(1)了解成人學習的需求與動機；(2)提供學習資訊；(3)充實學習資源；(4)協助成人進行自我導向學習；(5)滿足成人的學習型態。

　　空大學生的學習輔導重點有：(1)如何做好規劃選修課程；(2)如何學習課程；(3)如何參加考試。

在現今社會急速變遷的時代裡，各種知識與資訊毫無止境的成長、改變與增加；再者，由於醫療科技的突飛猛進，人類壽命的延長已成為必然的趨勢。在此種時空背景下，人們為了能因應現實環境的需求與自我實現，成人學習理念和實踐就應運而生。惟，成人學習不同於一般在學學生的學習；因此，為因應成人學習的需求，實有必要探討成人的學習輔導。本章之旨趣即在申論成人學習的涵義、成人學習活動的種類與機構、成人學習者的心理特徵、成人學習的輔導原則，以及空大學生的學習輔導。

# 第一節　成人學習的涵義

成人學習（adult education）與一般在學學生的學習有很大的差異，所以成人學習就須有不同於一般在學學生學習的輔導方式；職是，在申論成人的學習輔導時，就要先了解與澄清成人學習的涵義。本節從成人學習的背景、意義及學習特色，說明成人學習的涵義。

## 一、成人學習的背景

俗諺有云：「活到老，學到老。」這句話的精義是，人生在世隨時隨地都應該要學習，也應該去學習，絕不因已完成學習的階段性目標（如從學校完成學業或畢業）而停止學習，而是應持續不斷的進行終身學習。終身學習（lifelong learning）是目前世界各國教育改革的主要趨勢之一，例如：在1965 年聯合國教科文組織（UNESCO）即提出「教育是個人從出生到死亡一生中的持續過程」之《終身教育法案》，1972 年聯合國經濟合作暨發展組織（OECD）又發表了《回流教育：終身學習的策略》。自此，歐、美、日等先進國家，無不相繼提出終身教育改革的主張（楊碧雲，1996）。

在這個世界性的教育改革聲浪中，我國自亦不能置身此鼓潮流之外。1980 年修正的《社會教育法》，第 1 條即開宗明義的指出：社會教育的目標即要實施全民教育及終身教育；1994 年召開的第七屆全國教育會議，即以「推展終身教育」為討論主題；1995 年，在行政院教育改革委員會（簡稱教改會）所公布的第二期諮議報告書中，提出「推動終身教育，建立學習社會」為教育改革的核心，教改會召集人李遠哲並曾多次強調：「整個社會就是學校」的理念，應該及早建立終身學習的體制（引自林勝義，1996）。2002 年公布的《終身學習法》，明訂終身學習為「個人在生命全程，從事之各類學習活動」，並要各級主管機關應整體規劃終身學習政策、計畫及活動，協調、統整並督導所轄或所屬終身學習機構，辦理終身學習活動，以提供有系統、多元化之學習機會。

近年來，為實踐終身教育（學習）理念最顯著的教育改革運動，應屬世界各國政府的大力鼓吹並實施與落實成人教育（adult education）。事實上，成人教育的興起可以追溯到十九世紀中葉，當時資本主義工業化方興未艾，使生產技術與社會關係複雜化，使教育不再專屬於少數精英而必須成為大眾工作者所享有，終身性的成人教育開始受到有識者注意。上一世紀二十年代是成人教育的蓬勃時期，特別是在美國，J. Dewey 與 E. Lindemen 不僅積極從事成人教育的推動，而且為終身學習與成人教育奠定了理論基礎（林孝信，2000）。成人教育的實施與流行，促使成人教育學（andragogy）也成為一門獨立的學術領域。當今研究「成人教育學」的代表人物首推 M. S. Knowles，他將其定義為：協助成人學習的藝術與科學（Knowles, 1980）。

鄧運林（1996）綜合學者之見解，認為成人教育學至少有下列三點特色：

1. 其教育對象是成人，非兒童。成人的生理、心理發展不同於兒童，在學習上有特殊意義。
2. 成人教育過程，教師只是從旁協助，而非以教師為中心。
3. 成人教育學應強調為成人學習方法研究的一門學問，是應用科學研究，非純理論研究。

　　具體言之，根據聯合國教科文組織的說法，成人教育旨在提供社會成人有組織的教育歷程，以協助其發展潛能、充實新知、改進技能、提升專業資格、導引新的發展，或促使態度和行為上的改變；不管其內容、程度和方法，是正式或非正式，是學校外教育或學校教育的延長，都是成人教育的範圍（楊國德，1996，1998）。

　　基於終身學習為教育改革的風潮及成人教育的蓬勃發展，成人學習成為一種特殊的學習型態，也就不令人覺得意外；而且，成人學習也有其必要性與可能性。黃富順（1989）認為基於下列的原因，成人學習有其必要性：

　　1.個人壽命的延長。

　　2.抱負水準的提高。

　　3.生命計畫型態的改變。

　　4.知識的爆炸。

　　5.專業知識快速過時。

　　成人學習的必要性，須建立在學習是否有可能性之上，才能落實。黃富順（1989）又指出，從下述三點理由，可看出成人學習是具有可能性：

　　1.成人休閒時間的增多。

　　2.成人的學習途徑擴增。

　　3.成人具有學習能力。

## 二、成人學習的意義

　　成人學習是一種有別於一般學生在學校裡從事學習的學習型態，後者的學習是全時間（full-time）投入的，前者的學習則是部分時間（part-time）投入的。一般學生的學習階段，可從兒童期繼續至成人期，而成人學習則是專指在成人期的學習。從這個觀點來看，一般學生的學習，大都只是從事「學習」一項工作，其主要任務就是學習；然而，成人學習則專指，成人在離開學校一段時間之後，或在工作之餘所從事的學習活動。一般學生的學習有其

義務性，政府對其學習有強制性（如國民教育階段），一般學生之家長對其學習也常抱有期望性。而成人學習完全是自動自發的學習活動，沒有義務性，政府對其學習亦沒有強制性，成人之家長對他們的學習活動常會抱持著可有可無的態度，更不會無條件的提供各種資源，讓其已成年的子女成人從事學習。

歸納言之，依據 S. Brookfield 等學者的分析，成人學習具有下述二個特色（引自林孝信，2000）：

1. 成人對於學習的目標或方向具有自主性，他們知道要學什麼，以及為何要學。因此，他們對學習抱持主動積極的態度，不像一般未成年者的學校教育（包括正規大學），學生多是「被安排」去上學，在學習態度上顯得被動。

2. 成人已有的社會經驗是學習的一個資源。書本的知識常受到學員過去經驗知識的檢驗與互動，知識將不再是象牙塔式的。且學員的社會經驗往往在反映他們的政、經地位，學員得到的知識比較能反映對社會體制的關照，從而使知識能夠與社會改造發生關聯，而學員也比較可能認同社會改造的理念，並且身體力行從事社會實踐。

也有成人教育學者將成人學習與兒童學習視為是相對的概念，並從二者的差異處，論述成人學習有五項假設或特點。從這五項內容也可看出成人學習的意義，這五項內容是由 Tennant（1988）根據 M. S. Knowles 的論著歸納而成：

1. 人的自我觀念發展是從依賴至自我導向（self-direction）。易言之，兒童的學習是依賴性的，而成人的學習是自我導向的。

2. 成人擁有許多經驗，這些經驗對成人學習是一種豐富的資源，有時也會是一種阻礙。兒童則是一張白紙，因此兒童學習的可塑性相當大。

3. 對兒童而言，學習的準備（readiness）是一種生物性發展（biological development）與學業壓力（academic pressure）的功能；對成人而言，學習的準備是展現社會角色（perform social roles）需求的功能。

4. 兒童有科目中心（subject-centered）的學習導向，然而成人學習是問

題中心（problem-centered）的學習導向。

5. 在學習動機方面，成人是內隱的，而兒童則是外塑的。

## 三、成人學習的學習特色：自我導向學習

自我導向學習（self-directed learning）是成人教育重要的理論概念之一（Tennant, 1988）。成人教育學大師 M. S. Knowles 更認為，自我導向學習是成人最自然、最佳的學習方式。這個專有名詞持續不斷地被用在有關成人教育的期刊、教科書及專題論文中，它常常會和一些專有名詞有關聯，例如：學習者中心（learner-centeredness）、獨立學習（independent learning），以及自我教導（self-teaching）等（Tennant, 1988）。

自我導向學習這個專有名詞是由美國教育學者 A. Tough 首先提出，其定義依 M. S. Knowles 的說法，是指：「一種沒有他人的幫助，由個體自己引發以評斷自己的學習需要，形成自己的學習目標，尋求學習的人力和物質資源，選擇適當的學習策略和評鑑結果的歷程」（引自黃富順，1989）。黃富順（1989）指出，成人自我導向學習具有下列諸項特點：

1. 自我導向學習者具有獨立的人格。

2. 自我導向學習在本質上是一種自我教育的方式。

3. 自我導向學習並非是完全獨立學習。

黃富順（1989）同時也提出自我導向學習有七項特色：

1. 自我導向學習是一種主動的學習。

2. 自我導向學習符合人類自然的心理發展過程。

3. 自我導向學習能為任何人服務。

4. 自我導向學習不受時間的限制。

5. 自我導向學習場所極具彈性。

6. 自我導向學習具有經濟性。

7. 自我導向學習可以適應學習者個別的需求。

Knowles（1975）認為，一個自我導向學習者擁有下述各種能力：

1. 發揮並維持好奇心的能力。
2. 經由探究以形成問題的能力。
3. 確認所需資料以回答各種不同問題的能力。
4. 探究最有關聯及最值得信賴之資料來源的能力。
5. 選擇並運用最有效的手段，從適當的出處蒐集所需資料的能力。
6. 組織、分析、評鑑資料，以獲得最有效解答的能力。
7. 對提出之問題的答案具有類化、應用及溝通的能力。

# 第二節　成人學習活動的種類與機構

## 一、成人學習活動的種類

成人學習活動的種類相當多樣化、多元化與開放化，大體上可分成二大類：有組織性的學習活動與無組織性的學習活動。

## （一）有組織性的學習活動

所謂有組織性的學習活動，是指成人利用部分時間參與有計畫性、規則性、較長期性，以及團體性的學習活動。一般所稱及本章所指的成人學習，大都是指此種學習活動。這類活動又可分成二種：學位課程學習活動及非學位課程學習活動。

### 1. 學位課程學習活動

目前，就狹義的學位而論，國立空中大學、高雄市立空中大學與各空中技術學院都提供此種學習活動；若就廣義的學位而言，則國立空中大學附設

的空專也提供此種學習活動。近年來，各大學的推廣教育部門也開辦學士與碩士學位的學習活動，此類學習活動以取得大專畢業文憑（專科學歷和學士、碩士學位）為目標。

## 2. 非學位課程學習活動

### (1)生活實用課程學習活動

如參與電腦網路、投資理財、人際關係與生涯規劃等學習活動。提供此類學習活動的單位或機構相當多元，例如：學校的推廣教育部門、社區大學、樂齡大學、文教基金會、公部門社教機構、救國團、相關公司的訓練部門，以及文理補習班等。

### (2)應考課程學習活動

是指為參與某種考試（如高普考、特考、代課老師考試、專門職業證照考試、各公司機關招聘考試等）而準備應考科目的相關學習活動。此類學習活動大都由文理補習班所提供，且大都具有營利性質。

### (3)休閒課程學習活動

如學習茶道、花藝、烹飪、命理、風水、健身等活動，均屬之。此類學習活動大都由相關的補習班、救國團、社區大學、樂齡大學等單位辦理。

### (4)學分課程學習活動

是指僅為取得某些課程之學分證明而參與的學習活動，此種學習活動絕大多數都由各大專校院的推廣教育部門所提供。

### (5)在職進修課程學習活動

這類活動大都由各公家機關、學校所辦理，為辦理在職進修的學習活動，公家單位常設有專門的單位以負責相關學習活動，例如：教師研習中心（會）及公務人員訓練中心等。此種學習活動是不對外開放的，參與者幾乎都是有關單位的在職人員。

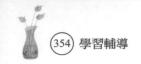

(6)進修補習教育學習活動

這類學習活動以取得國小、國中及高中學歷為主要目標，此種學習活動都是由各級學校的附設補習學校來辦理。

## （二）無組織性的學習活動

無組織性的學習活動並非是完全無組織性的活動，只是學習活動較無計畫性、規則性，活動時間也較短。此類學習活動的參與者大都是隨興的、突發的與偶然的，例如：參加演講會、座談會，參觀畫展、博物館，出席音樂會，甚或是在家閱讀書報等活動，均屬之。

# 二、成人學習活動的機構

目前國內辦理或提供成人學習活動的主要機構有：空中大學、社區大學、樂齡大學，國外的 Coursera 也提供成人學習的線上課程，以及救國團終身學習中心、社教文化中心場館，和大學推廣教育部門等其他機構。

## （一）空中大學

2014 年修正通過的《空中大學設置條例》第 1 條規定：為運用傳播媒體開設教學課程，辦理民眾進修及繼續教育，以提供彈性多元學習管道，實現全民終身學習社會，特設空中大學。目前，我國有國立空中大學和高雄市立空中大學等兩所空中大學。

空中大學學生修滿規定學分後授予學士學位。學生共分二種：全修生和選修生；全修生有學籍，須滿 20 歲以上；選修生沒有學籍，須滿 18 歲以上。要獲得學士學位須具備全修生資格。空中大學採用廣播、電視、網際網路等一種或結合一種以上傳播媒體實施教學，並輔以面授、書面輔導及其他適當

教學方式實施。以國立空中大學為例,教學以媒體(含廣播、電視與網頁等三種教學媒體,此三種媒體課程均可在電腦網路上收看聽)教學為主,面授教學為輔。面授教學即是一般學校的教室上課教學,國立空中大學為實施面授教學,在全國各地設立十三個學習指導中心(含金門和澎湖)及桃園和馬祖二個教學輔導處;每門課每學期面授四次,每次二小時。學生可依個人需要,至各中心(輔導處)註冊選課參加面授,面授教學通常在星期例假日舉行,少數中心也辦理非假日面授教學。

空中大學分設各學系,如國立空中大學設有人文、社會科學、商學、公共行政、生活科學,以及資訊與管理等六個學系,高雄市立空中大學則設有工商管理、法政、大眾傳播、外國語文、文化藝術,以及科技管理等六個學系。

空中大學既是在辦理成人進修及繼續教育,其受教學生都是成年人,如前文述及,空中大學學生分為全修生及選修生。全修生須曾在高級中學或同等學校畢業或具同等學力,並經公開招生錄取者始得入學,選修生則不限學歷,只要年齡滿18歲即可登記選修。職是,空中大學的學生來源具有多元化與多樣化的特色。準此,空中大學學生的年齡、學歷,以及社會背景均有極大的異質性,不似一般大學學生的同質性。換言之,一般大學的學生幾乎都是一、二十歲的高中職畢業生,而空大學生的年齡從二十來歲的年輕人至六、七十歲的長者都有,入學前的學歷則從小學至研究所均備。一般大學的學生常只扮演「學生」一個角色,而空大學生則常扮演著多個角色,如學生、父母、老闆、職員、領導幹部、妻子或丈夫、媳婦或女婿等;換言之,空大學生幾乎同時扮演著三種角色:學生角色、家庭成員角色,以及工作職場角色。由於空大學生的高異質性,所以空大的教育除了要「有教無類」外,更應「因材施教」。職是之故,空大學生的生活調適與教師的教學方式,就要比一般大學的學生及教師更具多樣性、挑戰性與複雜性。

## （二）社區大學

筹設社區大學的構想，可追溯自 1994 年臺灣大學黃武雄教授的倡議。直至 1998 年 3 月，民間關心教育改革人士成立了「社區大學籌備委員會」，推動在全國各地設立社區大學。臺北市政府教育局首先呼應此構想，於 1998 年 7 月委託財團法人人本教育文教基金會進行「臺北市設置社區大學規劃研究暨試辦計畫」，並於 1998 年 9 月 28 日創立全國第一所社區大學——「文山社區大學」；接著，第二所社區大學「青草湖社區大學」，於 1999 年 3 月 1 日在新竹市正式開學（楊碧雲，2000；蔡傳暉，2000）。之後，各縣市風起雲湧紛紛成立社區大學，甚至金門、澎湖等外島偏遠地區也都陸續設立。

社區大學雖然早在 1998 年就開始設立，但到了 2002 年公布《終身學習法》後，社區大學才有明確的官方定義與規範。該法第 3 條第 5 款定義：社區大學是指在正規教育體制外，由直轄市、縣（市）主管機關自行或委託辦理，提供社區居民終身學習活動之教育機構。社區大學的學員，凡年齡 18 歲以上民眾皆可報名參加，無需入學考試，更無任何學歷的限制。社區大學不授予學位，學員每期修業期滿成績合格者，由社區大學發給課程修習證明書。

社區大學以提升國民人文素養與生活知能，培育社區人才及現代化公民為目標（引自 2006 年修訂之〈教育部補助及獎勵社區大學及其相關團體要點〉）。依此目標，社區大學的課程分成學術、社團活動，以及生活藝能等三類。學術課程包括人文學、社會科學、自然科學等領域，此類課程可以擴展人的知識廣度，培養思考分析、理性判斷的能力；社團活動可以培育公民參與和社會公共事務的能力，引發人的社會關懷，從關心、參與、學習中，凝聚社區意識，邁向公民社會；生活藝能課程可以學習實用技能，培養精緻的休閒生活，提升人的工作能力與生活品質（蔡傳暉，2000）。

## （三）樂齡大學

樂齡大學是教育部為了高齡者有更多元的學習機會，而鼓勵各大學校院開設符合高齡者需求之課程，採學期制。參與學員不但可以享受大學一流的設備與師資，學習新知識與技能，更享有與一般大學生相同的權利（黃富順，2010）。國民只要年滿 55 歲，身體健康情況良好，都可參與樂齡大學的學習，而且參與的學員並無學歷限制。樂齡大學與社區大學的最大相異處，是樂齡大學由大學校院所辦理，亦即樂齡大學在於開放大學校園，應用大學豐富的人力與物力資源，提供高齡學習者系統性與知識性的學習（黃富順，2010）。

樂齡大學的課程包括下述四類（黃富順，2010，第 4 頁）：

1. 概念性課程：係指提供有關理念的導引，以增進高齡者的認知或改變其舊有觀念的課程，例如：認識老化、了解老人、高齡社會的衝擊與因應、高齡學習的必要性與可能性、志工社會的形成與促進。

2. 知識性課程：係指充實高齡者生活知能或提供系統性知識的課程，例如：銀髮族養生與保健、高齡期的生涯規劃、高齡者的人際關係與溝通、高齡者心理壓力與調適、高齡者靈性教育與生命意義、銀髮族生活與法律。

3. 休閒性課程：係指提供高齡者充實生活內涵為目的之課程，例如：書法、國畫、電影與音樂欣賞、陶藝、繪本創作與分享、園藝植栽，或結合校內相關學生社團，讓學員體驗社團的參與。

4. 運動性課程：係指提供高齡者強健體能、促進健康的課程，例如：氣功、健身操、太極養生操、呼吸養生、銀髮族健康體適能、韻律操、現代舞等。

樂齡大學課程的實施方式，可包括班級課堂教學、代間學習體驗，以及參訪活動，各類型之課程比例，由辦理學校依學校特色進行規劃之，其中以參訪活動最受參與學員喜愛。參訪活動的實施，可安排學員前往具有學習意

義的場所進行參觀或訪問，其參訪類型如下所述（黃富順，2010，第5頁）：

1. 歷史文物：參訪博物館及歷史文物館的典藏內容，引發對文化脈絡的興趣與了解。

2. 自然景觀：了解自然景觀的形成與生態，擴展對自然生態、地理、地形等的認識與了解。

3. 建築藝術：了解著名歷史建築的成因、結構及欣賞其藝術之美，涵蘊及增進對建築藝術之素養。

4. 風土民情：以認識特定地區人文、社會、歷史及文化的內涵為主，增進愛護鄉土的觀念。

5. 藝文活動：安排參訪戲劇、音樂、舞蹈、展覽等藝文活動，以提升文化素養。

## （四）Coursera

Coursera 是一家由美國史丹佛大學教授所創立的教育科技公司，該公司提供線上學習的課程，從 2012 年 4 月開始推出。Coursera 與世界各國大學合作開設課程，包括我國的臺灣大學，大陸的北京大學、上海的交通大學與復旦大學等，其他著名的大學有美國的耶魯大學、日本的東京大學，以及英國的倫敦大學等。Coursera 透過四個重要思路來實現學習者的願景（Coursera，無日期 a）：

1. 在線學習的有效性。

2. 掌握學習。

3. 作業互評。

4. 混合式學習。

Coursera 提供的課程共分成自助、認證證書，以及專項等三類課程。自助課程是免費開放給任何想進行線上學習的人，認證證書和專項課程則須付費學習，惟修畢課程取得認證後，會發給修業證書。開課所使用的語言包括中、日、英、法、德、俄文等數十種語言，課程種類則涵蓋藝術、生命科

學、商業與管理、化學、計算機科學、教育學、人文、法律、教學、醫學等領域，例如：國立臺灣大學就用中文開設了機器學習技術、電磁學、活用希臘哲學、食品安全與毒理學、電腦繪圖CAD 3D、普通物理學、史記（一）、中國古代歷史與人物：秦始皇、人工智能、紅樓夢、職場素養、機率等各領域的課程（Coursera，無日期 b）。

# （五）其他機構

## 1. 救國團終身學習中心

　　救國團終身學習中心在各縣市均設有若干終身學習中心，其課程開設歸屬於健康運動、語文教育、工商管理、文創藝能，以及兒童成長等五個學院，各個學院開設各系列的課程如下所述（救國團終身學習中心，無日期）：

(1)健康運動學院：如瑜珈健身、有氧韻律、專業舞蹈、運動休閒、養生保健，以及游泳訓練等系列課程。

(2)語文教育學院：如英美語文、日本語文、韓國語文、他國語文，以及地方語文等系列課程。

(3)工商管理學院：如資訊電腦、財稅商務、管理才能，以及自我成長等系列課程。

(4)文創藝能學院：如美術創作、音樂歌唱、生活藝能、命理占卜、美髮彩妝、烹飪料理、西點烘焙，以及飲品調製等系列課程。

(5)兒童成長學院：如語文研習、才藝技能、舞蹈韻律、運動健身等系列課程，以及寒暑期成長班與寒暑期兒童班。

## 2. 大學推廣教育部門

　　大學校院附設的推廣教育部門所開設的各種班別和課程，在成人學習上扮演著重要的角色。此類推廣教育部門所開設的班別（課程）有：在職專班

（頒授學士、碩士學位）、學分課程班、證照班，以及各種專班等。

　　例如：國立臺灣大學的進修推廣部（國立臺灣大學推廣教育網，無日期）開設有管理碩士班、法律學分班、臨床護理師學分班、生命教育學學分班，以及中醫藥膳益智、健康烘焙麵包、易經生活智慧系列、時尚生活紅酒品嚐研習、邏輯與生活、中國詩詞欣賞系列，和法國乳酪之旅等各種專班。再如：國立空中大學推廣教育中心（無日期）開設有社會工作師、法律、教育、會計等學分班，以及美容、美髮、領隊導遊等證照班。

　　除了前述定期開班的成人學習常設機構外，此外，如公部門設立的各種社教、文化相關場館，也會不定期舉辦各式各樣可供成人參與的學習活動；再如：中小學附設的補習學校和各種民營的文理補習班，也是成人學習活動常見的機構。

# 第三節　成人學習者的心理特徵

　　心理特徵是影響成人學習的重要因素之一，成人常會因其個人的心理特徵，左右其學習的意願、歷程與成果；職是，在實施成人的學習輔導時，若能充分了解成人學習者的心理特徵，則將收事半功倍之效。影響成人學習者心理特徵之層面相當廣泛與複雜，本節僅從成人的發展任務、智力及扮演的角色申述之。

## 一、成人有其特殊的發展任務

　　當代的發展心理學（developmental psychology）指出，人一生的發展，雖是一個連續、不間斷且互有關聯的歷程，惟在歷程中也呈現不同發展特徵的階段性（如兒童期、青少年期和成人期等）現象。在人生各階段發展中，最大的特徵，除了生理的現象，就是發展任務（developmental tasks）的差

異。所謂發展任務,是指個體達到某一年齡時,社會期待他在行為發展上應該達到的程度;易言之,個體年齡成長到什麼程度,在心理上就應該與之配合發展到什麼樣的水準(張春興,1989)。依McCoy(1977)的觀點,成人階段的發展任務有下述諸端:

   1. 選擇伴侶及婚姻。

   2. 從事工作並開始生涯規劃的實現。

   3. 為人父母。

   4. 參與社區。

   5. 明智消費。

   6. 擁有並維持一個家。

   7. 社會互動。

   8. 達成自立自主。

   9. 問題解決。

  10. 壓力管理。

   Chickering與Havighurst(1981)更將成人的歲月細分成數個時期,並詳細描述各時期的發展任務,說明如下。

## (一) 16~23 歲

   1. 達成情緒獨立。

   2. 準備結婚與家庭生活。

   3. 選擇並準備生涯。

   4. 發展一套道德系統。

## (二) 23~35 歲

   1. 決定一個伴侶。

   2. 開始家庭生活。

3.經營家庭。

4.開始職業生活。

5.負起公民責任。

## （三）35〜45 歲

1.改變未來的適應。

2.轉換生涯計畫。

3.重新界定家人關係。

## （四）45〜57 歲

1.維持一種生涯或發展另一種新的生涯。

2.再維持家人關係的穩定。

3.行使公民的貢獻。

4.因應生理上的改變。

## （五）57〜65 歲

準備退休

## （六）65 歲以上

1.因應退休。

2.因應健康與體力的衰退。

3.與同齡之人的交往。

4.達成圓滿生活的安排。

5.因應配偶的死亡。

6.維持完美無憾。

成人學習的需求與動機，常是來自於成人的特殊發展任務，所以成人的學習標的，就常與其發展任務有關。準此言之，提供成人學習活動的機構，就應開設或舉辦與成人發展任務息息相關的課程或活動。基此緣由，國立空中大學為因應婚姻、成家與家庭的發展任務，開設有「婚姻與家人關係」、「家庭資源與管理」和「親職教育」等課程；為因應社會互動與生涯規劃的發展任務，開設有「人際關係」、「人際溝通的藝術」和「生涯規劃與發展」等課程；為因應問題解決與壓力管理的發展任務，開設有「成人發展與適應」、「成人問題與諮商」和「壓力與生活」等課程；為因應健康與衰退及生理上的改變，開設有「健康心理學」、「成人心理衛生」、「銀髮族心理健康」、「銀髮族生涯規劃」等課程。前述課程常是該校課程選修率排行榜的常勝軍，就明顯的揭示了成人發展任務與成人學習之間的密切關係。因此，Knox（1979）就指出，成人發展任務在成人學習上有下列三點運用方向：

1. 預測並解釋成人教育成功之可行性。
2. 協助人們去因應成人角色的改變。
3. 改善成人教育推廣與成人教學活動的有效性。

# 二、成人的智力未必是衰退的

許多有學習意願的成人之所以一直未採取學習的行動，以及許多成人之所以會產生學習障礙，其主要的原因常以智力衰退為託詞。姑不論智力與學習的關係究竟為何，單論成人的智力是「衰退」的這件事，就有待斟酌之處。既然「智力衰退」常對成人學習有著負面的影響，因此若能澄清成人智力的發展真相，對於成人學習活動勢必會產生正面的意義。

一般人常會認為，智力發展到成人階段就呈現衰退現象的主要原因有三個：第一個原因為智力測量工具的問題；第二個原因為智力涵義的問題；第三個原因是早期心理學家對成人智力發展的見解。第一個原因與第三個原因

是互有關聯的。大部分的成人總認為,記憶力衰退就是智力衰退的結果;換言之,他們把智力視為是記憶力。影響記憶力功能的主要因素是個人的生理狀況,人之生理狀況會有老化及退化的結果,乃是一種自然現象。智力最通俗的定義,是個人適應生活的能力,也就是說,凡是日常生活中所應用到的能力,都是智力的範疇之一;依此論之,記憶力只是智力的一小部分而已。所以說,成人記憶力的衰退,並不代表就是智力的衰退,尚包括解決生活問題的能力及人的創造力、彈性因應與經驗等心理特質。次就測量智力的主要工具——心理測驗(psychological test)來看:第一,智力測驗未必能完全測出成人解決生活問題的能力;第二,智力測驗的內容未包括綜合性的心理特質(黃富順,1989)。因此,成人在智力測驗上的得分不能與年齡俱增,並不就表示成人的智力是在衰退的趨勢中。

最後,就心理學家對成人智力的發展論之,早期的學者如 C. Spearman 認為,依智力為單一因素觀點來看,測驗結果顯示智力在中年時仍相當穩定,在中年以後則呈現衰退的現象;依智力為多因素觀點來看,測驗結果顯示某些分測驗的分數隨年齡的增加而增加,有些則隨年齡增加而減少。另外,Piaget 依認知發展理論的觀點,認為智力在個體出生後開始發展,到 15 至 20 歲發展成熟(黃富順,1989)。張春興(1975)綜合有關智力發展的研究,提出以下三點結論:

1. 智力的發展速率與停止年齡和個人智力的高低有關。智力高者的發展速率快,停止的時間晚;智力低者的發展速率慢,停止的時間早。

2. 一般常人的智力發展,約自 3、4 至 12、13 歲之間呈等速進行,之後改為負加速(隨年齡漸增而漸減)進行。

3. 早期的研究多發現,智力發展約在 15 至 20 歲之間停止;新近(西元五、六十年代)的研究發現,智力的發展約在 55 歲達到頂峰。

綜上所述我們可以發現,早期心理學者大都認為,智力發展到成人階段就已停止,甚至有衰退的現象。惟晚近自 R. B. Cattell 與 J. L. Horn 二人,根據因素分析(factor analysis)的結果,將智力分成兩種不同的型態。

自此,成人智力發展有衰退現象的說法,漸有被推翻之勢。前述二種不

同型態之智力，稱之為流動智力（fluid intelligence）與固定智力（crystallized intelligence）（張春興，1991）；另一國內學者黃富順（1989）將之稱為流質（流動）與晶質（固定）智力。所謂流動智力，是指一種以生理為基礎的認知能力，也是一種沒有標準答案之智力測驗所測得的智力，所以凡是對新奇事物的快速辨認、記憶及理解等能力均屬之。流動智力的主要特徵是，對不熟悉的事物，能以訊息準確的反應以判斷其彼此間的關係（張春興，1989，1991）。就因流動智力以生理為基礎，而人的生理發展，常在20歲左右達到極點，30歲以後就開始走下坡。準此言之，流動智力的發展與年齡有密切的關係，通常在20歲以後，流動智力的發展達到頂峰，30歲以後將隨年齡的遞增而有遞減的現象；再者，因其是以生理為基礎，所以流動智力的發展，與後天的受教育和學習無關係。所謂固定智力，是指以學得的經驗為基礎的認知能力，或是指經由有固定標準答案之智力測驗所測得的智力，所以凡是運用既有知識與學得技能去吸收新知識或解決問題的能力均屬之（張春興，1989，1991）。就因固定智力以經驗為基礎，而經驗又是隨受教育和學習漸豐富和多元，所以在一般情況下，人的經驗會隨年齡的遞增而遞增。只是，固定智力的發展與年齡較無關係，甚且會隨年齡的增加而增加；再者，固定智力與後天之受教育和學習有緊密的關係。亦即，從固定智力的理論來看，成人智力的發展並不會隨年齡的增長而有衰退的現象，反而會因繼續受教育與學習，致使智力的發展亦隨年齡成長而愈來愈佳。

# 三、成人學習者同時扮演多重角色

幾乎每位成人學習者，都同時扮演著三種截然不同的角色：工作角色、家庭角色，以及學生角色。就因成人學習者扮演著多重角色，所以在學習時，就必須先調適各種角色，才能展現良好的學習成效。

在工作角色的扮演上，他們可能是老闆、主管、幹部、伙計或辦事員；在家庭角色的扮演上，他們又可能是父母、公婆、妻子、丈夫、子女、媳婦

或女婿，然在繼續教育與知識的追求上，他們又扮演著學生角色。

就因成人學習者角色的多元性和多樣性，所以他們常會以工作角色與家庭角色為藉口，原諒了不稱職的學生角色，例如：成人學習者常會有這樣的經驗：因為要上班、出差、應酬、做晚飯、陪小孩做功課，所以沒有時間去從事學習活動。成人學習者既然有心在學識上做進一步的突破，就應克服萬難，重新再調適各種角色的扮演，並調整各種角色的作息時間，使之能均衡發展，互不衝突、互補有餘，以扮演好學生角色。

# 第四節　成人學習的輔導原則

基於成人學習活動種類的多樣性與多元性，以及成人學習者的特殊心理特徵，欲提出一套放諸四海皆準的成人學習之輔導方法，誠非易事，惟仍有下述共通的輔導原則可供遵循。

## 一、了解成人學習者的需求與動機

成人學習大都是成人主動性與自發性的學習，其學習都是根據個人自己的需求與動機，來選擇學習的對象和內容；因此，成人學習輔導的第一個原則，是要確切了解成人學習者的需求與動機。了解其需求與動機後，再針對成人們的需求與動機之性質與種類，提供相關的學習素材、課程與活動。

不同年齡、不同性別、不同職業、不同教育程度，甚或是不同族群與不同地區的成人，他們的學習需求與動機也各有差異。所以，各式各樣成人的需求與動機，成人學習的輔導者、輔導機關（機構）都應能充分的了解並掌握之，俾使成人學習能真正成為一種「全民運動」，也使我們的社會成為一個「學習社會」。要達成此目標，必須實踐下述二項原則後，才能克竟全功。

# 二、提供學習資訊

　　在這知識快速變化、增加與爆炸的現實時空下，任何人都有學習新知的需求、動機與意願。然而，有許多人在不知學習資訊的管道下，常會產生欲學無門之憾。況且，學習資訊如隨手可得與廣為流通公布，那麼對人們也會產生激勵的作用。因此，盡量完備的提供學習資訊，不只是成人學習輔導的重點之一，更是促進成人們從事學習的捷徑之一。成人學習資訊的提供者，可涵蓋成人教育或終身教育的主管機關（如教育部、各縣市政府的教育局處），以及實施成人教育或終身教育的機構〔如各級學校的推廣教育或補習教育單位、各地的文化中心或社教館、相關基金會及空中大學（與附設空專），以及空中技術學院等專辦成人學習的學校等〕。成人學習資訊的內容以傳達下述訊息為重點：

1. 提供什麼樣的學習課程、內容與活動？
2. 學習活動的實施方式為何？
3. 學習時間如何？短時間或長時間？定時或非定時？何時舉辦？
4. 學習是否需費用？如要，則費用如何？
5. 學習者是否須具備何種條件？學歷、年齡、性別、職業別，或甄試否？
6. 學習的目標、功能及效用為何？

# 三、充實學習資源

　　此處所稱之學習資源，是指凡能讓成人或幫助成人學習的一切人、事、物。學習資源的充實原則，除了是依據成人學習者的需求與動機外，尚須以方便為原則，使每一個想學習的成人，均能有地方可學，有設備可學，有教材可學，有可以學的人，也有人可以問。依此論之，空中大學（含附設空

專）、空中進修學院、各大學附設的推廣教育部門、各級政府所設之社教館、圖書館，以及文化中心等都是成人學習的資源，甚或是那些單位、機構所提供的服務人員（含教師）、相關設備（如影、視聽、多媒體、電腦、圖書等）、課程與活動等均屬之。

以上所指的資源，是就廣義的學習資源而言。晚近以來，在普遍推廣成人教育、終身教育的潮流下，為滿足成人學習的需求、動機與方便，常會統整各項學習資源，成立專責的學習資源中心，以利成人學習，此種中心是狹義的學習資源。目前國內若干社教館及圖書館都成立有類似的學習資源中心，例如：國立彰化社會教育館創立社教資源中心，國立臺東社會教育館設立成人教育資源中心。此種中心最大的優點是畢其功於一役，結合各種學習資源於同一個地點，而最大的缺點是此種中心的設立仍不夠普及，常設於都會地區，廣大的鄉村地區常付之闕如。學習資源中心具有的主要功能，說明如下（鄧運林，1996）。

## （一）傳遞知識的功能

學習資源中心對各種印刷與非印刷出版品以及各種媒體資源訊息，能加以有系統地選擇、蒐集、整理、評鑑、儲存，以供社會人士運用，達成傳遞知識的功能。

## （二）製作的功能

學習資源中心能主動配合成人學習的需求，從事各類型教材與資料的製作，例如：印刷品、幻燈片、錄音帶、光碟、錄影帶，以及電腦程式等，以發揮主動提供資訊學習資源的精神。

## （三）教學的功能

學習資源中心能主動與教師聯繫，了解教學需求，共同設計課程活動，提供自我學習情境，指導學生自我導向學習，也成為成人的教師。

## （四）諮商的功能

學習資源中心的成員能主動參與教師和學生的各項活動學習環境，輔導學生從事獨立的研究與自我導向學習；學生在學習過程中，如遇有疑難或困惑問題時，亦可向中心尋求諮詢並請求解答。

# 四、協助成人進行自我導向學習

自我導向學習是成人最自然、最佳的學習方式，準此，協助成人學習是盡量以自我導向學習的方式進行學習，將可使成人學習收到最好的效果，也可培養其最理想的學習態度。協助成人進行自我導向學習，有二種主要的方法（黃富順，1989），說明如下。

## （一）發展個體具有自我導向學習的能力

要發展成人自我導向學習的能力，有二個步驟：一是要了解何種能力是自我導向學習所必要；二是如何增進成人具有這些能力。就前者而言，一個有效的學習須有下述諸種能力：

1. 能夠分析和計畫全部的學習過程。
2. 能夠評鑑學習的進步情形。
3. 能夠診斷學習困難。
4. 能夠尋找各種適用的學習資源。

5.能夠熟悉並運用行為改變的一般原則。

6.能夠在學習過程中,有傾聽、作筆記、閱讀、記憶的能力,特別是快速閱讀的能力。

至於如何增進成人具有上述各項自我導向學習的能力,可行的途徑有下述諸端:

1.在學校方面,可以教導學生學習各類課程的方法,提供錄音的設備,以改進學生的傾聽能力;開設如何學習(learning how to learn)的課程,以增進其自我導向學習的能力;提供增進記憶、創造力和有效利用時間的課程或書籍。

2.在家庭方面,父母可以扮演協助者的角色,從小培養其自我探求知識的習慣,教導其如何利用學習資源及使用各類工具書等。

3.在社會方面,圖書館及其他社會教育機構中的人員也可以在增進成人自我導向學習能力上,扮演協助者的角色,提供學習者諮詢與指導。

## (二)提供自我導向學習者適當的幫助

提供自我導向學習者適當的幫助,應基於當事者的需求、動機與便捷性,也就是說,所提供的幫助要適合其學習目標、計畫、需要和時間與地點的安排,而不是強制要求其接受既定的教材,遵守既定的方法、步驟和程序來進行。提供成人自我導向學習幫助的管道條列如下:

1.在親職教育方面,應灌輸父母具有幫助子女學習的任務,並培養其具有幫助子女學習的能力與技巧。

2.在各種企業機構管理人員的訓練上,可將如何幫助員工學習的知識和技巧列為一項重要的研習課程。

3.各類的社會教育機構及專業的成人教育機構,應訓練專業人員來協助成人自我學習。

4.政府當局與教育部門亦應增設協助成人學習的單位,以協助社會大眾從事自我學習。

學習者的學習型態與教學型態以及學習資源的提供，具有十分密切的關係；因此，在實施成人學習輔導時，就須充分了解學習者的學習型態並滿足之，進而將學習內容有效的傳達給成人學習者，並提供適當的輔導方法，使之獲得最佳的學習成果。鄧運林（1996）依成人的生理和心理特徵，將成人的學習型態分成八種：

1. 視覺導向學習：對書籍、影片、幻燈片、觀察性資料、圖示視覺回想等富有興趣，惟較少發言。
2. 聽覺導向學習：對錄音帶、唱片有較大的興趣，喜歡發言講話。
3. 官能感覺導向學習：多從實作中體驗學習，在學習過程中，需要較多的觸摸與操作感覺。
4. 在獨立範圍內之認知型學習：較內向、自動自發、較少社會及社交技巧，喜以分析為學習之方法。
5. 在較不獨立範圍內之認知型學習：較外向、需要督促、有較高的社會及社交技巧，在學習上較不善於分析的方法。
6. 焦慮型學習：用功過度、對批評敏感、希求嘉許、常常擔心，需要教師經常鼓勵。
7. 壓抑型學習：經常需要協助才能完成課業，對學習環境所發生的情況缺乏警覺性，心態雜亂無頭緒，常胡亂解答問題，不負責任。
8. 有創造性學習：對新知樂於接納，對挑戰性問題有應付能力，易於利用所學應付新的情況，有建設性的定見、富於彈性、能過目不忘。

# 第五節 空大學生的學習輔導

空中大學（簡稱空大）是現今國內專門為成人學習或實施成人教育所成立的學校，包括全國性的國立空中大學和地區性的高雄市立空中大學等兩所。因這類型大學在學習者特性、學習方式、教學方式，以及課程特色等層面，與其他傳統大學都有顯著的差異存在；準此，在論及成人學習的輔導

時，吾人就必須特別探討這類型學校之學生的學習輔導。本節將從規劃選擇課程、學習方法、準備考試，以及考試答題等多個角度，申論空大學生的學習輔導。

# 一、如何做好規劃選修課程

在說明如何選修課程之前，首先要了解空大開設課程的特色，學生在規劃選修時才能克竟全功。一般大學大都採取學系學年學分制，空大則入學不分系且全部採取學分制。易言之，一般大學學生入學時大都已知所主修的學系為何，各個學系每一學年各學期開設何種課程，幾乎事先都已有所安排，因此學生選修課程的彈性相當小。然而，空大在入學時是不分學系的，學生可完全就各學系各學期所開設的所有科目，在相關的規定（例如：每學期至多選修若干門課）下完全自由選修。再者，空大的課程並非是每學年（學期）都開設，這個特點是空大學生在選修課程時，是務必要有所認知的。歸納言之，空大學生選修課程的基本原則詳如下述。

## （一）以獲取學位為主的選課

要從空大畢業取得學位，須修滿 128 個學分，其中國立空中大學包括 10 個校共同必修學分，及欲畢業學系所開設課程至少 75 個學分；高雄市立空中大學包括 20 個通識教育學分，和欲畢業學系所開設課程至少 78 個學分，才可以申請從該學系畢業。前文述及空大的課程並非每學年每學期都開設，所以為了盡早取得學位，學生選課的優先順位為：

　　1.先選修校共同必修或通識教育學分之課程，亦即只要開設有該二類課程，就要優先選擇修讀。

　　2.選修欲申請以某學系畢業所須修滿之 75（78）個學分之課程。

　　3.選修自己喜歡或有興趣的課程。

在選課實務上，常會發生有些學生已修了超過畢業所需的 128 個學分，

可是卻遲遲無法提出畢業申請，其中的關鍵處常在於校共同必修或通識教育之學分未修足，或未修滿某一學系所開設總計超過 75（78）個學分之課程。以上所舉例子，是每位空大學生所應注意的。

## （二）選修有興趣的課程

假設你是國立空中大學的學生，對環境保護、生態有興趣，那麼可以選修生活科學系的環境與休閒領域相關課程；對中、外史學有興趣，可以選修人文學系的歷史領域相關課程；對網路、多媒體製作有興趣，可以選修管理與資訊學系的數位創作領域相關課程。又若你就讀高雄市立空中大學，對視覺藝術或音樂有興趣，則可選修文化藝術系的相關課程；對智慧生活科技與綠色科技管理有興趣，則可以修讀科技管理系的課程。

## （三）選修有助於生活適應的課程

生活適應的範圍相當廣泛且複雜，很難一言道盡。就國立空中大學學生的成人特性而言，與生活適應有關的範圍主要有個人健康、投資理財與家庭生活等方面。以此為前提，可選修的課程有「健康心理學」、「壓力與生活」、「成人心理衛生」、「預防保健」、「理財規劃與理財工具」，以及「證券投資分析」等課程。再如，欲輔導子女的學業或教育子女，則可試著選修下列課程：「教育概論」、「親職教育」、「青少年心理與輔導」、「教育心理學」、「輔導原理與實務」，以及「遊戲與學習」等。

## （四）選修工作上或業務上所需要的課程

空大學生大都有其職業或工作，而每項工作所須具備的專長，未必是在工作前都已經擁有，或者臨時接獲自己所不專精的任務；或再者，只要具備某種學識條件，就可獲得某種好處或調升更佳的職位，但不巧，正好不具備

該種條件。此時，就可選修工作上或業務上所需的課程，例如：老闆要你使用 e-mail 與國外的客戶聯繫，並透過 Internet 查詢芝加哥期貨市場的相關資訊，此時就可以選修「網際網路與生活」與「電子計算機概論」；為年終業務檢討，必須提出有關提升員工士氣的研究計畫，並編製研究所需的問卷或量表，而你對此卻完全「莫宰羊」，這時就可以選修「社會工作研究方法」與「人力資源發展」；又若你所屬的企業體，請你規劃將公司盈餘投資於期貨或債券，而你對期貨和債券毫無概念，此時就可以選修「衍生性金融商品」；又如你是文學院畢業的，欲到生技食品公司上班任職，就可選修「有機環境栽培與健康」及「食品營養與健康」，以充實專業知能。

## （五）選修各項考試所需要的課程

假如你要參加高考、普考、特考、公務人員升等考試或研究所的入學考試，然而有些應考科目從來沒有接觸過，此時從選修課程來研讀，絕對比自修的效果要來的好，例如：要考人事行政高考時，可選修「心理學」等；要考教育行政高考時，可選修「教育哲學」、「教育心理學」及「統計學」等；要考教育心理與輔導研究所時，則可選修「輔導原理與實務」、「諮商理論」及「諮商技術」等。

儘管選修課程有前述諸多原則，惟最重要的是要知道空大到底開了哪些課程？這些課程是否符合自己的興趣或需求？以及這些課程又包含了哪些內容？要解答前述的問題，凡是空大學生都要深切了解各學系所開設的所有課程，與選課簡章所介紹的各門課程，萬一還有疑問或不了解之處，可以逕詢各開課的學系和各學習指導中心。

# 二、如何學習課程

一般大學校院均以師生面對面的教學為主，其他的媒體為輔；空大的教

學方式則以電視、廣播或網頁為主要媒體，面對面（面授）教學為輔。再者，一般的大學校院常沒有指定的教科書，空大的課程則均有指定的教科書。因此，空大學生在學習每一門課程時，都包括收看（聽）電視（廣播）與網頁教學節目、研讀教科書，以及參加面授等三個部分。所以，在空大學習課程時，務必做到下述三點：

1. 準時收看（聽）電視（廣播）與網頁教學節目，或從空大校園網路裡的「數位學習網」收看聽節目。
2. 仔細研讀教科書。
3. 參加每一次面授。

空大可說是唯一全校採用指定教科書的大學，然教科書並不涵蓋該門課程的所有知識；所以空大學生在修習某課程時，除須詳讀該課程的指定教科書，並收看聽該課程的教學節目外，尚須兼顧其他相關的書籍與知識。再者，現代的理想大學應具備兩方面的知識：

1. 主修的專門知識。這方面的知識要能深、要能廣，它是我們從事專業技術或高深學術研究時所不可或缺的。
2. 現代人應具備的普通知識。這方面的知道要能廣、要能博，它是我們待人處事、安身立命所不可少的。

因此，建議空大學生們，把握大學內學術分化而又綜合的文化氣氛，除了研讀自己擬畢業學系所開設的課程外，也要盡量多選修其他學系所開設的課程，或多涉獵其他學門的知識。

## 三、如何參加考試

考試通常是學生所不樂見的，但為了評量與考核學習成果，俾以一量化數據代表學習成績，每個學生又不得不面對考試這一關。考試成績的好壞，雖說與日常的用功程度存有極高度的相關，但假如知曉準備考試的要領，以及考試答題的原則，那麼多少也能多爭取些分數。

# （一）準備考試的要領

## 1. 擬定考試讀書計畫

　　空大學生大都是離校多年的社會人士，也大都是 part-time 的學生，當考試來臨時，面對書桌上堆置的一本比一本厚的教科書，難免緊張焦慮浮上心頭，假如能在考試前兩、三個星期擬定考試讀書計畫，當能減少手忙腳亂的情形。所謂考試讀書計畫，就是針對考試科目之範圍所安排的復習進度計畫表。計畫的擬定須兼顧各科的份量、自己對該科的理解程度，以及各科的考試時間，才能訂出較務實的計畫來。原則上，範圍較廣、較難理解的科目要多花些時間去復習；而且，要將每天的實際進度與預定進度相互比較，確實依照計畫表去復習功課，才不致使考試讀書流於形式。在復習功課時，可盡量採用「過度學習」（overlearning）的方法，以增進短期的讀書效果。所謂過度學習，是指學習達到全會、全懂或都記住之後，仍持續反覆練習或背誦，如此將可增進對學習材料的印象，使記憶住的時間更加延長。

## 2. 模擬出題、自問自答

　　將考試的範圍或教材做一有系統的整理，將可能命題的地方挑出來，形成一道道模擬試題，再針對此模擬試題提出解答。如此自問自答的程序，可充分了解教材的重點，而且遇有無法答覆的問題時，必須再進一步尋求答案，弄到完全理解為止。當然，假如環境許可的話，兩、三個同學相互搭配，一問一答、一答一問，其效果將更佳。

## 3. 試答考古題

　　考古題是指同一科目已考過的正式試題，這些試題可點出教材的重點所在；再者，從考古題中，也可約略了解某科目的命題型式或趨勢。所以答畢

考古題，將能增加應試信心，萬一試答不理想，那代表對該科目之學習尚未臻純熟，這時就必須更加努力，或準備抱佛腳、開夜車。最後，空大學生應有一共同認知，考古題只能用來了解過去的命題型式及做為復習功課之用，並非做好考前準備的唯一途徑；而且也無法保證未來考試的題型、趨勢不變，空大學生若抱持完全依賴考古題應試的心態，將無法獲致令自己滿意的學習成果。

## （二）考試答題的原則

當拿到試題後，切勿急於作答，宜先將全部試題瀏覽一遍，依據題目性質、配分、難易度來分配預定作答時間；答題時則務必在分配的時間內答畢，避免有些試題沒有時間去作答。其次，遇有較難或不會答的題目暫時予以擱置，待會作的題目答完後，再仔細費心思考那些還未答的題目。最後也是最重要的一點，是當作問答題或申論題時，切勿從頭至尾，不分段落一段到底的答完全題，而務必要將答案內容的要點綱舉目張的呈現出來，亦即盡量分段或分點陳述，並賦予每一段或每一點一個標題；如此，閱卷老師將能很快、很明確的掌握並理解你的作答內容，如能切中要點，將能獲得較高分數。反之，你的答題方式是一段到底，儘管重點都寫在裡面，惟閱卷老師是無法在有限的時間內去尋找你答題的重點，在此情況下，欲得高分者，幾希！

總而言之，考生要將答題內容的重點很明確的呈現給閱卷老師看，而不是讓閱卷老師去尋找你答題內容的重點。再者，答題時亦應依題目所問，層次分明的陳述，避免閱卷者無法明瞭你答題的企圖。

## 自我評量題目

1. 成人學習蓬勃發展的背景因素為何？試申述之。

2. 試述自我導向學習的涵義，並析論你目前的學習歷程是否符合自我導向學習的特色。

3. 試述成人學習活動的種類為何？你又參與過哪些學習活動？

4. 試述成人學習活動的機構為何？你又參與過哪些機構所舉辦的活動？

5. 成人學習者的特徵為何？此些特徵對成人學習又產生哪些影響？

6. 空中大學應提供什麼樣的成人學習輔導？試申述之。

7. 試從固定智力的理論，申述成人智力發展的特色及其對成人學習的啟示。

8. 成人學習的輔導原則為何？

# 參考文獻

## 中文部分

Coursera（無日期 a）。**Coursera 式的教育體驗**。取自 http://www.coursera.org/about

Coursera（無日期 b）。**課程**。取自 http://www.coursera.org/about

林孝信（2000，12 月）。**成人教育傳統中的知識解放**。發表於臺北市政府教育局主辦之「臺北市跨越 2000 年社區大學前瞻研討會」。

林勝義（1996）。終身學習中心的功能。**成人之美，12**，5-8。

國立空中大學推廣教育中心（無日期）。**課程介紹**。取自 http://www.nou.edu.tw/～noueec

國立臺灣大學推廣教育網（無日期）。**開辦課程**。取自 http://training.dpd.ntu.edu.tw/ntu/class.html

張春興（1975）。**心理學（上冊）**。臺北市：東華。

張春興（1989）。**張氏心理學辭典**。臺北市：東華。

張春興（1991）。**現代心理學**。臺北市：東華。

救國團終身學習中心（無日期）。**救國團終身學習中心資訊網**。取自 http://www.cyccea.org.tw/

黃富順（1989）。**成人心理與學習**。臺北市：師大書苑。

黃富順（主編）（2010）。**樂齡大學運作手冊**。臺北市：教育部。

楊國德（1996）。**成人教育發展策略**。臺北市：師大書苑。

楊國德（1998）。成人教育與隔空學習。載於楊碧雲（主編），**成人隔空學習探索**（第 5～12 頁）。臺北市：臺北市政府教育局。

楊碧雲（1996）。推動終身教育，邁向學習社會：以臺北市為例。**成人之美，12**，1-4。

楊碧雲（2000）。臺北市社區大學經營管理之探討。載於楊碧雲、蔡傳暉、李鴻瓊（主編），**臺北市社區大學教學理念與實務運作（一）**（第 63～84 頁）。臺北市：臺北市政府教育局。

蔡傳暉（2000）。社區大學的基本理念與發展現況。載於楊碧雲、蔡傳暉、李鴻瓊（主編），**臺北市社區大學教學理念與實務運作（一）**（第 33～62 頁）。臺北市：臺北市政府教育局。

鄧運林（1996）。**成人教育專題研究**。高雄市：復文。

# 英文部分

Chickering, A. W., & Havighurst, R. (1981). The life cycle. In A. W. Chickering (Ed.), *The modern American college*. San Francisco, CA: Jossey-Bass.

Knowles, M. S. (1975). *Self-directed learning: A guide for learners and teachers*. New York, NY: Association Press.

Knowles, M. S. (1980). *The modern practice of adult education: Andragogy versus pedagogy*. New York, NY: Association Press.

Knox, A. (1979). Research insights into adult learning. In T. Schuller & J. Megarry (Eds.), *Recurrent education and lifelong learning*. London, UK: Kogan.

McCoy, V. (1977). Adult life cycle change: How does growth affect our education needs? *Lifelong Learning: The Adult years, 31*, 14-18.

Tennant, M. (1988). *Psychology and adult learning*. New York, NY: Routledge.

# 名詞索引

# 筆記欄

# 筆記欄

# 筆記欄

# 筆記欄

# 筆記欄

# 筆記欄

國家圖書館出版品預行編目（CIP）資料

學習輔導／何英奇等著. -- 二版.
-- 新北市：心理, 2015.09
面； 公分. -- （課程教學系列；41326）
ISBN 978-986-191-688-0（平裝）

1. 學習輔導　2. 學習心理學

527.44　　　　　　　　　　　　104017943

課程教學系列 41326

# 學習輔導（第二版）

作　　　者：何英奇、毛國楠、張景媛、周文欽
責任編輯：郭佳玲
總　編　輯：林敬堯
發　行　人：洪有義
出　版　者：心理出版社股份有限公司
地　　　址：231026 新北市新店區光明街 288 號 7 樓
電　　　話：(02)29150566
傳　　　真：(02)29152928
郵撥帳號：19293172　心理出版社股份有限公司
網　　　址：https://www.psy.com.tw
電子信箱：psychoco@ms15.hinet.net
排　版　者：辰皓國際出版製作有限公司
印　刷　者：辰皓國際出版製作有限公司
初版一刷：2001 年 6 月
二版一刷：2015 年 9 月
二版四刷：2023 年 10 月
Ｉ Ｓ Ｂ Ｎ：978-986-191-688-0
定　　　價：新台幣 400 元